예수님의 비유 해석 입문

: 배경, 해석사, 해석 원리와 실제

예수님의 비유 해석 입문
: 배경, 해석사, 해석 원리와 실제

로버트 스타인 지음
오광만 옮김

초판 1쇄 발행   2019년 9월 7일
초판 2쇄 발행   2020년 2월 20일

발행처 도서출판 이레서원
발행인 문영이
출판신고 2005년 9월 13일 제2015-000099호

편집장   이혜성   편집   송혜숙, 오수현
영업   김정태   총무   곽현자

경기도 고양시 일산동구 중앙로 1160 오원플라자 801호
Tel. 02)402-3238, 406-3273 / Fax. 02)401-3387
E-mail: Jireh@changjisa.com
Website: Jireh.kr / Facebook: facebook.com/jirehpub

ISBN 978-89-7435-519-7   03230

이 도서의 국립중앙도서관 출판예정도서목록(CIP)은 서지정보유통지원시스템 홈페이지
(http:/seoji.nl.go.kr)와 국가자료공동목록시스템(http://www.nl.go.kr/kolisnet)에서 이용하
실 수 있습니다. (CIP 제어번호: CIP2019024800)

Copyright ⓒ 1981 by Westminster John Knox Press
Originally published in English as An Introduction to the Parables of Jesus
by Westminster John Knox Press, Louisville, Kentucky, USA.
All rights reserved.

This Korean translation edition ⓒ 2019 by Jireh Publishing Company, Goyang-si,
Gyeonggi-do, Republic of Korea.

This Korean edition is published by arrangement of Westminster John Knox Press
through rMaeng2, Seoul, Republic of Korea.

이 한국어판의 저작권은 알맹2 에이전시를 통하여 Westminster John Knox Press와 독점 계
약한 이레서원에 있습니다. 신 저작권법에 의하여 한국 내에서 보호받는 저작물이므로 무단
전재와 무단 복제를 금합니다.

◎ 일러두기: 원서의 성경 구절은 RSV에서 인용했습니다. 이 책의 성경 구절은 기본적으로
   개역개정 성경에 문장 부호만을 첨가한 것이며, 개역개정이 아닌 경우는 번역자의 사역
   입니다.

예수님의 비유 해석 입문

: 배경, 해석사, 해석 원리와 실제

로버트 스타인 지음
오광만 옮김

An Introduction to the Parables of Jesus

이레서원

목차

- 약어 표 | 9
- 저자 서문 | 10
- 역자 서문 | 12

제1장 비유란 무엇인가? · 15

1. 구약 성경에서 "비유"의 의미 | 18
2. 신약 성경에서 "비유"의 의미 | 21
3. 공관복음에 있는 비유의 수 | 28
   1) 실제로 "비유"라는 명칭이 붙은 비유들 | 30
   2) 분명히 비유인 이야기들 | 32
   3) "~처럼", "마치 ~", "~인 것처럼"으로 소개된 확장된 비교들 | 33
   4) 비유일 가능성이 많은 말씀들 | 33

제2장 예수님은 왜 비유로 가르치셨는가? · 36

1. 감춤의 수단인 비유 | 37
2. 예수님은 왜 비유로 가르치셨는가? | 49

제3장 비유는 어디에서 기원했는가? · 55

1. 비유의 지리적인 현장 | 55
2. 비유의 진정성 | 60
3. 비유에 사용된 자료의 특성 | 62

An Introduction to the Parables of Jesus

제4장 과거에는 비유를 어떻게 해석했는가? 67

1. 초기 교부 시대(주후 540년까지) | 68
2. 중세 시대(540-1500년) | 76
3. 종교개혁과 종교개혁 이후 시대(1500-1888년) | 79
4. 결론 | 85

제5장 최근에는 비유를 어떻게 해석하는가? 87

1. 아돌프 율리허 | 87
2. 도드와 요아킴 예레미아스 | 98
3. 편집비평 | 105
4. 비유에 대한 최근 논의 | 110

제6장 비유 해석, 이렇게 하라 121

Ⅰ. 비유에서 한 가지 요점을 찾으라 | 122
Ⅱ. 비유를 말했을 당시의 삶의 정황을 이해하려고 하라 | 127
Ⅲ. 복음서 저자가 비유를 어떻게 해석했는지 이해하려고 하라 | 132
Ⅳ. 하나님이 비유를 통해 오늘날 우리에게 말씀하시는 것이 무엇인지를 찾으라 | 135

제7장 현재적 실체로서의 하나님 나라 139

1. 큰 잔치 비유(LUKE 14:15-24) | 139
  1) 비유의 역사적 정황 | 142
  2) 첫 번째 삶의 정황에서의 비유의 요점 | 145
  3) 복음서 저자의 비유 해석 | 153

2. 하나님 나라의 현재성 선언에 관한 다른 비유 | 156
   1) 결혼 잔치와 금식 비유(MARK 2:18-20) | 156
   2) 생베 조각 비유(MARK 2:21); 새 포도주와 낡은 가죽 부대 비유(MARK 2:22) | 159
   3) 겨자씨 비유(MARK 4:30-32); 누룩 비유(MATT 13:33) | 160
   4) 날씨의 징조 비유(LUKE 12:54-56); 나뉜 집 비유(MARK 3:23-27) | 163

3. 결론 | 166

제8장 결단을 촉구하는 하나님 나라 ... 168

1. 감추인 보화 비유(Matt 13:44)와 진주 비유(Matt 13:45-46) | 169
   1) 비유의 역사적 정황 | 171
   2) 첫 번째 삶의 정황에서의 비유의 요점 | 175
   3) 복음서 저자의 비유 해석 | 180

2. 결단에 관한 다른 비유 | 183
   1) 불의한 청지기 비유(Luke 16:1-8) | 183
   2) 망대 비유와 전쟁 비유(Luke 14:28-32) | 195

3. 결론 | 198

An Introduction to the Parables of Jesus

제9장 비유에 묘사된 하나님 ... 200

1. 은혜로운 아버지 비유(Luke 15:11-32) | 201
   1) 비유의 역사적 정황 | 206
   2) 첫 번째 삶의 정황에서의 비유의 요점 | 213
   3) 복음서 저자의 비유 해석 | 216

2. 하나님의 은혜로우심을 증명하는 다른 비유 | 218
   은혜로운 고용주 비유(Matt 20:1-16) | 218

3. 결론 | 227

제10장 최후의 심판 ... 229

1. 양과 염소 비유(Matt 25:31-46) | 230
   1) 비유의 역사적 정황 | 235
   2) 첫 번째 삶의 정황에서의 비유의 요점 | 239
   3) 복음서 저자의 비유 해석 | 242

2. 최후의 심판에 관한 다른 비유들 | 248
   1) 그물 비유(Matt 13:47-50) | 248
   2) 알곡과 가라지 비유(Matt 13:24-30, 36-43) | 252

3. 결론 | 260

- 성경 색인 | 262
- 인명 색인 | 273
- 주제 색인 | 276

줄리, 케이트, 스티븐에게
-
"이 아이를 위하여 내가 기도하였더니 내가 구하여 기도한 바를 여호와께서
내게 허락하신지라 그러므로 나도 그를 여호와께 드리되 그의 평생을
여호와께 드리나이다 하고 그가 거기서 여호와께 경배하니라"

(삼상 1:27-28)

✱ 약어 표

b. Shab.	바벨론 탈무드의 논문 "안식일"(Shabbath)
BJRL	*Bulletin of the John Rylands University Library of Manchester*
CBQ	*The Catholic Biblical Quarterly*
CSEL	*Corpus Scriptorum Ecclesiasticorum Latinorum*
ET	*The Expository Times*
GT	Gospel of Thomas
JBL	*Journal of Biblical Literature*
JJS	*Journal of Jewish Studies*
JTS	*Journal of Theological Studies*
L	누가복음 고유 자료
Loeb	The Loeb Classical Library
LUKE	마태복음에서도 발견되는 누가복음 자료. 즉, 누가복음의 Q 자료
Luke	누가복음에서만 발견되는 자료. 즉, L 자료
LXX	칠십인역이라고 불리는, 구약 성경의 그리스어 번역본
M	마태복음 고유 자료
MARK	마태복음이나 누가복음, 또는 두 복음서 모두에서 발견되는 마가복음 자료
Mark	마가복음에서만 발견되는 자료
MATT	누가복음에서도 발견되는 마태복음 자료. 즉, 마태복음의 Q 자료
Matt	마태복음에서만 발견되는 자료. 즉, M 자료
NPNF	*Nicene and Post-Nicene Fathers*
NT	*Novum Testamentum*
NTS	*New Testament Studies*
PL	*Patrologia Latina*
Q	마태와 누가가 각각 마태복음과 누가복음을 기록할 때 사용한 가설적인 자료. 즉, 마태복음과 누가복음에 공통적으로 등장하지만 마가복음에서는 발견되지 않는 자료
SJT	*Scottish Journal of Theology*
TDNT	*Theological Dictionary of the New Testament*
ZNW	*Zeitschrift für die Neutestamentliche Wissenschaft*
ZTK	*Zeitschrift für Theologie und Kirche*

| 저자 서문

　나는 여러 학기 동안 "예수님의 비유" 과목을 개설하고 가르치면서 비유 해석 입문서를 써야겠다는 생각을 하게 되었다. 학기마다 이 과목에 알맞은 교재를 찾고 싶었지만, 내 강의의 목적과 목표에 꼭 맞는 책을 찾지 못했다. 그래서 나는 이 필요에 적합한 비유 해석 입문서를 쓰고자 했다. 어느 정도는 앞서 출판한 나의 책『예수의 가르침에 나타난 방법과 메시지』(*The Method and Message of Jesus' Teachings*) 제3장에 제시된 기본 형태를 따랐다. 물론 이 책에서는 먼저 쓴 책에서 다뤘던 주제를 더 자세히 다뤘으며, 예수님의 비유 내용을 다룬 네 장(章)을 추가했다.

　이 책은 모두 열 장으로 이루어졌으며, 두 부분으로 나눌 수 있다. 1부에서는 비유를 어떻게 해석할 것인지의 문제를 총체적으로 다룬다. "비유란 무엇인가?"(1장), "예수님은 왜 비유로 가르치셨는가?"(2장), "비유는 어디에서 기원했는가?"(3장), "비유를 어떻게 해석할 것인가?"(4, 5장)와 같은 문제를 다뤘으며, 비유 해석법의 예(6장)를 제시했다. 2부에서는 비유 해석의 실제를 다룬다. 여기서는 예수님이 중요한 주제를 가르치시려고 말씀하신 특정한 비유 하나를 자세히 설명한 후에, 이와 동일한 주제를 가르치는 또 다른 비유들을 간략하게 다룬다. 그 주제들은 "현재적 실체로서의 하나님 나라"(7장), "결단을 촉구하는 하나님 나라"(8장), "비유에 묘사된 하나님"(9장), "최후의 심판"(10장) 등이다.

　이 책에서 나는『예수의 가르침에 나타난 방법과 메시지』에서 사용했던

MARK, Mark, MATT, Matt, LUKE, Luke 등과 같은 용어를 다시 사용했다. Mark, Q, M, L 자료 등을 지칭하는 이러한 방법은 『예수의 가르침에 나타난 방법과 메시지』에서 처음 사용했는데, 독자들로부터 좋은 반응을 얻었기에, 나는 여기서도 이 방법을 계속 사용하는 것이 유익할 거라고 생각했다. 독자들 중에 이 용어들이 무슨 뜻인지 알고 싶은 사람이 있다면 약어 표를 참조하기 바란다(이 번역서에서도 때로는 '마, 막, 눅' 등으로 표현하기도 하겠지만 주로 저자의 표기를 그대로 따를 것이다. ─역주). 다시 말하지만, 내가 어떤 본문을 MARK, Q, M, L 등으로 지칭하는 데 있어서 언제나 확신하는 것은 아니라는 사실을 언급해야 할 것 같다. 하지만 수많은 본문에서 우리가 논의하는 자료의 특성을 한눈에 드러내는 데 이러한 지칭은 매우 도움이 된다.

 이 책을 출판할 수 있도록 도움을 준 많은 분들에게 감사의 뜻을 전하고 싶다. 이분들의 이름을 일일이 열거하지 못하는 것이 못내 아쉽지만, 특별히 윌리엄 힐리(William Healy)와 에릭 탄퀴스트(Eric Tanquist) 두 사람을 언급하고 싶다. 두 사람은 나와 함께 원고를 한 장 한 장 같이 읽으면서 오랜 시간 의견을 교환했다. 최종 원고를 부지런히, 정성 들여 타이핑해 준 교수회 비서 로리 자스(Lori Jass)에게도 고마움을 전한다. 마지막으로 이 책을 집필하는 동안 인내심을 가지고 이해해 준 아내 조안과 세 아이 줄리, 케이트, 스티븐에게 감사한다.

로버트 스타인

역자 서문

로버트 스타인 박사는 미국 미네소타주 성 바울(St. Paul) 시에 있는 베델 신학교에서 신약학과 교수를 지냈으며, 그 시절에 이 책을 저술했다. 그 후 스타인 박사는 켄터키주 남침례 신학대학원으로 옮겨 최근까지 신약 해석학을 가르쳤으며 현재는 명예교수이다. 스타인 박사는 미국 복음주의 학자들 사이에서 학적 수준을 널리 인정받은 대학자이며, 특히 복음서 분야의 권위자이다.

스타인 박사는 러트거스 대학교(Rutgers University), 풀러 신학대학원(Fuller Theological Seminary), 앤도버 뉴타운 신학대학원(Andover Newtown Theological School), 프린스턴 신학대학원(Princeton Theological Seminary[Ph. D.]), 하이델베르크 대학교(Heidelberg University)에서 공부했다. 복음서 연구와 관련한 많은 책을 저술했으며,『예수의 가르침에 나타난 방법과 메시지』(한국장로교출판사),『예수, 성전, 인자의 재림: 마가복음 13장 주석』(새물결플러스),『(BECNT) 마가복음』(부흥과개혁사),『성경해석학』(기독교문서선교회),『　』(IVP),『공관복음서 문제』(솔로몬) 등이 우리말로 번역되었다.

이 책은 원서 제목 그대로 예수님의 비유 입문서이다. 오랫동안 교회는 비유를 "천상의 의미를 지닌 지상의 이야기"라고 이해해 왔다. 비유를 신비한 영적인 진리가 숨겨져 있는 세상 이야기로 이해한 것이다. 그래서 비유를 설교하는 사람들이나 비유에 대한 주석을 쓰는 사람들은 저마다 비유의 영적 의미와 신비한 뜻을 캐내려고 노력해 왔으며, 이 때문에 비유에서 다른 사람들이 발견하지 못한 더 신비로운 뜻을 밝힘으로써 자신의 영성을 과시(?)하려는 일이 비일비재했다. 다소 차이가 있긴 해도, 이런 식의 비유 해석은 교회사 2000여 년 동안 어느 시대 어느 곳에서나 자행되었다(저자는 이 문제를 제4장에서 다룬다).

그러나 무엇보다도 비유는 예수님이 말씀하셨던 교훈의 핵심이며, 그분이 오셔서 전하셨던 대주제인 '하나님 나라'의 특성을 알기 쉽게, 그리고 능력 있게 전하는 도구였다. 따라서 복음서의 숨겨진 영적 진리로서 비유를 이해하는 것이 아니라, 비유의 정확한 특성을 파악하여, 비유를 비유답게 해석하는 지침(들)을 찾아야 한다. 바로 이 책이 이러한 바람에 들어맞는 교과서에 해당한다.

이 책에서 스타인 박사는 비유를 1세기 상황에서 정의하고, 예수님이 비유를 사용한 목적, 비유에 담긴 신학적인 주제, 그리고 비유의 배경을 심도 있게 다룬다. 스타인 박사는 비유 해석사 중에서 가장 타당성 있는 해석 방법들을 중심으로 오늘날 우리가 비유를 어떻게 이해해야 하며 비유에서 어떤 교훈을 받을 수 있는지를 논한다. 저자는 비유 해석 방법으로 율리허(Adolf Jülicher)의 "비유에서 한 가지 요점 찾기", 도드(C. H. Dodd)와 예레미아스(Joachim Jeremias)의 "1세기 팔레스타인의 문화적 정황과 신학적 상황(예수님이 하나님 나라를 선포하신 상황) 이해하기", 복음서 저자들이 비유를 해석하고 당대 상황에 적용한 내용 이해하기 등 세 가지를 소개한다. 저자는 이러한 비유 해석 과정을 잘 이해하면 오늘날 교회에도 비유의 의미를 얼마든지 잘 전할 수 있다고 확신한다.

스타인 박사는 역사 비평적 방법론에 따른 통찰력을 적극적으로 활용한다. 즉, 역사 비평적 방법론 중에서 양식사 비평과 편집사 비평의 장점을 활용한다. 스타인 박사는 건전한 방법론을 제시할 뿐만 아니라 그 방법론으로 비유들을 직접 해석하여, 독자들이 비유들을 해석하는 데 실제적인 도움을 준다. 저자는 이 책에서 예수님의 비유 중 중요한 네 가지 주제를 소개한다. 곧 "현재적 실체로서의 하나님 나라"(7장), "결단을 촉구하는 하나님 나라"(8장), "비유에 묘사된 하나님"(9장), "최후의 심판"(10장) 등이다. 그러므로 이 책을 잘 읽는 것만으로도 독자는 예수님이 비유에서 전하려는 메시지가 무엇인지, 그 비유를 어떻게 해석해야 하는지를 자연스럽게 체득할 수 있을 것이다.

이 책은 비유 해석의 서론에 해당하는 책인 만큼 신학생과 목회자는 물론이고, 비유를 친숙하게 읽고 그 뜻을 알기 원하는 성도 모두에게 유익하리라고 확신한다. 독자는 이 책에서 예수님이 누구이신지, 그분이 가르치신 교훈의 주제가 무엇인지, 그리고 무엇보다도 문학적인 성경 읽기와 비유가 어떻게 관련되는지를 배우고 비유 이야기의 묘미를 즐길 수 있을 것이다.

이 책에 많은 관심을 보이고 역자에게 이 책을 다시 출판하자고 제의해 준 이혜성 편집장을 비롯해서 이레서원 편집부에 감사드린다. 이 책을 통해 더 많은 성도들이 복음서 비유에 익숙해지고, 거기서 우리 주 예수님을 발견하여, 그분과의 사귐이 더욱 깊어지기를 기도한다.

2019년 4월
따뜻한 봄날에
역자 오광만

제1장
비유란 무엇인가?

　예수님이 가르치실 때 사용하신 여러 형식들 중에서 사람들에게 가장 친숙하고 매력적인 것은 '비유'다. 예수님의 비유가 우리에게 친숙하고 널리 퍼져 있다는 사실은 그리스도인이든 비그리스도인이든 "달란트를 땅에 감추어 둔 것"(마 25:25), "비용을 계산하는 것"(눅 14:28), "선한 사마리아인"이 되는 것(눅 10:29-37) 등을 운운하는 모습에서 분명히 드러난다. 사람들은 이런 말을 하면서도 자신이 예수님의 비유를 인용하고 있다는 사실을 흔히 의식하지 못한다. 복음서에서 비유는 아주 인상적일 정도로 많은 부분을 차지한다. 복음서에 기록된 예수님의 교훈 중 삼분의 일 이상이 비유에 들어 있기 때문이다.

　그렇다면 비유란 무엇인가? 교회학교에서 어린이들은 비유가 "천상의 의미를 지닌 지상의 이야기"라고 배운다. 앞으로 살펴보겠지만, 비유를 이런 식으로 설명하는 것은 부분적인 진리를 말할 뿐이다. 영어 사전이나 백과사

전에서 비유라는 용어의 정의를 찾는다면, 비유가 대개 "어떤 진리나 도덕적 교훈을 전하기 위해 의도된 짧은 우화(allegorical story)" 또는 "도덕적인 혹은 영적인 진리를 예시하기 위해 일상생활의 사건이나 사실을 이용한 간단한 이야기"로 정의되어 있음을 보게 된다. 전반적으로, '비유'라는 용어에 대한 표준이 되는 사전적인 의미는 "어떤 도덕적인 또는 영적인 원리를 전달할 의도가 있는, 일상적인 이야기"로 정의되는 것 같다. 하지만 이런 접근 방식의 문제점은 주로 현대의 사전이나 백과사전은 '비유'(parable)라는 영어 단어가 20세기 영어 사용자들에게 의미하는 바를 우리에게 말해 주고 있다는 점이다. 하지만 신약 성경은 영어를 모국어로 사용하는 20세기 독자를 위해 20세기 영어로 기록되지 않았다.

누구나 다 알듯이, 신약 성경은 그리스어로 기록되었다. 그리고 우리가 복음서에서 발견하는 "비유"라는 단어는 그리스어 "파라볼레"(*parabolē*)이다. 그러므로 복음서에서 비유가 무엇인지를 이해하려면 1세기 그리스어 사용자들에게 이 용어가 무슨 뜻이었는지를 그리스어 사전에서 찾아보는 것이 더 지혜로울 것이다. 그렇게 해 보면, '파라볼레'가 어떤 도덕적이거나 영적인 진리를 드러내기 위해 일상생활에서 일어나는 일반적인 사건들을 사용하여 대개 이야기 형식으로 표현한 예화(illustration)나 비교(comparison), 또는 유비(analogy)라는 것을 알게 된다.

그런데 또 다른 문제가 있다. 고전 그리스어나 코이네(koine) 그리스어 사전은 그리스-로마 시대나 신약 시대의 그리스어를 사용하던 세계에서 '파라볼레'라는 용어가 무슨 의미인지를 알려 주지만, 예수님은 애당초 그리스어를 사용하는 환경에서 살지 않으셨기 때문이다! 예수님이 그리스어를 이해하고 말할 수는 있었겠지만(MARK 7:24-30, 31-32; 15:2-3), 그분의 모국어는 아람어였다. 이런 사실은 예수님이 직접 말씀하신 아람어들이 현재 복음서에 여전히 존재하고 있다는 사실에서 분명히 입증된다(MARK 9:47; 15:34; Mark 3:17; 5:41; 14:36; MATT 6:24; 12:27; 13:33; Matt 5:22; 10:25; 16:17; 요 1:42 등등).[1] 그렇다면, 고전 그리스어나 심지어 코이네 그리스어 사전도 "비유"가 예수님에게 어떤 의미였는지 정확하게 규명하지 못하는 셈이다.

예수께서 '비유'라는 용어로써 말씀하시려는 것이 무엇이었는지를 이해하려면, 신약 성경에 '파라볼레'라고 번역된 용어의 의미를 이해할 필요가 있다. 예수님이 대화 중에 사용하신 히브리어/아람어 단어는 '마샬'(mashal)이었다. 우리가 이 사실을 알 수 있는 이유는, 주전 2, 3세기경에 히브리어 구약 성경이 그리스어로 번역될 때 '마샬'이라는 단어가 그리스어 '파라볼레'로 번역되었기 때문이다. 사실 "칠십인역"(Septuagint, LXX)이라고 불리는 이 번역 성경에서는 두 곳(전 1:17; 시락 47:11)외에는 '마샬'이라는 용어를 번역하기 위해 '파라볼레'라는 단어를 사용했다. 그러므로 예수님이 '파라볼라이'(parabolai, 파라볼레의 복수형-역주)보다는 '마샬림'(mashalim, 마샬의 복수형-역주)으로 말씀하셨기에, 그분이 마샬→파라볼레→비유(parable)라는 용어로써 무엇을 뜻하셨는지를 알기 위해서는 구약 성경에서 마샬의 의미가 무엇인지를 이해하는 것이 중요하다.

---

1 예수님이 사용하신 언어에 관한 충분한 논의는 Robert H. Stein, *The Method and Message of Jesus' Teachings* (Westmintster Press, 1978), 4-6을 보라. 『예수의 가르침에 나타난 방법과 메시지』, 한국장로교출판사.

1. 구약 성경에서 "비유"의 의미

구약 성경에서 마샬은 단순히 "천상의 의미를 지닌 지상의 이야기"라는 의미보다 더 많은 내용을 담고 있다. 때로 마샬은 단지 속담(proverb)을 의미하기도 한다.

> 너희가 이스라엘 땅에 관한 속담[마샬]에 이르기를, "아버지가 신 포도를 먹었으므로 그의 아들의 이가 시다"고 함은 어찌 됨이냐?… (겔 18:2-3)

> 옛 속담에 말하기를, "악은 악인에게서 난다" 하였으니… (삼상 24:13)[2]

마샬이라는 단어가 속담이라는 뜻으로 사용된 또 다른 예는 사무엘상 10:12과 에스겔 12:22-23; 16:44에서도 찾을 수 있다.

마샬은 비웃음(byword), 풍자(satire), 조롱(taunt), 조소(word of derision)를 의미하기도 한다.

> 여호와께서 … 네가 수고하는 고역에서 놓으시고 안식을 주시는 날에 너는 바벨론 왕에 대하여 이 노래[taunt, 마샬]를 지어 이르기를,
> "압제하던 자가 어찌 그리 그쳤으며,
> 강포한 성이 어찌 그리 폐하였는고." (사 14:3-4)

---

2 히브리어 성경과 칠십인역에서는 사무엘상 24:14.

그 무리가 다 속담[taunt, 마샬]으로 그를 평론하며 조롱하는 시로 그를 풍자하지 않겠느냐? 곧 이르기를,

"화 있을진저 자기 소유 아닌 것을 모으는 자여,
언제까지 이르겠느냐?
볼모 잡은 것으로 무겁게 짐 진 자여!" (합 2:6)

마샬이라는 용어가 이런 식으로 사용된 또 다른 예는 민수기 21:27-30;[3] 신명기 28:37; 열왕기상 9:7; 역대하 7:20;[4] 시편 44:14;[5] 69:11[6] 에서 찾을 수 있다.

구약 성경에서 "마샬"이 사용된 또 다른 방식은 "수수께끼"(riddle)와 함께 언급된 경우다.

내가 입을 열어 비유[마샬]로 말하며,
예로부터 감추어졌던 것을 드러내려 하니. (시 78:2)[7]

인자야 너는 이스라엘 족속에게 수수께끼(riddle)와 비유(allegory, 마샬)를 말하라. 여호와께서 이같이 말씀하여 이르시되, 색깔이 화려하고 날개가 크고 깃

---

3 "발라드 가수"(ballad singers, 한글 성경에는 "시인"으로 표기되어 있음-역주)라는 용어는 민수기 21:27에서 "마샬림"을 번역하기 위해 사용되었다. 하지만 그들이 부른 노래가 "비웃음"이나 "조소의 말"이라는 것을 주목하라.
4 신 28:37; 왕상 9:7; 대하 7:20에서는 마샬을 번역하기 위해 "속담"(proverb)이라는 용어를 사용했다. 하지만 이 용어가 신명기 28:37에서는 "놀람"과 "비방거리"의 유의어이고, 열왕기상 9:7과 역대하 7:20에서는 "이야깃거리(웃음거리)"의 유의어인 것이 분명하다.
5 히브리어 본문에서는 시 44:15, 칠십인역에서는 시 43:15.
6 히브리어 본문에서는 시 69:12, 칠십인역에서는 시 68:12.
7 칠십인역에서는 시 77:2.

이 길고 털이 숱한 큰 독수리가… (겔 17:2-3)

마샬이 수수께끼를 뜻하는 다른 두 예는 시편 49:4[8]과 잠언 1:6[9]이다. 마지막으로 구약에서는 이야기(story)나 알레고리(allegory, 풍유)를 뜻하려고 마샬을 사용했다.

인자야, 너는 날짜 곧 오늘의 이름을 기록하라. 바벨론 왕이 오늘 예루살렘에 가까이 왔느니라. 너는 이 반역하는 족속에게 비유(allegory, 마샬)를 베풀어 이르기를 주 여호와께서 이같이 말씀하시기를,
　　가마 하나를 걸라.
　　　　건 후에 물을 붓고,
　　양 떼에서 한 마리를 골라 각을 뜨고
　　　그 넓적다리와 어깨 고기의 모든 좋은 덩이를
　　　그 가운데에 모아 넣으며,
　　고른 뼈를 가득히 담고
　　　그 뼈를 위하여 가마 밑에 나무를 쌓아 넣고
　　잘 삶되,
　　　가마 속의 뼈가 무르도록 삶을지어다. (겔 24:2-5)

마샬이 이야기식 비유 또는 알레고리를 뜻하는 또 다른 두 가지 예는 에스

8　히브리어 본문에서는 시 49:5, 칠십인역에서는 시 48:5.
9　"잠언"(proverbs)이라는 용어가 잠언 1:6에서 "마샬"을 번역하기 위해 다시 사용되었지만, 여기서는 "수수께끼(riddles, 개역개정에서는 '오묘한 말'로 번역됨-역주)"의 유의어라는 것에 주목하라.

겔 17:2-10과 20:49-21:5이다.[10] 구약 성경에서 마샬이라는 용어 자체를 사용하지는 않았지만 이런 유의 마샬의 의미를 지닌 다른 예가 세 개다. 이 세 본문에 마샬이라는 용어가 없어도 그 본문들이 마샬림의 예인 것은 매우 분명하다. 이 가운데 가장 유명한 것은 사무엘하 12:1-4에 있는 나단의 비유다. 다른 두 예는 사무엘하 14:1-11과 이사야 5:1-7이다.

앞에서 든 예를 보면, 구약 성경에서 비유는 단순히 도덕적이거나 영적인 진리들을 포함한 이야기라기보다는 더 광범위하고 다양한 개념들을 포함했다는 것이 매우 분명하다. 누누이 말하지만 비유는 결코 이야기에 불과한 것이 아니다!

2. 신약 성경에서 "비유"의 의미

신약 성경에서 '파라볼레'라는 용어 역시 넓은 범위의 비슷한 개념들을 뜻한다는 것은 놀랄 만한 일이 아니다. 파라볼레는 구약 성경에서처럼 속담(proverb)을 의미하기도 한다.

예수께서 그들에게 이르시되, "너희가 반드시 '의사야, 너 자신을 고치라.' 하는 속담(proverb, 파라볼레)을 인용하여 내게 말하기를…." (Luke 4:23)

또 비유로 말씀하시되, "맹인이 맹인을 인도할 수 있느냐? 둘이 다 구덩이에

---

10 히브리어 본문과 칠십인역에서는 겔 21:5-10.

빠지지 아니하겠느냐?"(LUKE 6:39. 병행구인 MATT 15:14에서는 '파라볼레'라는 용어가 생략되었다. 또 다른 예로 MARK 3:23-24을 참조하라.)

파라볼레는 은유(metaphor)나 비유적인 말(figurative saying)을 의미할 수도 있다.

무리를 다시 불러 이르시되, "너희는 다 내 말을 듣고 깨달으라. 무엇이든지 밖에서 사람에게로 들어가는 것은 능히 사람을 더럽게 하지 못하되 사람 안에서 나오는 것이 사람을 더럽게 하는 것이니라." 하시고 무리를 떠나 집으로 들어가시니, 제자들이 그 비유(파라볼레)를 묻자온대. (MARK 7:14-17)

또 비유하여 이르시되, "새 옷에서 한 조각을 찢어 낡은 옷에 붙이는 자가 없나니, 만일 그렇게 하면 새 옷을 찢을 뿐이요 또 새 옷에서 찢은 조각이 낡은 것에 어울리지 아니하리라. 새 포도주를 낡은 가죽 부대에 넣는 자가 없나니, 만일 그렇게 하면 새 포도주가 부대를 터뜨려 포도주가 쏟아지고 부대도 못쓰게 되리라. 새 포도주는 새 부대에 넣어야 할 것이니라." (LUKE 5:36-38. 병행구인 MARK 2:21-22과 MATT 9:16-17에는 '파라볼레'라는 단어가 없다.)

비교하는 방법에는 여러 가지가 있다. 은유(metaphor)가 한 방법이고, 직유(simile)가 또 다른 방법이다. 은유는 서로 다른 두 실체를 암시적으로 비교하는 것인 반면에, 직유는 "~와 같이"(like), "~처럼"(as), "마치 ~인 양"(as if), "~인 듯하다"(seem) 등과 같은 용어들을 사용하여 두 실체를 명시적으로 비교한다는 점에서, 은유와 직유는 서로 다르다. 누구나 동의하듯이, 이 두 용어의 차이를 설명한 가장 유명한 정의(定意)를 내린 사람은 아리스토텔레스이다. 아리스토텔레스는『수사학』2권 20:2항 이하에서 직유와 은유를 이렇게 설명한다.

> 직유 역시 은유다. 둘 사이에 차이가 거의 없기 때문이다. 시인이 아킬레스(Achilles)에 대해 말하면서, "그는 사자처럼 돌진했다."라고 했다면, 이것은 명유(明喩), 즉 직유다. 만일 시인이 "사자, 그가 돌진했다"라고 했다면, 이것은 암유(暗喩), 즉 은유다. 두 표현 모두 용감하다는 뜻을 나타내는 까닭에, 시인은 의미를 전이(轉移)하여, 아킬레스를 사자라고 부른다. (Loeb)[11]

직유가 단순하면서 명시적인 비교에서 하나의 그림(picture)으로 확장되는 바로 그때, 우리는 확대비유(similitude)를 가지게 된다. 일반적으로, 확대비유에는 하나님 나라를 일상생활에서 전형적으로 발생하는 어떤 것에 비교하는 것이 포함되어 있다.

> 또 이르시되, "우리가 하나님의 나라를 어떻게 비교하며 또 무슨 비유로 나타낼까? 겨자씨 한 알과 같으니, 땅에 심길 때에는 땅 위의 모든 씨보다 작은 것이로되 심긴 후에는 자라서 모든 풀보다 커지며 큰 가지를 내나니, 공중의 새들이 그 그늘에 깃들일 만큼 되느니라." (MARK 4:30-32)

---

11 이 두 용어를 실존론적으로 더 자세히 정의한 내용을 보려면 Robert W. Funk, *Language, Hermeneutic, and Word of God* (Harper & Row, 1966), 137을 참조하라. 펑크(Funk)는 이 책에서 직유는 어떤 것을 그저 분명히 보여 주는 반면에, 은유는 의미의 창조, 즉 의미가 발견되는 수단이라고 주장함으로써 직유와 은유를 구별한다.

또 비유로 말씀하시되, "천국은 마치 여자가 가루 서 말 속에 갖다 넣어 전부 부풀게 한 누룩과 같으니라." (MATT 13:33)

다른 예들은 Mark 4:26-29; MARK 13:28-29; MATT 7:9-11; LUKE 15:4-7; Luke 15:8-10; 17:7-10에서 발견할 수 있다.

확대비유(similitude)가 하나의 그림에서 이야기로 확장되는 바로 그때, 우리는 이야기식 비유(story parable)나 본보기 비유(example parable), 또는 단순한 "알레고리"(풍유, allegory)를 가지게 된다. 이야기식 비유는 한 가지 사건을 언급한다. 일상적으로 발생하는 사건에 관한 총괄적인 진술로 시작하는 확대비유(예를 들어, "너희 중에 어떤 사람이"[Luke 15:4]; "너희 중에 누가"[Luke 11:5]; "너희 중에 아비 된 자로서 누가"[LUKE 11:11] 등)와 달리, 이야기식 비유는 한 가지 사건을 언급한다(예컨대, "어떤 부자에게 청지기가 있는데"[Luke 16:1]; "어떤 사람에게 두 아들이 있는데"[Matt 21:28]; "어떤 사람이 큰 잔치를 베풀고"[LUKE 14:16] 등). 다음은 이야기식 비유의 좋은 예다.

이르시되, "어떤 사람이 큰 잔치를 베풀고 많은 사람을 청하였더니 잔치할 시각에 그 청하였던 자들에게 종을 보내어 이르되, '오소서. 모든 것이 준비되었나이다.' 하매, 다 일치하게 사양하여 한 사람은 이르되, '나는 밭을 샀으매 아무래도 나가 보아야 하겠으니 청컨대 나를 양해하도록 하라.' 하고, 또 한 사람은 이르되, '나는 소 다섯 겨리를 샀으매 시험하러 가니 청컨대 나를 양해하도록 하라.' 하고, 또 한 사람은 이르되, '나는 장가들었으니 그러므로 가지 못하겠노라.' 하는지라. 종이 돌아와 주인에게 그대로 고하니, 이에 집주인이 노하여 그 종에게 이르되, '빨리 시내의 거리와 골목으로 나가서 가난한 자들과 몸 불편한 자들과 맹인들과 저는 자들을 데려오라.' 하니라. 종이 이르되, '주인이여, 명하신 대로 하였으되 아직도 자리가 있나이다.' 주인이 종에게 이르되, '길과 산울타리 가로 나가서 사람을 강권하여 데려다가 내 집을 채우라.' 내가 너희에게 말하노니, '전에 청하였던 그 사람들은 하나도 내 잔치를 맛보지 못하리라 하였다.' 하시니라." (LUKE 14:16-24)

이야기식 비유의 또 다른 예들을 Matt 21:28-31; 25:1-13; MATT 25:14-30; Luke 15:11-32; 16:1-8; 18:2-8에서 발견할 수 있다.

이야기식 비유와 밀접하게 관계있는 비유는 본보기 비유(example parable)다. 우리가 예수님의 비유를 생각할 때 제일 먼저 떠오르는 것이 바로 이 두 가지 유형이다. 비유들을 이 두 개의 범주로 나누는 것은 약간은 임의적이지만, 주요한 차이가 있다. 이야기식 비유는 "지상의 이야기와 천상의 진리" 간의 유비를 제공하는 반면, 본보기 비유는 "가서 너도 이와 같이 하라"(눅 10:37)라거나 이와 비슷한 부정적인 명령으로 끝나는 경우가 많다. 그래서 본보기 비유의 의미는 이야기식 비유의 경우에서보다 비유의 "피상적인 면"에 더 근접하는 경향이 있다. 본보기 비유는 주로 행동의 모델로 작용하는 까닭이다. 다시 말해서, 본보기 비유에서는 "그림 부분"(picture part)과 "실체 부분"(reality part)이, 즉 그림이나 은유로 말하려는 것이 더 긴밀하게 상응한다.[12] 다음은 잘 알려진 본보기 비유다.

---

12 이 전문 용어에 대한 설명은 Eta Linnemann, *Parable of Jesus*, trans. by John Sturdy (London: SPCK, 1966), 24-30을 보라.

또 비유로 그들에게 말하여 이르시되, "한 부자가 그 밭에 소출이 풍성하매 심중에 생각하여 이르되, '내가 곡식 쌓아 둘 곳이 없으니 어찌할까?' 하고, 또 이르되, '내가 이렇게 하리라. 내 곳간을 헐고 더 크게 짓고 내 모든 곡식과 물건을 거기 쌓아 두리라.' 또 내가 내 영혼에게 이르되, '영혼아, 여러 해쓸 물건을 많이 쌓아 두었으니 평안히 쉬고 먹고 마시고 즐거워하자 하리라.' 하되, 하나님은 이르시되, '어리석은 자여, 오늘 밤에 네 영혼을 도로 찾으리니, 그러면 네 준비한 것이 누구의 것이 되겠느냐?' 하셨으니, 자기를 위하여 재물을 쌓아 두고 하나님께 대하여 부요하지 못한 자가 이와 같으니라."
(Luke 12:16-21)

또 다른 예를 Matt 18:23-35; Luke 10:29-37; 14:7-14; 16:19-31; 18:9-14에서 찾을 수 있다.

한 가지가 확장된 은유인 이야기식 비유나 본보기 비유와 대조적으로, 알레고리는 전통적으로 여러 개의 은유를 포함한 이야기로 이해되어 왔다. 그래서 이야기식 비유나 본보기 비유에는 주요 비교점이 하나인 데 비해, 알레고리에는 여러 개의 비교점이 있다.[13] 영어로 된 가장 유명한 알레고리는 의심의 여지 없이 존 번연의 『천로역정』이다. 이 알레고리에 등장하는 다양

---

13 크로산(Crossan)은 비유와 알레고리를 구별하기 위해 사용된, 보다 최근의 접근 방식을 제시했다. John Dominic Crossan, *In Parable* (Harper & Row, 1973), 8-15. 크로산은 알레고리를 "정보가 참여에 선행하는 메타포"로 정의하고, 그 목적은 예시하는(illustrate) 데 있다고 말한다. 반면에, 비유는 "참여가 정보에 선행하는 메타포"이며, 그 목적은 "은유의 지시 대상에 참여하도록" 하는 데 있다고 정의한다(14). 그러나 이 같은 정의는, 알레고리가 참여를 초래하는 것을 목표로 할 수 있고, 비유가 이해를 초래하는 것을 목표로 삼을 수 있다는 사실을 간과한다고 생각된다. 비유에 대한 현대적 접근 방식에 대한 논의에 대해서는 이 책의 110-118쪽을 보라.

한 지명뿐 아니라 다양한 인물들의 이름은 절대로 우연한 것이 아니다. 다양한 인물들의 이름들(크리스천, 세속현자, 전도자, 악의, 호색, 광명-혐오, 합법, 경건, 자비, 금전욕, 신의 등등)과 다양한 지명들(멸망의 성, 구원, 허영의 장터, 시온, 낙담의 늪, 생명수의 강 등등)이 알레고리 해석에 기본적으로 중요하다는 것을 주목해야 한다. 이 이름들과 이 이름들이 뜻하는 바를 간과한다면, 이야기의 상당 부분을 놓치게 될 것이다. 알레고리에서 이 세부 내용들은 단순히 지방색을 나타내거나 자료를 채워 넣기 위한 것이 아니라 반드시 주목하고 해석해야 하는, 이야기에 없어서는 안 될 요소들이다.

예수님의 비유 중에서 어느 것이 알레고리적인 특성을 지닌 것인지를 두고 그간 수많은 토론이 벌어졌다. 예수님이 정말로 알레고리를 사용하셨는지에 대한 문제는 나중에 논의할 것이다.[14] 그러나 여기서는 복음서의 현재 형태에서 MARK 12:1-11이 알레고리의 특성을 지니고 있고, 그러므로 알레고리로 분류해야 한다는 것은 지적할 필요가 있다.

예수께서 비유로 그들에게 말씀하시되, "한 사람이 포도원을 만들어 산울타리로 두르고 즙 짜는 틀을 만들고 망대를 지어서 농부들에게 세로 주고 타국에 갔더니, 때가 이르매 농부들에게 포도원 소출 얼마를 받으려고 한 종을 보내니, 그들이 종을 잡아 심히 때리고 거저 보내었거늘, 다시 다른 종을 보내니 그의 머리에 상처를 내고 능욕하였거늘, 또 다른 종을 보내니 그들이 그를 죽이고 또 그 외 많은 종들도 더러는 때리고 더러는 죽인지라. 이제 한 사람이 남았으니 곧 그가 사랑하는 아들이라 최후로 이를 보내며 이르되, '내

---

14 이 책의 88-93쪽을 보라.

아들은 존대하리라.' 하였더니, 그 농부들이 서로 말하되, '이는 상속자니, 자, 죽이자. 그러면 그 유산이 우리 것이 되리라.' 하고, 이에 잡아 죽여 포도원 밖에 내던졌느니라. 포도원 주인이 어떻게 하겠느냐? 와서 그 농부들을 진멸하고 포도원을 다른 사람들에게 주리라. 너희가 성경에,

'건축자들이 버린 돌이

모퉁이의 머릿돌이 되었나니,

이것은 주로 말미암아 된 것이요,

우리 눈에 놀랍도다.' 함을 읽어 보지도 못하였느냐 하시니라."

(MARK 12:1-11)

복음서에 있는 또 다른 알레고리의 예는 Matt 13:24-30, 36-43; MATT 22:1-14; MARK 4:3-9, 13-20이다.[15]

3. 공관복음에 있는 비유의 수

앞에서 논의한 것에 의하면, 비유는 "천상의 의미를 지닌 지상의 이야기" 그 이상이라는 것이 분명하다. 구약 시대와/또는 신약 시대에 비유(마샬이든지 파라볼레든지)는 속담, 직유(simile, 이것이 확대비유[similitudes]로 확대되든지 확대되지 않든지에 상관없이), 비웃음, 수수께끼 또는 은유, 그리고 다양한 유형의

---

15 예수님의 본보기 비유, 이야기식 비유, "알레고리"에 관한 좀 더 "기능적"인 분류에 관해서는 크로산을 참조하라. 크로산은 "재림 비유"(parables of advent), "반전 비유"(parables of reversal), "행위 비유"(parables of action) 등의 용어를 사용한다.

이야기식 비유와 알레고리를 의미할 수 있다. 그래서 비유가 무엇인지 한 마디로 정의하기가 매우 어려워졌다. 비유라는 용어가 묘사하는 다양한 문채(文彩, figures) 때문에 비유를 정의하려는 시도는 절망적일 뿐이라고 주장한 학자들도 더러 있다.[16] "비유"라는 용어를 이야기식 비유나 본보기 비유에 국한한다면 좀 더 편할 수는 있을 것이다. 이것은 현대인들이 이 용어를 사용할 때 의미하는 것과 더 잘 상통하기 때문이다. 하지만 구약 성경의 "마샬"이나 신약 성경의 "파라볼레"는 이처럼 좁은 의미로 정의될 수 없으며, "비유"에 대해 우리가 내린 정의를 성경이 받아들이라고 강요해서는 안 된다. 우리는 성경이 이 용어를 어떻게 정의하는지 이해하려 해야 한다.

한편으로는, 모든 직유, 은유, 속담, 잠언 등은 물론이고 모든 확대비유, 이야기식 비유, 본보기 비유, 알레고리 비유를 모두 고려하는 것이 더 이치에 맞다. 하지만 이것은 너무 포괄적으로 보인다. 그래서 편의상, 우리는 비유를 '간략하거나 확장된 비교가 있는 비유적 표현(figure of speech)'이라고 정의할 것이다.[17] 이러한 정의는 "마샬"과 "파라볼레"가 지정하는 모든 비유적 표현을 망라하지는 않겠지만, 대다수의 비유적 표현들을 포함하기는 할 것

---

16 Joachim Jeremias, *The Parables of Jesus*, trans. by S. H. Hooke. rev. ed. (Charles Scribner's Sons. 1963), 20.『예수의 비유』, 분도출판사. 예레미아스는 비유가 무엇인지 정확히 정의하려는 어떠한 시도도 "결국은 아무 성과가 없는 수고"가 된다고 진술하고 있다. 히브리어 "마샬"과 이에 상응하는 아람어 "마틀라"(*mathla*)는 구별 없이 모든 종류의 범주를 망라하기 때문이다. 참조, C. H. Dodd, *The Parables of the Kingdom* (London: James Nisbet & Co. 1935), 18.

17 A. R. Johnson, *Wisdom in Israel and in the Ancient Near East*, ed. by M. Noth and D. Winton Thomas (Leiden: E. J. Brill, 1955), 162. 존슨은 그의 책에서 '마샬'이라는 용어의 어원론을 언급하면서 이렇게 진술하였다. "그 용어가 기본적으로 '비슷함'(likeness)을 암시한다는 점에는 의심의 여지가 없다. 그리고 이 사실을 인정하는 것이야말로 그것이 인식한 것처럼 보이는 의미의 미묘한 차이를 이해하기 위해 가장 중요하다."

이다. 더욱이 성경에서 비유라는 용어가 사용되었을 때 우리는 그 용어가 정확히 정의될 수 없고 우리가 내린 정의도 편의상 대략적인 정의에 불과하다는 사실을 명심해야 한다.

비유를 이런 식으로 광범위하게 정의할 경우,[18] 복음서에 있는 비유의 정확한 개수를 헤아리는 것은 불가능하다. 그럼에도 우리는 이런 것들이 실제로 비유라는 확신을 가지고 비유 목록을 제시하려고 한다.

1) 실제로 "비유"라는 명칭이 붙은 비유들[19]

막 2:21 / 마 9:16 / 눅 5:36 / 비교. GT 47[20]	생베 조각
막 3:23-26 / 마 12:25-26 / 눅 11:17-18	분쟁하는 집
막 4:2-9, 13-20 / 마 13:3-9, 18-23 / 눅 8:4-8, 11-15 / 비교. GT 9	네 가지 밭, 씨 뿌리는 자
막 4:21-22 / 눅 8:16-17(막 4:34 때문에 포함됨)	말 아래 있는 등불

---

18 어떤 의미에서 "비유"라는 용어는 그 의미의 폭이 매우 넓기 때문에 예수님의 모든 교훈을 비유로 포괄할 수 있다. MARK 4:11에서는 예수께서 외인들과 제자들에게 "모든 것(ta panta)을 비유로" 가르치셨다고 하고, MARK 4:34에서는 예수께서 "비유가 아니면 말씀하지 아니하"셨다고 말한다. G. H. Boobyer, "The Redaction of Mark IV. 1-34." NTS 8 (1961), 63.

19 본문에 다음과 같은 기호가 사용되었다: 밑줄 친 구절은 그 구절에 "파라볼레"라는 용어가 있음을, 고딕체이며 밑줄 친 구절에는 이어지는 말씀이나 이야기가 "~처럼", "~에 비교할까", "마치 ~처럼"에 의해 분명하게 비교되고 있음을 뜻한다. 각 비유의 모든 병행구를 열거한 까닭에, 이 단락에서는 MARK-Mark, MATT-Matt, LUKE-Luke 구분을 사용하지 않았다.

20 도마복음(GT)은 1945-1946년에 상부 이집트의 나그 하마디(Nag Hammadi)에서 발견된 52개 서로 다른 문서들 가운데 하나다. 이 문서들에는 책 12권과 콥틱어(Coptic, 이집트 방언-역주)로 번역된 초기 그리스어 저술들이 들어 있다. 도마복음은 2세기 중엽에 기록되었을 것으로 보이는 예수님의 114개 어록을 수집한 모음집이다. 도마복음은 유대 기독교의 관점, 특히 영지주의적 관점에서 기록되었다. 도마복음의 내용을 잘 요약한 "Thomas, Gospel of" in The Interpreter's Dictionary of the Bible (Abingdon Press, 1976), Supp. Vol., 902-905를 보라.

막 4:24-25 / 눅 8:18(막 4:34 때문에 포함됨)	헤아림을 받음
막 4:26-29(막 4:34 때문에 포함됨)	은밀히 자라는 씨앗
막 4:30-32 / 마 13:31-32 / 눅 13:18-19 / 비교. GT 20	겨자씨
막 7:14-15 / 마 15:10-11(막 7:17 / 마 15:15을 보라)	더럽게 하는 것
막 12:1-11 / 마 21:33-43 / 눅 20:9-17 / 비교. GT 65	악한 농부들
막 13:28-29 / 마 24:32-33 / 눅 21:29-31	무화과나무
마 13:24-30, 36-43 / 비교. GT 57	알곡과 가라지
마 13:33 / 눅 13:20-21 / 비교. GT 96	누룩
마 13:44(마 13:34-35, 53 때문에 포함됨) / 비교. GT 109	감추인 보화
마 13:45-46(마 13:34-35, 53 때문에 포함됨) / 비교. GT 76	진주
마 13:47-50(마 13:34-35, 53 때문에 포함됨) / 비교. GT 8	그물
마 13:52(마 13:34-35, 53 때문에 포함됨)	집주인
마 22:1-10(비교. 눅 14:15-24) / 비교. GT 64	결혼 잔치
마 22:11-14(마 22:1 때문에 포함됨)	결혼 예복을 입지 않은 사람
마 25:14-30(눅 19:11-27. 독립된 비유로 포함됨)	달란트
눅 4:23	의사야, 너 자신을 고치라
눅 6:39 / 마 15:14 / 비교. GT 34	맹인이 맹인을 인도함
눅 12:16-21 / 비교. GT 63	어리석은 부자
눅 12:35-38(비교. 마 25:1-13) (눅 12:41 때문에 포함됨)	깨어 있는 종들
눅 12:39 / 마 24:43-44 (눅 12:41 때문에 포함됨) / 비교. GT 21, 103	도둑이 오는 때
눅 13:6-9	열매 없는 무화과나무
눅 14:7-11	잔치의 상석
눅 15:3-7 / 마 18:12-14 / 비교. GT 107	잃어버린 양
눅 18:1-8	불의한 재판장
눅 18:9-14	바리새인과 세리
눅 19:11-27 (비교. 마 25:14-30)	므나

복음서에서 "파라볼레"라는 용어가 명시적으로 사용되었거나 이 용어가 적용된 모음집에 등장하는 비유는 총 30개다. 하지만 선한 사마리아인 비유와 탕자 비유와 같은 이야기식 비유와 본보기 비유를 포함시킨다면 이 목록은 더 늘어날 것이 확실하다. 그럴 경우, 복음서에서 발견되는 다음과 같은 이야기들도 비유 목록에 포함될 수 있을 것이다.

2) 분명히 비유인 이야기들

막 13:**34**-37 (비교. 마 25:**14**-30 / 눅 19:11-27)	깨어 있는 문지기
마 18:**23**-35	용서하지 않는 종
마 20:**1**-16	포도원 주인과 품꾼
마 21:28-31	두 아들
마 24:45-51 / 눅 12:42-46	지혜로운/미련한 종
마 25:**1**-13 (비교. 눅 12:35-38)	지혜로운/미련한 열 처녀
마 25:31-46[21]	양과 염소
눅 7:41-43	빚진 두 사람
눅 10:30-35	선한 사마리아인
눅 11:5-8(9)	밤중에 찾아온 친구
눅 13:25-30 (비교. 마 25:1-13)	닫힌 문
눅 14:15-24 (비교. 마 22:**1**-10. 별도로 열거했음) / 비교. GT 64	큰 잔치
눅 15:8-10 (눅 15:3을 보라)	잃어버린 동전
눅 15:11-32	은혜로운 아버지와 탕자

---

21 양과 염소 비유는 "분명한" 비유로 여기 포함되었다. 이 본문의 유일하게 순수한 비유적 요소는 마태복음 25:32-33에서 양과 염소를 분리하는 목자에 대한 확대비유(similitudes)뿐이기는 하지만 말이다.

눅 16:1-8	불의한 청지기
눅 16:19-31	여섯 형제/부자와 나사로
눅 17:7-10	종들의 의무

이미 열거한 30개에 위에 열거한 비유 17개를 추가한다면, 지금까지 총 47개의 비유가 있는 셈이다. 비유 목록에 포함되어야 하는 확장된 비교(확대 비유) 두 개가 있다.

3) "~처럼", "마치 ~", "~인 것처럼"으로 소개된 확장된 비교들

| 마 7:**24**-27 / 눅 6:**47**-49 | 지혜로운 건축가와 어리석은 건축가 |
| 마 11:**16**-19 / 눅 7:**31**-35 | 장터에서 노는 아이들 |

이쯤에서 비유의 총 개수는 49개다. 여기에 여러 학자들은 예수님의 수많은 말씀들을 첨가한다. 이어지는 본문들 하나하나에 구체적인 판단을 내리는 대신에, 우리는 비유일 가능성이 높은 말씀을 열거할 것이다.

4) 비유일 가능성이 많은 말씀들

막 2:17 / 마 9:12 / 눅 5:31	의사와 병든 자
막 2:19-20 / 마 9:15 / 눅 5:34-35 / 비교. GT 104	결혼식 손님과 금식
막 2:22 / 마 9:17 / 눅 5:37-38 / 비교. GT 47	새 술과 낡은 부대
막 3:27 / 마 12:29 / 눅 11:21-22 / 비교. GT 35	강한 자

막 7:27 / 마 15:26	자녀의 떡
막 9:50 (비교. 마 5:13 / 눅 14:34-35)	맛을 잃은 소금
마 5:13 / 눅 14:34-35 (비교. 막 9:50)	세상의 소금
마 5:14 / 비교. GT 32	산 위에 있는 동네
마 5:15 / 눅 11:33 / 비교. GT 33	말 아래 있는 등불
마 5:25-26 / 눅 12:58-59	송사하는 자와 화해함
마 6:22-23 / 눅 11:34-36	눈은 몸의 등불
마 6:24 / 눅 16:13 / 비교. GT 47	두 주인
마 7:3-5 / 눅 6:41-42 / 비교. GT 26	티와 들보
마 7:6 / 비교. GT 93	돼지 앞의 진주
마 7:9-11 / 눅 11:11-13	구하는 아들
마 7:16-20 / 눅 6:43-44 / 비교. GT 45	나무와 그 열매
마 9:37-38 / 눅 10:2 / 비교. GT 73	추수
마 12:11 / 눅 14:5	구덩이에 빠진 짐승
마 12:43-45 / 눅 11:24-26	다시 온 더러운 영
마 15:13	아버지가 심지 않은 나무
마 16:2-3 / 눅 12:54-56	일기 징조
마 17:25-26	세상 왕에게 세금 바침
마 23:25-26 / 눅 11:39-41 / 비교. GT 89	잔의 겉을 깨끗이 함
마 24:28 / 눅 17:37	주검과 독수리
눅 14:28-30	망대 건축 비용 계산
눅 14:31-32	전쟁의 승리 가능성을 헤아려 봄

위의 예를 볼 때, 복음서에 비유가 몇 개나 있는지 정확히 헤아리기가 매우 어렵다는 것은 분명하다. 분명한 것은 "비유"라는 용어에 대한 성경적 이해에 의하면 우리가 "비유"라고 부를 수 있는 말씀이나 이야기들이 50개 정

도 있다는 것이다. 또한 이 범주 안에 포함될 수 있는 수많은 직유와 은유가 있다. 복음서에서 발견되는 이 많은 사례에서 추론할 수 있는 가장 분명한 사실은 예수님이 이런 비유적 표현을 사용하여 가르치기를 즐겨하셨다는 것이다. 왜 예수님은 비유로 가르치기로 하셨을까? 이제 이 질문으로 돌아가 보자.

제2장

예수님은 왜 비유로 가르치셨는가?

예수님이 비유로 가르치신 까닭은 무엇일까? 언뜻 그 대답은 자명해 보일 것이다. 비유는 천상의 진리를 분명히 보여 주는 지상의 이야기이니 말이다. 어쨌든 선한 사마리아인 비유보다 이웃 사랑이 무엇인지를 보여 주는 더 좋은 예화가 있을까? 탕자 비유보다 하나님의 은혜롭고 용서하시는 사랑을 보여 주는 더 좋은 예화가 있을까? 더욱이 우리가 예수님의 어떤 비유들을 "본보기 비유"[1]라고 불렀다는 바로 그 사실로 인해, 비유들 중에는 적어도 어떤 진리를 밝히 설명하기 위해 사용된 것들이 더러 있다는 사실이 드러난다. 진리를 밝히 드러내는 예수님 비유의 힘은 세속 사회조차도 예수님의 비유를 예화로 사용한다는 사실에서 나타난다. 하지만 이러한 견해는 몇 가지 난관에 직면한다. 심지어 예수님의 제자들에게도 비유는 늘 자명하지 않았다. 자

---

1 이 책의 25-26쪽을 보라.

주 예수님은 그들에게 비유를 설명해 주셔야 했다(MARK 4:13, 34; 7:17). 그러므로 비유는 때로 계시하기도 하고 밝히 드러내기도 하지만, 언제나 자명한 것은 아니고 때로는 감추기도 한다.

1. 감춤의 수단인 비유

예수님이 비유로 가르치신 까닭을 이해하는 데 복음서에서 가장 중요한 본문은 MARK 4:10-12이다. 이 본문에서 예수님은 메시지를 선포할 때 이 도구를 사용하시는 목적을 설명하신다.

예수께서 홀로 계실 때에 함께한 사람들이 열두 제자와 더불어 그 비유에 대하여 물으니 이르시되, "하나님 나라의 비밀을 너희에게는 주었으나 외인에게는 모든 것을 비유로 하나니, 이는 그들로 보기는 보아도 알지 못하며 듣기는 들어도 깨닫지 못하게 하여 돌이켜 죄 사함을 얻지 못하게 하려 함이라." 하시고. (MARK 4:10-12)

이 구절이 제기하는 문제점은 분명하다. 이 구절은 비유의 목적이 밝히 드러내기보다는 감추려 하는 것이라고 말하는 듯하고, 그렇게 감추는 이유를 우리가 이해하기는 더 어렵기 때문이다. 비유로 말함으로써 "외인에게는" 진리를 가려서 그들이 깨닫지 못하게 하고 그 결과 그들이 회개하여 죄 사함을 얻지 못하게 하려고 한다는 것이다. 예수님이 비유를 사용해서 가르치신 이유를 이렇게 설명하는 것은 견딜 수 없고 어처구니가 없는 것이라고 주장한 학자들도 많이 있다.[2] 더구나 여느 선생이나 설교자처럼 예수님이 혼동을 일으키거나 감추기 위해서가 아니라 밝히 드러내고 계시하기 위해 가르치셨다고 말하는 것이 상식적이지 않겠는가? 그 결과, 이 불편함을 완화하려는 방식으로 이 구절을 설명하기 위한 시도가 수없이 이루어져 왔다.

그중 한 가지 시도가 개역표준역(RSV)에서 발견된다. 이 성경에는 12절에 "그래서"(so that)라는 어구가 있다. 개역표준역(RSV)은 본문을 이렇게 번역함으로써, 사람들이 깨닫지 못하는 것은 예수께서 비유를 사용해서 가르치신 **목적**이나 의도라기보다는 그분이 비유로 가르치신 **결과**라는 것을 암시했다. "그래서"로 번역된 그리스어 "히나"(*hina*)는 문맥에 따라서 결과("so that")나 목적("in order that")을 의미하기 위해 사용될 수 있다. 그래서 현재 마가복음 본문에서 "히나"를 "그래서"(so that)로 번역한 것에는 논쟁이 있을 수 있다.[3] 근본적인 질문은 이것이다. 본문의 문맥은 그 용어가 목적을 암시하는 것으로 번역되기를 요구하는가? 아니면 결과를 암시하는 것으로 번역되기를 요구하는가? 언뜻 보기에, 이 본문에 이사야 6:9-10이 인용된 것을

2　테일러는 MARK 4:10-12에 관하여 "비유의 목적에 대한 이 같은 해석은 견딜 수 없는 것이어서 일찍부터 의문시되어 왔다."라고 주장한다. Vincent Taylor, *The Gospel According to St. Mark* (London: Macmillan & Co., 1952), 257. 맨슨도 이렇게 진술한다. "본문에 있는 그대로, 비유적 가르침의 목적 또는 (어쨌든지) 그 가르침의 결과는, 깨닫고 이해하고 회개하고 용서받는 것을 막으려는 것일 뿐이라는 뜻이다. 비유 해석과 관련해서, 이것은 정말 어처구니가 없다." T. W. Manson, *The Teaching of Jesus* (Cambridge University Press, 1931), 76. 그랜트는 좀 더 거침없이 이렇게 진술한다. "마가의 이론(막 4:10-12)은 뻐딱하다고 말할 수밖에 없다." Frederick C. Grant, "The Gospel According to St. Mark," in *The Interpreter's Bible* (Abingdon Press, 1951), Vol. 7, 700. Adolf Jülicher, *Die Gleichnisreden Jesu* (Tübingen: J. C. B. Mohr, 1910), Vol. 1, 117도 참조하라. 율리허는 "설명이 필요 없는 정확하고 온전히 보존된 비유는 어떤 것도 용인하지 않는다. 비유 안에 들어 있는 모든 것이 분명하기 때문이다."라고 주장한다. 그리고 W. Manson, "The Purpose of the Parables: A Re-examination of St. Mark iv. 10-12," *ET*, Vol. 68 (1956-1957), 133도 참조하라.

3　C. H. Peisker, "Konsecutives *hina* in Markus 4:12," *ZNW*, Vol. 59 (1968), 126-127.

보면, 여기에서는 "히나"가 목적을 암시한다는 견해가 더 맞는 것처럼 보인다. 이사야가 받은 명령이 다음과 같기 때문이다.

> 가서 이 백성에게 이르기를,
> "너희가 듣기는 들어도 깨닫지 못할 것이요,
> 보기는 보아도 알지 못하리라" 하여,
> 이 백성의 마음을 둔하게 하며,
> 그들의 귀가 막히고,
> 그들의 눈이 감기게 하라.
> 염려하건대(lest) 그들이 눈으로 보고,
> 귀로 듣고,
> 마음으로 깨닫고,
> 다시 돌아와 고침을 받을까 하노라. (사 6:9-10)

MARK 4:12에서 이사야 본문을 사용한 것과 관련하여 두 가지를 주목해야 한다. 첫째, 예수님이(또는 마가가) 이사야 6:9-10에 있는 명령의 "목적"이라는 성질을 강조하고 싶었다면 예수님이(또는 마가가) 그 명령에서 대단히 중요한 한 부분을 생략했다는 사실에 주목해야 한다. 그것은 "이 백성의 마음을 둔하게 하며, 그들의 귀가 막히고, 그들의 눈이 감기게 하라"라는 부분이다. 이사야 본문을 인용하는 중에 이 부분을 생략하면, MARK 4:12의 이사야 인용 구절에서 "목적"이라는 성질이 약화된다. 둘째, 이사야 6:9-10은 그 본문의 전후 문맥을 볼 때 이사야 설교의 목적은 백성이 깨닫지 못하게 하고 회개하지 못하게 하는 것이라고 이해하는 해석이 최상인 반면에,[4] 예수님 당시 이 본문에 대한 일반적인 해석으로는 이 본문을 협박보다는 어떤 약속으로 이해했다는 사실을 유의해야 한다.

그럼에도 "히나"를 번역하는 정상적인 방법은 "히나"가 어떤 결과나 '결과를 나타내는 절'("그래서," so that)을 소개하기보다는 목적이나 '목적을 나타내는 절'("하려고," in order that)을 소개하는 것임을 인정해야 한다. 더욱이 MARK 4:12 후반부에서 발견되는 "~을까 하노라"(lest)는, 여기서는 반드시 그렇게 번역하는 것이 맞다고 제시한다. "~을까 하노라"는 "그래서"보다는 "~하려고"와 더 잘 어울리기 때문이다.

MARK 4:12에서 발견되는 "lest" 또는 그리스어 메포테(mēpote)라는 용어 역시 다양하게 번역되어 왔다. 그중 하나는 이 용어를 "~할까 하노라"("~하지 못하도록")라고 번역해서 예수님이 그의 청중들이 돌아와 죄 사함을 얻지 못하게 하려고 비유로 가르치셨다고 암시하기보다는, 그 용어를 "만일 ~하지 않으면"(unless)이나 "혹시 그렇다면~"(if perhaps)으로 번역해야 한다고 제안하는 것이다. 이 견해를 지지하는 입장은 이사야 6:9-10을 인용한 마가복음의 형식이 마소라(히브리어) 본문 및 칠십인역의 본문과 다르고, 탈굼역(Targums, 아람어 역)에서 발견되는 본문의 형식을 따른 것이라는 사실에서 비롯되었다.[5] 탈굼역은 이사야 6:10과 MARK 4:12의 메포테(mēpote)를 "~하지

---

4 Otto Kaiser, *ISAIAH 1-12, A Commentary*, trans. by R. W. Wilson (The Old Testament Library) (Westminster Press, 1972), 83. 카이저는 이 본문에 대해 이렇게 말한다. "부름을 받던 바로 그 순간에, 이사야는 백성의 마음을 강퍅하게 하시려는 하나님의 목적, 곧 하나님께서 그를 보내어 행하시고자 하는 목적에 자신을 바쳤다."

5 예레미아스는 이사야 6:9-10을 인용한 마가복음 본문은 다음 세 가지 방법으로 탈굼역을 따랐다고 지적한다. (1) 이사야 6:9b의 2인칭 대신에 3인칭을 사용한 점. (2) 이사야 6:10의 "고치다"(heal) 대신에 "죄를 사하다"(forgive)를 사용한 점. (3) 능동태 대신에 이사야 6:10의 "신적

않게 하려고" 또는 "~할까 하여"(lest)로 번역하지 않고, "만약 ~하지 아니하면"(unless, 또는 lest perhaps)으로 번역했다.

그러므로 랍비들의 석의는 이사야 6:10의 결론을 이스라엘이 회개하면 하나님께서 이스라엘을 사하실 것이라는 약속으로 이해했다.[6] 만일 우리가 "메포테"를 이런 식으로 해석한다면, 예수님이 비유로 가르치심은 깨닫지 못하게 하신 것("그래서," so that)으로 해석될 수 있다. 이 깨닫지 못함은 청중이 "만일" 돌이켜 죄 사함을 얻지 "못한다면"(또는 "혹시 그렇다면~", 그렇게 되기를 바란다) 계속된다. 확실히 이 나중 해석이 더 매력적이다. 그리고 우리는 누가복음 3:15; 요한복음 7:26; 디모데후서 2:25에서 "메포테"가 "혹시 그렇다면"(if perhaps)의 의미를 지닌 분명한 예를 찾을 수 있다. 하지만 이것은 "메포테"를 번역하는 통상적인 방법이 아니며, MARK 4:10-12의 문맥에서는 "히나"(in order that: ~하기 위해)나 "휘민 데도타이"(humin dedotai, "너희에게 주었다")와 같은 용어들과 결합되었다는 사실을 인정해야 한다. 그러므로 MARK 4:10-12에서 "메포테"를 이런 식으로 해석하는 것의 정당성에 대해서는 의구심을 갖게 한다.

이 구절들을 설명하기 위한 또 다른 시도는, 마가(또는 마가 이전의 어떤 사람)가 예수님이 사용하신 아람어 단어(de)를 잘못 번역하여, 그것을 관계대명사 "호이"(hoi, who)라고 번역하는 대신에 "히나"(hina, "~하기 위하여")로 번역

수동태"를 사용한 점 등. Jeremias, *The Parables of Jesus*, 15-17.
6 이 본문을 바꿀 수 없는 강퍅함에 대한 경고보다는 죄 사함의 약속으로 이해한. 이사야 6:10b에 대한 랍비의 네 가지 해석에 대해서는 Jeremias, *The Parables of Jesus*, 17; Manson, *The Teaching of Jesus*, 78-80을 보라. 또한 Hermann L. Strack & Paul Billerbeck, *Kommentar zum Neuen Testament aus Talmud und Midrash* (Munich: C. H. Beck'sche Verlagsbuchhandlung, 1956), Vol. 1, 662-663을 참조하라.

했다고 주장한 것이다.[7] 이 설명에 따르면, 예수님은 원래 이렇게 말씀하셨다. "너희에게는 하나님 나라의 비밀이 주어졌다. 그러나 보아도 보지 못하고 들어도 깨닫지 못하는(who) 외인들에게는 모든 것이 '마샬림'(수수께끼 또는 비유들)으로 보일 것이다." 그러나 이 설명(해석)에는 심각한 약점이 있다. 이 설명은 마가를 희생시킴으로써 예수님을 "구하려고" 하기 때문이다! 이 설명에 따르면, 이 구절의 문제는 예수님의 말씀을 잘못 번역했음 직한 마가(또는 마가 이전의 전승 자료)에게 있다.

본문과 관련된 문제에 대한 이 특정한 설명을 너무 성급하게 받아들이기 전에, 이러한 접근 방식의 몇몇 결과를 생각해 보지 않을 수 없다. 정경(마가가 실제로 기록한 것) 안에서 정경(예수님이 말씀하셨을 것으로 추정되는 것)을 찾는 것은 심각한 결과를 초래한다. 때로는 이런 시도가 예수님이 하신 실제 말씀들(*ipsissima verba*)에 이를 수 있게 하는 데 매우 유익하기도 하고, 그 말씀들을 복음서 기사들과 비교할 수 있게 해 주기도 한다. 이렇게 함으로써 우리는 예수님의 말씀과 복음서 저자들이 감동을 받아 그 말씀을 주석한 내용을 다 가질 수 있기 때문이다. 그러나 이 경우, 복음서 저자들의 말들은 예수님이 그렇게 말씀하실 수 있었거나 아니면 그렇게 말씀하실 수 없었을 것이라고 미리 결정한 것에 대한 부정확한 해석으로 여겨져 거부된다. 많은 사람들에게 이런 식의 접근은 매력 없는 대안에 불과하다!

마가를 희생시키면서 예수님을 "구하려고" 했던 더 심각한 방법은 MARK 4:10-12의 진정성을 부인한 것이다.[8] 종종 이 본문은 비유로 표현된 예수

---

7 Manson, *The Teaching of Jesus*, 78-80.
8 Dodd, *The Parables of the Kingdom*, 3.

님의 교훈을 메시아 비밀과 하나님이 이스라엘을 저버리셨다는 마가 자신의 이론을 연결시키려는 "마가의 창작물"로 해석되었다.[9] 그러나 MARK 4:10-12의 진정성을 지지하는 많은 근거들이 있다. 이 구절들의 팔레스타인 기원을 지지하는 문체상의 두 가지 특징은 11절의 반의대구법(antithetical parallelism)과 세 개의 신적 수동태(divine passive) 사용이다("주었으나", "모든 것을 ~로 하나니"[everything is], "죄 사함을 얻지" 등). 하지만 가장 중요한 것은 MARK 4:10-12이 마소라(Masorah) 본문이나 칠십인역의 본문 형식과 다르고 탈굼역의 형식과 일치한다는 사실이다. 이것은 이 본문이 팔레스타인의 아람어 환경에서 기원했음을 강력히 뒷받침한다.[10] 앞에서 논의한 내용에 비춰 볼 때, MARK 4:10-12을 마가의 창작물이라고 추정할 만한 본문상의 이유는 없다. 이와는 반대로, 이 구절이 궁극적으로 예수님 자신에게서 나왔다고 추정할 만한 이유는 충분히 있다.

이외에도 본문의 뜻과 관련한 문제를 해결하기 위한 또 한 가지 설명은 이런 것이다. 예수님이 실제로 이렇게 말씀하셨으며, 그의 말씀은 "~하기 위하여"(in order that)라고 번역하는 것이 정확하긴 하지만, 예수님의 사고방식과 셈어를 사용하는 사람들의 일반적인 사고방식에서 볼 때, 하나님의 결정

---

9 이것들이 실제로 마가복음의 주제에 속하는 것은 분명하지만, 이 주제들을 완전히 새로운 마가의 창작물로 간주할 필요는 없다. 이 주제들은 궁극적으로 예수님 자신에게 귀속된다고 생각할 만한 타당한 이유가 있기 때문이다. 조금 오래된 논문이기는 하지만, Vincent Taylor, "The Messianic Secret in Mark," *ET*, Vol. 59 (1947-1948), 146-151과 "W. Wrede's *The Messianic Secret in the Gospels*," *ET*, Vol. 65 (1953-1954), 246-250은 이 주제와 관련해서 읽어야 할 중요한 논문이며, 이 논문들은 이 주제가 예수님에게까지 거슬러 올라감을 증명한다. 더욱이 마가복음 11:1-13:37에서 마가는 그의 편집 작업에서 이스라엘이 심판받고 버림받음을 강조하지만, 이 주제 역시 예수님에게까지 소급될 수 있다는 것이 분명하다. MARK 12:1-12; 13:1-2; LUKE 13:34-35; Luke 19:41-44; 23:27-31; Matt 23:29-36 등을 눈여겨보라.
10 Jeremias, *The Parables of Jesus*. 15; Manson, *The Teaching of Jesus*, 77.

이 내려진 경우, 목적과 결과 사이에는 차이가 거의 없다는 것이다.[11] 서구 지향 세계에서는 사람들이 대개 원인에서 결과에 이르는 사고를 한다. 이와 같은 그리스식 사고방식 때문에 우리는 이 본문을 다음과 같이 해석한다. 즉, 하나님께서 예수님의 청중이 회개하여 죄 사함을 얻지 못하게 하려고 **의도하셨기**(purposed, 목적) 때문에, 예수님이 비유로 가르치셨고 그래서 그들이 깨닫고 회개하지 못해서 죄 사함을 얻지 못하는 **결과**가 발생했다고 말이다.

이와 대조적으로, 동양이나 셈어를 사용하는 세계에서는 결과에서 원인의 방향으로 사고했다는 설이 있다. 이런 식의 사고방식이라면 본문을 다음과 같은 방식으로 해석할 수 있을 것이다. 예수님이 비유로 가르치셔서 청중이 깨닫지도 못하고 회개하지도 않은 **결과**가 나타났으므로, 궁극적으로 이것은 틀림없이 하나님의 **목적**과 계획 때문(due to)이었을 것이라고 말이다.[12] 이러한 두 번째 사고방식 때문에, 예수님은 "그들이 실제로 보기는 하지만 알지는 못하고, 실제로 듣기는 하지만 깨닫지는 못하게 하려고(in order that)" 비유로 가르치셨다고 말씀하셨을 수 있다. 비록 마음속으로 예수님은 원인(목적)에서 시작해서 효과(결과)로 이어지는 것을 생각하는 대신에 효과(결과)에서 원인(목적)에 이르는, 다시 말해서, 청중이 회개하지 않은 까닭에, 이 일이 틀림없이 궁극적으로는 하나님의 목적에 있었을 것이라는 식으로 생각하셨겠지만 말이다. 이러한 설명은 상당히 도발적이며, 주로 그리스식으

---

11 모울은 "셈어를 사용하는 사람들의 사고방식은 목적과 결과를 예리하게 구분하려 하지 않는 것으로 이름나 있다."라고 진술한다. C. F. D. Moule, *An Idiom Book of New Testament Greek* (Cambridge University Press, 1959), 142.

12 Edmund F. Sutcliffe, "Effect as Purpose: A Study in Hebrew Thought Patterns," *Biblica*, Vol. 35 (1954), 320-327을 보라. "히나"와 "메포테"를, 목적과 결과의 경계가 모호한 셈어의 예로 이해해야 한다고 주장한, Moule, *An Idiom Book of New Testament Greek*, 143을 보라.

로 추론하고 생각하는 우리 자신의 방식으로 셈족 문화를 해석할 때 항상 있을 수 있는 위험성을 상기시킨다. 또한 이러한 설명은 이 구절들의 해석상 어려움을 완전히 설명해 주지 못한다. "너희에게는 주어졌다", "외인들", "~못하게 하여"(lest) 등과 같은 표현들은 외인들이 깨닫지 못하고 회개하지 않고 죄 사함을 얻지 못한 것이 어떤 의미에서는 하나님이 의도하신 것처럼 보인다는 사실을 드러내기 때문이다.[13]

이제 우리의 본문을 해석하기 위한 마지막 방법을 언급할 텐데, 이 방법은 MARK 4:12의 "히나"(hina)를 "히나 플레로테"(hina plerōthē) 또는 "이루어지도록 하기 위하여(in order that it might be fulfilled)의 축약어로 번역하는 것이다.[14] 이에 대한 좋은 예를 신명기 19:15을 인용하면서 그 앞에 "히나"를 쓴 Matt 18:16에서 찾을 수 있다. 그리고 Mark 14:49에는 "이는 성경을 이루려 함이니라"라는 표현이 있다. 이 본문에서는 "히나"가 동사 "플레로토신"(plerōthōsin, 이루려)과 결합되었다. MARK 4:11-12을 이런 방식으로 해석한다면, 다음과 같을 것이다.

---

13 "그리스적 사고"와 "히브리적 사고"에 대한 전통적인 이분법은 제임스 바(James Barr)에 의해 올바르게 다뤄져, 치명상을 입었다. James Barr, *The Semantics of Biblical Language* (London: Oxford University Press, 1961). 알렉산더 대왕 시대 이후 셈어를 사용하는 세계가 그리스 세계의 영향을 받았듯이, 서양은 동양의 영향을 받았다는 사실을 우리는 이제 인정한다. 그 결과 그리스 문화와 셈족 문화 사이의 절대적인 구별은 존재하지 않게 되었다. 팔레스타인 유대교는 헬레니즘의 지대한 영향을 받았다. 그렇지만 둘 사이에 몇 가지 차이점은 있다. 그러나 우리에게 더 중요한 것은 예수님과 제자들이 오늘날 우리보다는 덜 "목적에서 결과로"의 관점을 갖지 않았겠는가 하는 문제다. 이에 대한 좋은 예는 "미리 알다"(그리스어로 '프로기노스케인[*proginōskein*]')라는 용어다. 서양의 철학적 전통을 따라 이 용어를 어떤 것을 미리 알고 있음을 뜻하는 것으로 해석하는 대신에, 구약 성경의 관점에서는 이 용어를 누군가(일반적으로 '이스라엘')에 대한 어떤 이(주로 '하나님')의 사랑을 제시하는 것으로 이해하는 것이 더 낫다는 것이, 이제는 분명한 사실이다.

14 Jeremias, *The Parables of Jesus*, 17; Willi Marxsen, "Redaktionsgeschichtliche Erklärung der sogenannten Parabeltheorie des Markus," *ZTK*, Vol. 52 (1955), 269.

하나님 나라의 비밀을 너희에게는 주었으나, 외인들에게는 모든 것을 비유로 한다. 이는 그들이 [하나님을 믿는 믿음으로] 돌이켜 죄 사함을 얻지 않는다면 [성경이 말한 것이 그대로 이루어지도록, 그리고] 그들이 실제로 보기는 하지만 알지 못하고 실제로 듣기는 하지만 깨닫지 못하도록 하기 위함이다. (MARK 4:11-12)

이렇게 이해하면, 12절은 예수님이 왜 비유로 가르치셨는지에 대한 하나님의 목적을 설명하는 묘사라기보다는 예수님이 사역하시던 당대의 상황에 대한 주석이다. 가장 매력적인 이러한 해석도, 아쉽지만, 난점이 없는 것은 아니다. 마가복음의 다른 곳에서는 "히나" 자체만으로 구약 인용을 소개하는 경우가 없기 때문이다.[15] "히나"를 이런 방법으로 해석하려면 반드시 12절의 "~하지 못하게"(lest)도 이사야 6:9-10에 대한 "마소라 본문"과 "칠십인역"보다는 팔레스타인 탈굼역의 해석에 비추어 해석해야 하는데, 이 일이 정당한지는 확실하지 않다.

앞의 논의에서 본 것처럼, MARK 4:10-12에서 발견되는 난제들을 해결하려고 수많은 "해결 방안"이 제안되었다. 그리스어 본문을 현재 그대로 놓고 볼 때, 이 구절들의 의미는 제법 분명한 것 같다.[16] 문제는 문법과 구문, 어휘 분야가 아니라 신학 분야와 여러 다른 곳에서의 예수님의 비유 사용에 있다.

---

15 암브로직도 마가가 이러한 해석이 요구하는 약속-성취 구조로 작업하지 않았다고 지적한다. A. M. Ambrozic, "Mark's Concept of the Parable," *CBQ*, Vol. 29 (1967), 221.
16 블랙(Black)은 마가가 실제로 "히나 … 메포테"라고 기록했고, 이것을 의도했으며, 마가의 원래 목적은 "히나" 절에서 분명하게 나타나며, "메포테"로 다시 강조되는 것이 확실하다고 주장한다. Matthew Black, *An Aramaic Approach to the Gospels and Acts* (Oxford: At the Clarendon Press, 1946), 155.

만일 누군가 12절에 대한 강력한 칼뱅주의 예정론의 해석을 받아들인다면, 그렇다고 해서 문제가 다 해결되는 것은 아니다. 예수님이 "외인들"(those outside)을 가르치기 위해서, 또는 그들과 접촉하기 위해서 어떤 비유들(참조. 눅 15:1-2과 이어서 등장하는 비유들)을 의도적으로 사용하신 것이 분명하기 때문이다. 더욱이 종종 "외인들"도 예수님의 비유를 깨달은 것이 분명하다(참조. MARK 12:12). 예수님이(또는 마가가) 실제로 이사야 6:9-10을 강력한 예정론을 주장하기 위한 근거로 사용하려 했다면, 예수님은(또는 마가는) 이러한 견해를 강력하게 지지할 만한 구약 성경의 구절을 빠뜨렸다는 사실을 우리는 이미 앞에서 지적했다. 즉, 이사야 6:10에 있는 "이 백성의 마음을 둔하게 하며 그들의 귀가 막히고 그들의 눈이 감기게 하라…"라는 구절 말이다.

이 견해와 관련해서 한 가지 가능성 있는 선택사항은, "외인들"이 예수님의 모든 비유를 깨닫지 못하게 배제된 것이 아니라 다만 하나님 나라를 다룬 비유들만 그런 것이라는, 아서 베어드(J. Arthur Baird)의 제안이다.[17] 베어드는 비유들 중에서 거의 삼분의 이를 예수님이 설명하셨는데 "외인들"에게 설명하신 비유는 거의 없다는 사실을 지적한다. 더욱이, 그리고 매우 중요한 사실은 외인들에게 설명한 비유들 중에는 하나님 나라를 주제로 한 비유는 하나도 없다는 것이다! 베어드의 논제는 의당 받아야 할 주목을 받지 못했는데, 예수님이 외인들에게 하나님 나라의 비유를 설명하지 않으신 것은 사실이기 때문이다.[18] 그러나 이 논제에도 약점은 있다.

---

17 J. Arthur Baird, "A Pragmatic Approach to Parable Exegesis: Some New Evidence on Mark 4:11, 33-34," *JBL*, Vol. 76 (1957), 201-207. 또한 Raymond E. Brown, *The Semitic Background of the Term "Mystery" in the New Testament* (Fortress Press, 1968), 34-35도 참조하라.

18 Brown, *The Semitic Background*, 35 n. 110에서 인용하는 것이 타당할 것 같다. "그러므로

첫째, 예수님이 다른 방식으로 공개적으로 선포하지 않은 비유는 어떤 "비밀"을 담고 있는가? 하나님의 나라가 이미 임했다는 것은 사실인가? 그러나 누구든지 LUKE 11:20; 16:16; Luke 17:20-21; MARK 1:15 등의 말씀을 주의 깊게 살펴본다면, 예수님이 다른 곳에서 이 사실을 군중에게 이미 계시하셨다는 것을 알 수 있다. 베어드의 논제와 관련한 첫 번째 문제점은 비유 안에는 예수님이 "외인들"에게 공개적으로 알리지 않은 것은 어떤 것도 들어 있지 않다는 것이다. 둘째로, MARK 4:10-12은 예수님이 외인들에게 "모든 것"(ta panta)을 비유로 가르치셨고, "그래서(so that) 그들이 사실 보기는 보아도 알지 못했다."라고 언급한다. 11절은 외인들의 무지를 하나님 나라의 비밀에만 한정하지 않는다.

한편, 만일 "히나"와 "메포테"에 대한 다소 예외적인 해석 방식을 받아들인다고 해도, 몇 가지 문제가 있다. 첫째, 우리는 "그래서(so that) 성경이 말한 바가 이루어졌느니라"나 "성경이 말한 바를 이루기 위함이라(in order that)"가 "~하지 않으면"(unless)의 의미를 함께 지닐 개연성이 이런 방식으로 해석되는 어느 하나의 의미를 지닐 개연성보다 상당히 적다는 사실을 인식해야 한다.[19] 둘째, 비유는 늘 자명한 예화가 아니라 종종 수수께끼 같은 특성을 지니기도 한다는 사실을 부인할 수 없으며, MARK 4:10-12에 의하면, 예수님은 이것을 의도하셨다. 비유의 숨기는 특성에 관해 이런 구절들이 말하는 내용은 종종 예수님의 생애에서 입증되었다. 수많은 예에서 우리는 예

만일 우리가 공관복음서에서 전체 비유 전승의 대단히 기술적인 재배열을 추정할 수 없다면, 예수님은 하나님 나라를 다룬 비유들을 외인들에게 설명하지 않으신 것처럼 보인다."

19 예컨대, 만일 "히나"의 의미가 "성경이 말한 것을 이루기 위하여"일 개연성이 50%이고, "메포테"의 의미가 "만일 ~하지 않는다면"일 개연성이 50%라고 한다면, 두 의미를 다 취하게 될 가능성은 불과 25%밖에 되지 않는다!

수님의 제자들까지도 그분의 비유를 이해하지 못했다는 구절을 읽는다. 그래서 "예수님이 무리를 떠나 집으로 들어가시자, 제자들이 예수님께 그 비유(의 의미)를" 물었다(MARK 7:17). 하나님 나라의 비밀이 주어진 제자들에게도 비유는 늘 자명한 예화였던 것이 아니다. 이것과 관련하여, 구약 성경에 등장하는 가장 유명한 비유도 설명이 필요했다는 점을 지적하는 것이 좋겠다. 나단이 다윗에게 "당신이 바로 그 사람이라"라고 설명해 주었을 때에야 비로소 다윗은 그 비유의 의미를 깨달았다(삼하 12:7). 적어도 가끔은, 예수님은 드러내실 뿐만 아니라 감추실 목적으로도 비유를 사용하신 것 같다.[20]

2. 예수님은 왜 비유로 가르치셨는가?

그렇다면 예수님은 왜 비유로 가르치셨는가? MARK 4:10-12에 따르면, 그 한 가지 이유는 자신의 교훈을 외인들에게 감추시려는 데 있었다. 복음서를 대충 읽어 보기만 해도 예수님이 때로는 그렇게 하셔야 할 필요가 있었다는 것이 분명하다. 거듭해서 예수님은 청중 속에 그분에게 적대감을 가진 사람들이 있음을 아셨다. 사두개인들은 예수님이 그들의 제사장 제도에 위협적인 존재라고 보았다. 사두개인들의 교리(MARK 12:18-27)에 대한, 그리고 무엇보다도 하나님의 성전을 운영하는 그들의 역할을 남용하는 것(MARK

---

[20] J. R. Kirkland, "The Earliest Understanding of Jesus' Use of Parables: Mark IV 10-12 in Context," *NT*, Vol. 19 (1977), 1-4; David Daube, *The New Testament and Rabbinic Judaism* (London: Athlone Press, 1956)을 보라. 다우베는 "애초에, 문제 되고 있는 형식[비유]은 결코 보편적이 아니다."라고 지적한다(p. 149).

11:15-19; 참조. 14:58)에 대한 예수님의 태도가 그들의 행정 당국과 종교적인 권위에 직접적인 위협이 되었다(MARK 11:27-33; 참조. 요 11:47-50).

이와 마찬가지로 예수님이 그들의 "자기 의"(self-righteousness, Luke 18:9-14)와 종교적인 지도력에 위협이 된다고 여긴 바리새인들도 많았다. 예수님이 바리새인들의 외식(Matt 23:13-36)과 율법에 첨가한 구전(장로들의 유전, MARK 7:1-13)에 가하신 공격으로 인해, 수많은 문제들과 관련하여 예수님과 바리새인들이 직접 논쟁을 벌이게 되었기 때문이다. 빌라도 역시 이처럼 엄청나게 많은 헌신적인 군중을 사로잡고 있는 예수를 미심쩍게 여겼을 것이다. 예수님이 하나님 나라의 도래와 같이 쉽게 오해를 살 만한 주제를 설교했을 때 특히 그러했다. 빌라도는 예수님이 설교하는 그 나라가 로마 제국과 어떤 관계인지 확인해야 했을 것이다! 더욱이 "그리스도"(Christ)나 "메시아"(Messiah)라는 칭호가 어떤 방식으로든 예수님에게 붙여지거나 예수님과 관련해서 사람들 입에 오르내리게 된다면, 이 칭호는 사람들이 의식하기에 이스라엘의 원수 곧 로마 제국에 대항하여 싸워 이스라엘을 승리로 이끌 정치적·군사적인 의미를 지닌 인물의 칭호이기에, 이 또한 로마에게는 지대한 관심의 대상이 되었을 것이다.[21]

그러므로 예수님의 메시지에는 다분히 오해의 소지가 될 만한 내용이 많이 있었다. 예수님은 비유를 사용하심으로써 그분의 흠을 찾고 그분을 선동자로 고소하려는 사람들을 더욱 난처하게 만들었다. 어쨌든 하나님 나라를 겨자씨와 같다고(MARK 4:30-32) 또는 누룩과 같다고(MATT 13:33) 말하는 것은 정치적으로 상당히 무해한 것처럼 보였다. 예수님은 이런 식으로 비유를

---

21   이 점에 대해서는 Psalms of Solomon 17:23-24를 참조하라!

사용하심으로써 적대자들이 그분에 대해 의미 있는 고발과 비난을 가하기 어렵게 하셨다(참조, MARK 14:55-59). 적대자들은 수수께끼와도 같은 비유로 인해 자주 혼란스러워했을 것이다. 그러므로 예수님의 메시지는 비유로 말미암아 외인들에게 숨겨졌다. 그러나 예수님은 사적으로 그를 따르는 사람들에게는 그 비유를 친히 설명하셨다. 그들은 예수님의 메시지를 드러내는 사람들이 되었다.

그런데 MARK 4:10-12은 이것 이외에 더 많은 내용을 뜻하고 있음을 우리는 정직하게 인정해야 한다. 본문은 외인들로 하여금 깨닫지 못하게 할 뿐만 아니라 그들이 회개하여 죄 사함을 얻지 못하게 하려고 예수님이 그들에게 메시지를 알려 주지 않으셨다고 말하는 것 같다. 이것은 매우 어려운 개념임을 인정해야 한다. 비유는 종종 자명한 예증과는 전혀 거리가 멀다는 것이 분명하다. 앞에서 지적했듯이, 제자들조차 하나님 나라의 비밀을 계시받았으면서도 비유의 의미를 항상 깨달았던 것은 아니었다. 이러한 사실은 씨 뿌리는 자 비유에서 분명히 드러난다(MARK 4:13; 비교. 7:14-18; Matt 13:36). 이 책의 제4장에서 설명할 텐데, 교회사 역시 비유의 "감춰진" 특성을 증언한다. 비유를 말씀하신 예수님의 상황에 대한 이해 부족과 알레고리적 해석법으로 말미암아 수 세기 동안 비유의 진정한 의미가 상실되었기 때문이다.

예수님의 메시지가 어떤 사람들에게는 의도적으로 감춰졌음을 뒷받침해 주는 예수님의 다른 말씀들이 있다.

그때에 예수께서 대답하여 이르시되, "천지의 주재이신 아버지여, 이것을 지혜롭고 슬기 있는 자들에게는 숨기시고 어린아이들에게는 나타내심을 감사하나이다. 옳소이다. 이렇게 된 것이 아버지의 뜻이니이다. 내 아버지께서 모든 것을 내게 주셨으니, 아버지 외에는 아들을 아는 자가 없고 아들과 또 아들의 소원대로 계시를 받는 자 외에는 아버지를 아는 자가 없느니라."(MATT 11:25-27)

이 말씀에서 우리는 MARK 4:10-12에서처럼 깨달음과 믿음이 하나님의 선물이라는 비슷한 교훈을 마주한다. 그리고 바울은 로마서 11:25-32에서 그의 동포인 이스라엘 백성의 불신앙의 이유가 부분적으로는 하나님께서 그들의 마음을 강퍅하게 하신 데 있으며, 그래서 구원의 메시지가 이방인들에게로 확산될 수 있었다고 설명한다. 로마서 11:25-32을 MARK 4:10-12에 대한 주석이라고 이해하는 것은 근거가 없다고 할 수 있지만,[22] MARK 4:10-12의 현재 형태는 예수님이 비유로 가르치신 이유 중 하나가 "외인들"에게 그분의 메시지를 감추려는 데 있다고 말하는 것 같다.

  예수님이 비유로 가르치신 또 다른 이유는 첫 번째 이유와 상충되는 것처럼 보인다. 두 번째 이유는 예수님을 따르는 사람들과 "외인들" 모두에게 그분의 메시지를 계시하고 밝히 드러내려는 데 있었기 때문이다. 많은 경우에 비유는 예수님의 메시지를 가장 효과 있게 드러내는 예화들이다. 처음에 예수님께 질문을 제기했던 율법교사뿐 아니라 그 이후에 이 비유를 읽는 모든 독자들에게, 선한 사마리아인 비유는 이웃 사랑이 어떤 의미인지를 잊지 못할 방법으로 예시한다. 누군가 만일 죄인들에게 은혜로운 사랑을 베푸시는

---

22 Matt 13:11과 Luke 8:10에서는 복수형 "비밀들"(mysteries)이 사용되었지만, MARK 4:11에서는 단수형 "비밀"(mystery)이 사용되었다는 데 주목할 필요가 있다. 이 점에 있어서 마가는 로마서 11:25에서, 그리고 고린도전서 4:1; 13:2; 14:2을 제외한 다른 모든 곳에서 단수명사를 사용한 바울과 거의 일치한다.

하나님을 설명하고자 한다면, "탕자의 비유"보다 더 좋은 예를 어디서 찾을 수 있겠는가? 예수님의 비유는 과거뿐만 아니라 현대에도 그분의 메시지를 밝히 설명해 주는 탁월한 예화이다. 이것은 특별히 하나님 나라의 비밀을 받은 사람들에게 해당하지만, 때로는 "외인들"조차 예수님이 비유를 통하여 설명하려는 요지를 놓치지 않았으며, 사실 놓칠 수도 없었다.

> 그들이 예수의 이 비유가 자기들을 가리켜 말씀하심인 줄 알고 잡고자 하되, 무리를 두려워하여 예수를 두고 가니라. (MARK 12:12)

우리가 언급해야 할, 예수님이 비유로 가르치신 세 번째이자 마지막 이유는 청중을 무장 해제시키고자 하셨다는 것이다. 이따금씩 예수님은 비유를 이용해서 청중의 마음속에 있는 적대감과 강퍅함을 뚫고 들어가려 하셨다. 사무엘하 12:1-4에 있는 나단 선지자의 유명한 비유는 이에 대한 구약의 완벽한 예다. 나단은 다윗 왕이 죄를 지었다는 사실과 그 죄에 대해 하나님의 진노가 임한다는 사실을 어떤 방법으로 다윗에게 알렸는가? 나단이 다윗에게 그의 간음 행위를 직접 말했다면, 다윗은 마음이 강퍅해져서 자신과 하나님 말씀 사이에 장벽을 쳤을 것이다. 그런 까닭에 나단은 능수능란하게 비유를 사용했고, 다윗은 그 비유에 참여하게 되면서 자신이 저지른 불의와 행악에 몸서리쳤다. 그러고 나서 다윗의 마음이 열리고 방어 장치가 모두 해제되자, 나단은 그 비유 해석을 제시했다. 이제 주의 말씀은 단단해진 마음의 갑옷에 방해를 받지 않고 다윗의 영혼을 뚫고 들어갔으며, 다윗은 자신이 저지른 죄로 유죄 판결을 받았다. 비유는 먹혔다. 그리고 다윗은 회개했다.

우리는 예수님이 이와 비슷하게 비유를 사용하신 예를 Luke 7:36-50에서 발견한다. 여기서 예수님은 시몬의 강퍅한 마음과 선입견을 뚫으시려고 비유로 말씀하시고 시몬에게 다가가려 하셨다. 예수님은 시몬을 비유에 끌어들이기까지 하셨으며, 그렇게 하심으로써 시몬이 자문하기를 바라셨다. "내가 진정한 용서를 받지 못했기에, 내게 큰 사랑이 부족한 것일까?" 이와 같은 비유 사용의 또 다른 예를 누가복음 15장에서 볼 수 있다. 여기서 예수님은 세 가지 비유를 말씀하심으로 Luke 15:1-2에서 제기된 원망에 변호하려 하신다.[23]

---

23 누가복음 15장이 서로 다른 시기에 베풀어진 비유들을 누가가 수집해서 기록한 것이라고 해도, 그럴 개연성도 있지만, 이 문맥은 분명히 올바르고, 예수님은 비유를 사용하심으로써 적어도 부분적으로라도 청중을 무장 해제시키셨다.

제3장

비유는 어디에서 기원했는가?

비유의 기원을 탐구하면서, 세 가지 주제를 논의할 것이다. 첫 번째 주제는 비유가 발생한 지리적인 현장과 관련이 있고, 두 번째 주제는 비유의 진정성을 둘러싼 질문들을 다루며, 세 번째 주제는 비유에서 발견되는 자료의 특성과 관련된다.

1. 비유의 지리적인 현장

비유를 연구하다 보면 누구라도 비유가 팔레스타인과 가끔은 갈릴리의 정취를 뚜렷이 지니고 있음을 감지하게 된다.[1] 비유를 읽어 보면, 비유가 농

---

1 참조. Jeremias, *The Parables of Jesus*, 11. 예레미아스는 "우리는 [비유의] 그리스어 본문 배

촌 환경에서 나왔다는 것도 드러난다. 비유를 좀 더 주의 깊게 연구한다면, 이 농촌 환경이 틀림없이 팔레스타인의 농촌 환경이며 때로는 갈릴리 지방의 환경이라는 것도 분명해진다.

씨 뿌리는 자(또는 땅에 떨어진 씨) 비유(MARK 4:2-20)가 좋은 예다. 씨 뿌리는 자 비유는 독자들에게 많은 질문을 제기한다. 최소한 비유에 등장하는 씨 뿌리는 사람이 왜 씨앗을 낭비하고 있느냐와 같은 질문은 제외하고라도 말이다. 어떻게 농부가 길가나 잡초가 자라는 땅이나 돌밭이나 좋은 땅을 가리지 않고 아무 데나 씨를 뿌릴 수 있단 말인가? 그렇게 씨앗을 허비하는 것은 정말 어리석은 행동이다. 현대의 기준에 비춰 보면, 예수님이 예를 들기 위해 서툰 농부를 선택하신 것이 분명하다. 하지만 좀 더 자세히 살펴보면, 우리가 농부의 행위에서 마주하는 어려움은 주로 팔레스타인의 농사법에 대한 우리의 무지 때문임을 알게 된다. 팔레스타인에서는 씨를 뿌리는 일이 밭을 가는 일보다 먼저 행해진다.

이런 농사법의 예를 탈무드(Talmud)와 위경(Pseudepigrapha)[2]에서 찾을 수 있다. 탈무드에는, 팔레스타인에서는 농부가 먼저 씨를 뿌리고 그런 다음에 밭을 간다고 분명히 서술되었다. 씨를 뿌리고, 밭을 갈고, 추수하는 등의 순서가 제시되어 있다.[3] 계속해서 탈무드는 이러한 순서가 다른 지역에서는 일반적이지 않았다는 분명한 인상을 주기도 한다. 예수님 비유에 등장하는

후 어디에서나 예수님의 모국어를 감지할 수 있다. 또한 비유의 회화적 요소는 팔레스타인의 일상생활에서 비롯된 것이다."라고 주장한다.
2 희년서 11:11.
3 b. Shab. 73b. 또한 b. Shab. 7.2도 참조하라. 참고 문헌에 대해서는 Jeremias, *The Parables of Jesus*, 11, n. 3을 보라. 이것과 반대되는 입장에 대해서는, John Drury, "The Sower, the Vineyard, and the Place of Allegory in the Interpretation of the Parables," *JTS*, Vol. 24 (1973), 367-370을 보라.

'씨 뿌리는 자'는 팔레스타인에서라면 어느 농부라도 행할 일을 하고 있을 따름이다. 많은 사람이 밭을 가로질러 걸어 다님으로써 만들어진 길은 곧 경작될 것이고, 잡초들도 금세 갈아엎어질 것이다. 팔레스타인에서는 어디에 돌이 묻혀 있는지 알아내기가 늘 쉽지 않은 것도 사실이다. 흙이 바닥에 깔려 있는 석회암을 얇게 덮고 있는 경우는 어디에나 있기 때문이다. 그러므로 씨 뿌리는 자와 토양 비유는 분명히 팔레스타인의 농사짓는 관습을 은연중에 드러낸다.

비유들 중에서 팔레스타인 배경, 좀 더 정확히 말해서 갈릴리 배경을 담고 있는 또 다른 예는 악한 농부들 비유다(MARK 12:1-11). 때로 이 비유는 현실적이지 않다는 비난을 받았다. 무슨 까닭으로 포도원 농부들이 주인의 아들을 죽이면 그들이 포도원을 소유하게 될 것이라고 생각했겠느냐는 것이다. 그러나 부재중인 지주(地主)들이 흔했고 토지 문제가 불안정하고 여러 변화로 인해 불안정했던 갈릴리만의 독특한 배경에서 이 비유는 충분히 이해가 된다.[4] (MARK 12:1에, "그가 떠났다"라고 묘사된 대로) 땅 주인이 다른 곳에 살고 있었기 때문에, 농부들이 주인의 종들을 그렇게 대한 것은 납득할 만하며, 주인의 아들이 찾아온 것은 이제 그의 아버지가 죽어 아들이 새로운 상속자가 되었고, 지금 아들이 분명히 임차 계약을 갱신하러 왔음을 암시한다고 이해할 수 있다. 아들이 죽으면 포도원은 임자 없는 땅이 되고, 결국 그 땅은 농부

4　Dodd, *The Parables of the Kingdom*, 97; Jeremias, *The Parables of Jesus*, 74-76을 보라. 이와 반대되는 입장에 대해서는, Drury, "The Sower," 373을 보라. 그러나 애플바움(S. Applebaum)은 이렇게 진술한다. "대체로, 후기 하스모니안 시대 이래로 국가가 점유한 토지가 증가하고 폼페이 장군에 의해 유대인 거주민들이 지중해 해안과 요단 강 동쪽 지역에서 토지를 몰수당했기 때문에 틀림없이 소작인 계급이 엄청 증가했을 것이다." S. Applebaum, "Economic Life in Palestein," in *The Jewish People in the First Century*, ed. by S. Safrai and M. Stern (Fortress Press, 1974). Vol. II, 660.

들이 차지하게 될 것이다. "실질적인 점유자에게는 법적 소유권자 못지않은 권한이 있기" 때문이다. 현재 그 부동산에 거주하고 있는 농부들이야말로 주인 없는 그 땅을 소유할 더없이 좋은 기회를 가진 것이다.[5] 상속인이 죽게 되면, 최소한 임대료 지불만이라도 유예될 수 있다! 그러므로 이 비유는 예수님 당대 갈릴리의 사회적인 환경을 잘 반영한다. 그 당시 재산을 몰수당한 갈릴리 소작인들은 타지에 살고 있는 지주들의 땅을 대신 관리해 주면서 그 지주들에게 끊임없는 적개심을 품고 있었다. 그러한 까닭에 갈릴리가 혁명과 불만의 온상이었다는 것과, 요세푸스에 의하면,[6] 열심당의 창설자가 갈릴리 사람 유다였다는 사실은 그리 놀랍지 않다!

다른 비유들 역시 팔레스타인 현장을 은연중에 드러낸다. (예루살렘에서 여리고로 가는 길을 묘사하는) 장면뿐 아니라 "제사장", "레위인", "사마리아인" 등과 같은 용어는 선한 사마리아인 비유(Luke 10:30-35)가 팔레스타인에서 발생한 것임을 보여 준다. 바리새인, 세리, 성전이 언급된 것(Luke 18:9-14)도 이 비유(바리새인과 세리 비유)가 틀림없이 팔레스타인에서 발생한 것임을 내비친다. 그물 비유(Matt 13:47-50)는 바다에서 멀리 떨어진 환경에서도 이해할 수 있는 비유이긴 하지만, 물고기를 잡을 수 있는 자연환경에서 이야기되었을 가능성이 훨씬 크며, (먹기에) 적합한 물고기와 적합하지 않은 물고기를 구별하는 것은 어떤 물고기는 적합하거나 정결하고 어떤 물고기는 적합하

---

5 땅 주인이 상속자 없이 죽을 경우, 소작인들이 자신이 경작하던 땅의 소유권을 주장하는 것을 허용하는 법(들)이 존재했다는 것은 분명하다. Jeremias, *The Parables of Jesus*, 75; Charles E. Carlston, *The Parables of the Triple Tradition* (Fortress Press, 1975), 184; 그리고 특히 J. Duncan M. Derrett, *Law in the New Testament* (London: Darton, Longman & Todd, 1970), 300-306을 보라.
6 Josephus, *The Jewish War*, II. viii. 1. 또한 사도행전 5:37도 참조하라.

지 않고 부정하다는 유대적 상황에서 가장 잘 이해될 수 있을 것이다.[7] 이와 같은 비유를 말하는 데 있어서, 갈릴리 호수 주변 지역보다 더 좋은 지역을 생각할 수 있겠는가?

팔레스타인 배경에서 가장 잘 이해될 수 있는 또 다른 두 가지 비유는 포도원 품꾼 비유(Matt 20:1-16)와 지혜로운 다섯 처녀와 어리석은 다섯 처녀 비유(Matt 25:1-13)이다. 포도원 품꾼 비유에서는 고용된 종들(hired servants)이 일하고 있다는 사실을 눈여겨보아야 한다. 팔레스타인 밖에서는 일반적으로 노예들(slaves)이 농사일을 한다. 반면에 팔레스타인에서는 고용된 노동자들이 농사일을 한다. 더욱이 레위기 19:13과 신명기 24:14-15에 근거해서, 팔레스타인에서는 하루 일과가 끝났을 때 임금을 지급하는 것이 관례였다.[8]

지혜로운 다섯 처녀와 어리석은 다섯 처녀 비유와 관련해서는, 신부의 집에서부터 신랑의 부모 집까지 이르는 신랑과 신부의 등불 행렬은 이 시대 유대인의 결혼 풍습에 대해 우리가 알고 있는 정보와 잘 맞는다.[9] 그러므로 급진적인 회의론자가 아니라면 비유의 가장 자연스러운 원래 요지는 팔레스타인에서, 더 구체적으로는 종종 갈릴리에서 행한 예수님의 가르치시는 사역에서 찾아야 한다는 것을 인정할 것이다.

---

7 물고기가 썩었음을 암시하는 "못된"(bad)이란 용어는 그 번역이 정확하지 않은 것 같다. 썩은 물고기는 그물 안으로 헤엄쳐 들어올 수 없기 때문이다. 그러므로 그 물고기는 의식적으로 정결하지 못한(참조. 레 11:9-12; 신 14:9-10) 것이기 때문에 먹을 수 없다는 의미의 "못된" 것임이 분명하다.

8 여기서 야고보서 5:4을 주목하라.

9 A. W. Argyle, "Wedding Customs at the Time of Jesus," *ET*, Vol. 86 (1975), 214-216; Jeremias, *The Parables of Jesus*, 172-173을 보라.

2. 비유의 진정성

앞에서 논의한 내용을 볼 때, 복음서에서 발견되는 비유가 팔레스타인에 거점을 둔 유대적 환경에서 발생했다는 것이 분명해졌다. 좀 더 분명하게 말하면, 비유들 중에는 그 기원을 갈릴리에 두고 있는 비유들이 더러 있다. 하지만 그 비유들은 예수님의 죽음과 부활 이후 팔레스타인/갈릴리 교회에서 만들어졌고 그런 다음에 다시 예수님이 말씀하신 것이라고 했을 것이라는 주장도 있을 수 있다. 그러나 오늘날 신약 학자들 중에 이런 과격한 견해를 가진 사람은 거의 없다. 신약 성경에 있는 비유들의 진정성을 확실히 뒷받침할 만한 논거가 두 개 있다.

그중 하나는 비유가 "비유사성의 기준"(the criterion of dissimilarity) 또는 "독특성"(distinctiveness)을 충족시켜 준다는 사실이다. "비유사성의 기준"은 만일 복음서에서 예수님의 것으로 인정할 수 있는 어떤 가르침(이 경우에는 가르침과 그 가르침의 형식)이 예수님 당대의 유대교나 초대 교회에서 기인한 것이 아니라면, 그것은 틀림없이 예수님 자신에게서 기인한 것이라는 입장이다. 최근에 예수님의 생애와 가르침을 탐구하는 데 널리 사용된 이 도구는 취약점이 있다. 그럼에도 비유사성의 기준은 학자들이 진정성이 있는 것으로 기꺼이 받아들인 자료가 믿을 만한 것인지를 조금이라도 밝히는 데 도움이 된다.[10]

---

10 이 기준에 대한 더 자세한 논의와 평가에 대해서는 나의 논문을 참조하라. Robert H. Stein, "The Criteria for Authenticity," in *Gospel Perspectives: Studies of History and Tradition in the Four Gospels*, ed. by R. T. France and David Wenham (Sheffield, England: JSOT Press, 1980), Vol. I, 240-245.

복음서의 비유들은 이 비유사성의 기준을 멋지게 충족시킨다. 신약 성경 다른 곳이나 초대 교부들의 여러 저술에서는 비유가 발견되지 않는다는 점에서 그러하다. 그래서 비유를 초대 교회가 창작한 다음에 예수님이 직접 말씀하신 것처럼 꾸몄다고 생각하기는 어렵다.[11] 더구나 신, 구약 중간 시대의 유대 문학에서는 이와 같은 비유들을 하나도 발견할 수 없다.[12] 그렇다면 이렇게 결론 내릴 수 있다. 복음서의 비유들은 틀림없이 예수님 자신에게서 기원한 것이 분명하다고 말이다.

비유의 진정성을 옹호하는 두 번째 논거는 비유의 내용과 언어가 예수님이 말씀하신 것으로 학자들이 인정하는 어록들(sayings)에서 발견되는 것과 일치한다는 사실이다. 오늘날 신약 신학자들은 하나님의 나라, 하나님의 아버지 되심, 하나님 나라가 세리들과 죄인들에게 주어짐, 철저한 결단 요구, 막연한 겉모습보다는 마음의 태도를 강조함 등과 같은 주제들이 예수님 선포의 구성 요소였으며, 이런 주제들이 예수님의 비유에 끊임없이 등장하는 주제들이었다는 데에 의견을 같이한다.[13]

초대 교회와 복음서 저자들이 복음서 비유에 다양한 수정과 해석을 더했다고 믿는 학자들이 많이 있는 것도 사실이다. 하지만 앞에서 다뤘던 내용을 볼 때, 비유 안에서 우리가 예수님이 친히 가르치신 교훈들의 확고한 기반

---

11 참조. John Dominic Crossan, "The Seed Parables of Jesus," *JBL*, Vol. 92 (1973), 263. 크로산은 이렇게 주장한다. "비유사성이 예수님의 가르침의 내용뿐 아니라 가르침의 형식에도 적용될 때, 그 비유들은 진정성이 있는 것으로 입증된다. 초대 교회는 이 형식 자체를 사용하지 않았으며, 예수님의 용례에 익숙하지 않았고, 그 용례를 다른 방식으로 광범위하게 수정하고 있기 때문이다."

12 Joachim Jeremias, *New Testament Theology*, trans, by John Bowden (Charles Scribner's Sons, 1971), 29를 보라.

13 Stein, *The Method and Message of Jesus' Teachings*, 60-111을 보라.

위에 서 있다는 사실에 대해서는 보편적으로 의견이 거의 일치한다.[14]

3. 비유에 사용된 자료의 특성

비유를 읽어 본 사람이라면 누구나 비유가 매우 현실적이며 우리의 삶과 밀접한 관련이 있다는 사실에 감동을 받는다. 이 비유에서 우리는 분명히 나사렛의 한 아이와 소년과 청년이었던 예수님의 다양한 경험과 관찰들을 볼 수 있다. 예수님은 훗날 "말씀을 뿌리는"(MARK 4:2-20) 일을 하실 때, 농부가 씨를 뿌리면서 경험했던 여러 다른 결과들을 떠올리셨을 것이다. 아주 작은 겨자씨가 나무로 크게 자란 것은 예수님에게 강한 인상을 남겼다. 나중에 예수님은 이것을 그분 사역의 작은 시작과 비교하지 않을 수 없었다. 그렇다. 하나님의 나라는 겨자씨와 같았다. 하나님 나라의 시작은 정말 작았다! 하나님의 나라는 로마와 세상의 눈에 얼마나 하찮게 보였을까. 하지만 하나님께서 그 나라를 완성에 이르게 하실 때, 그 나라는 참으로 거대해질 것이다(MARK 4:30-32).

개중에는 "잃어버린 동전 비유"(Luke 15:8-10)가 예수님이 어렸을 때 어머니가 동전을 잃어버렸던 상황에서 나온 것일지도 모른다는 사람들까지 있다. 백합화의 아름다움(MATT 6:28-30), 경솔하게 자기 집을 부실한 기초 위에 세운 사람의 어리석음(MATT 7:24-27), 어떤 사람이 보화를 발견하고 그 밭

---

14 참조. Archibald M. Hunter, *The Parables Then and Now* (Westminster Press, 1972), 14-15; Jeremias, *New Testament Theology*, 30.

을 샀다는 어쩌면 최근에 경험한 사건(Matt 13:44)일 수도 있는 이 여러 일들은 예수님의 마음에 각인되어 나중에 예수님이 메시지를 표현할 때 사용하신 은유들(metaphors)이 되었다. 1세기 팔레스타인에 돌아다니던 지혜의 말씀들과 마샬림(mashalim, 비유들) 등 공통 자료들은 예수님도 얼마든지 인용하실 수 있었을 것이다.

예수님의 비유에 사용된 자료들이 역사적 예수의 현실 세계에서 나왔다는 것은 분명하지만, 이 자료들이 다 삶에서 실제로 일어났다는 의미에서 현실적이라는 뜻일 필요는 없다. 현대판 탕자 같은 한 청년에게 가정과 아버지에게로 돌아가도록 조언한, 한 대도시 목사의 이야기를 들은 적이 있다. 그는 그 청년에게 아버지에게 돌아가면, 아버지가 그를 용서해 주실 것이고, "살진 송아지를 잡아 줄 것"(Luke 15:23)이 확실하다고 말했다. 청년은 목사가 상담해 준 대로 집으로 돌아갔다. 얼마 뒤 목사는 그 청년을 다시 만났다. 너무도 흥분한 목사는 그를 반가워하며 일이 어떻게 되었는지 물었다. "그래, 아버지께서 살진 송아지를 잡아 주셨니?" 이 질문에 청년은 대답했다. "아뇨. 아버지는 탕자를 죽이려 했어요!" 이 세상의 아버지들이 다 예수님의 비유에 나오는 아버지와 똑같지는 않다. 하나님의 사랑과 죄 사함의 귀감이 되는 아버지를 만나는 것은 아주 드물고 진기한 일이다. 포도원 품꾼 비유에 나오는 관대한 주인(Matt 20:1-16) 역시 흔치 않으며, 제사장들과 레위인들, 또는 사마리아인들이 다 선한 사마리아인 비유에 묘사된 사람들과 똑같지는 않다.

그러므로 비유가 일반적인 삶의 정황에서 나온 것이라고 말할 때, 이것은 비유가 단지 일반적이고 일상적인 행위를 묘사한다는 의미는 아닌 것이다. 오히려, 예수님의 비유를 들은 청중은 예수님의 비유에 깜짝 놀라기도 했는데, 그들이 예상했던 행동이 비유에 묘사된 행동과는 극명하게 대조되었기 때문이다. 이에 대한 좋은 예를 불의한 청지기 비유(Luke 16:1-8)에서 찾아볼 수 있다. 이 비유는 청중의 현실 세계(부자, 청지기, 결산, 빚진 자들 등등)를 이미 지화한 사례이기에, 그들은 얼마든지 이 비유를 알아들을 수 있었다. 하지만 주인이 불의한 청지기를 칭찬한 일은 분명히 정상적이고 일상적인 상황에서 일어날 수 있는 경우는 아니었으며, 이 비유를 들은 사람들은 깜짝 놀랐을 것이다.

또한 예수님이 숫자를 사용하시는 장면에는 종종 지나친 과장이 있기도 하다. 용서하지 않은 종 비유에서 예수님은 한 종이 일만 달란트 빚을 탕감 받았다고 말씀하신다(Matt 18:24). 주전 4년경에 갈릴리와 베뢰아가 로마에 1년 동안 바친 전체 공물 액수가 겨우 200달란트였고,[15] 헤롯 대왕이 1년간 거둔 수입 총액이 900달란트에 불과했다는 사실[16]을 고려한다면, 예수님이 말씀하신 액수가 실제로 얼마나 과장된 것인지 알 수 있다. 마찬가지로 신랑이 도착했는데도 열 처녀가 다 잠들어 있었다는 것도 상당히 드문 일이라고 인정해야 한다(Matt 25:5).

그러므로 예수님의 비유가 실제 생활에서 나온 것이라는 주장은, 비유가 때로 흔치 않은 상황을 묘사하지 않는다는 의미는 아니다. 예수님의 비유에 현실적인 삶을 반영했다는 말은 비유가 우화와는 다르게, 나무가 말하고, 사람들이 새처럼 날아다니고, 동물들이 책을 쓰는 등 비현실적인 세상을 상상하지 않는다는 의미다. 예수님의 비유에는 일상적인 장면과 경험들이 사용

---

15 Josephus, *Antiquities*, 17. 318.
16 Linnemann, *Parables of Jesus*, 108.

되었고, 비록 가끔 진기한 모습들이 나타나기는 하지만, 비유는 일상생활의 경험에 비추어 얼마든지 이해할 수 있다. 그래서 큰 잔치 비유에서처럼 초대받은 손님들이 하나같이 핑계를 대며 잔치에 참석하지 않겠다고 하는 것은 비록 매우 드문 일이지만(LUKE 14:18), 그 장면 자체는 이해할 수 있는 현실적인 삶의 상황이다.

이 장을 마무리하면서, 비유의 예술적인 특성과 천재성을 간략히 언급해야 할 것 같다. 예수님은 훌륭한 이야기꾼이셨다. 예수님의 비유가 2000년 넘게 수많은 사람들의 마음을 움직일 수 있었던 것은, 비유가 하나님이 누구이시며 그분의 뜻이 무엇인지를 권위 있게 계시하기 때문만은 아니었다. 비유의 예술적인 특성 때문이기도 하다. 비유의 예술적인 특성에 대해서는 계속해서 간간이 언급하겠지만, 여기서 몇 가지 예를 소개하는 것이 좋을 것 같다. 예수님은 생생한 인물과 장면을 창조하시는 능력이 있었다. 자기가 가진 재산을 탕진하고 나서 이제는 궁핍하여 주려 죽어 가고 있음을 알게 된 젊은이의 곤경을 어떻게 묘사하면 좋을까? 예수님은 이 유대인 청년을 먼 나라에 가 있으면서, 이방인들에게 빌붙어 살고, 유대인들에게는 금지된 직업인 돼지치기를 하면서 그가 치던 돼지의 양식을 함께 먹음으로써 주린 배를 채울 수 있기를 바라는 사람으로 묘사하신다. 이러한 묘사는 매우 생생하고 기억하기 쉽다. 그리고 탕자의 아버지는 달려가서, 잃었던 그의 아들을 껴안고, 입을 맞추고, 아들이 하는 뉘우치는 말도 무시한 채, 아들에게 가장 좋은 옷을 입히고 신을 신기고 그의 손에 가락지를 끼워 주라고 분부하는 사람으로 묘사되었는데, 이러한 묘사로 하나님의 크신 사랑에 대한 잊지 못할 장면들이 만들어졌다는 것은 확실하다.

예수님은 비유를 말씀하시면서 어떻게 긴장감과 불안을 고조시킬 것인지도 아셨다. 자비로운 포도원 주인 비유에서 온종일 일한 사람들이 가장 나중에 하루 품삯을 지급받았다는 것은 단순한 우연의 일치가 아니다. 선한 사마리아인 비유에 등장하는 인물들이 제사장, 레위인, 사마리아인인 것도 막연한 우연의 일치만은 아니다. 비유를 공부하다 보면 예수님께서 그의 메시지를 전달하는 효과적인 도구로 비유를 얼마나 훌륭하게 사용하셨는지가 점점 분명해질 것이다.

제4장

과거에는 비유를 어떻게 해석했는가?

역사에 무지하면 역사의 과오를 반복할 수밖에 없다고들 말한다. 과거에 대한 지식은 미래에 우리가 본보기로 삼아야 할 성과뿐만 아니라 우리가 피해야 할 실수를 밝히 보여 준다. 예수님의 비유를 해석하는 방법을 이해하고자 할 때, 우리는 교회 역사에서 비유를 해석해 온 여러 방법에서 대단히 많은 것을 배울 수 있다. 비유 해석법에 대한 논의는 두 장으로 나눠 진행할 것이다. 첫 번째 장에서는 초기 교부들로부터 근대(1888년)까지의 비유 해석을 다룰 것이다. 여기서는 교회를 지배했던 해석법을 살필 텐데, 그것은 바로 알레고리 방법이다. 다음 장에서는 1888년에 아돌프 율리허(Adolf Jülicher)의 위대한 저서인 *Die Gleichnisreden Jesu*(예수의 비유의 말씀)이 출간된 이래 비유 해석법과 관련해서 얻은 통찰을 살펴볼 것이다.

1. 초기 교부 시대(주후 540년까지)

초대 교회의 이 기간에는 비유를 알레고리로 해석하는 방법이 단연 우세를 보였다. 도덕적으로 예민한 사람들이 느끼는 양심의 가책을 해결하기 위해 호메로스(Homer)의 영웅들과 그들의 행동을 알레고리화하는 것이 수 세기 동안 인기 있었던 것을 보며, 초기 교부들도 분명히 이러한 경향에 지대한 영향을 받았다. 알레고리는 더 이상 용납하기 어려운 도덕성과 규범을 지닌 고대 영웅들의 행동을 후대에 맞게 각색해서 여전히 유용한 것으로 만들려는 수단이었다. 이 방법은 나중에 유대인 학자 필론(Philo)이 구약 성경의 가르침과 자신이 수용한 그리스 철학의 가르침들이 완벽하게 조화를 이룬다는 것을 증명하는 수단으로 사용했다. 그러므로 초대 교회는 비슷한 목적을 위해 사용할 수 있는 이미 만들어져 있는 도구를 가지고 있었고, 따라서 그리스의 영향을 받은 초기 교부들이 이 방법을 성경 해석에 적용하는 데까지 이르게 된 것을 목격하는 것은 그리 놀라운 일도 아니다. 그들이 용납할 수 없을 것 같았던 다양한 구약 본문들은 쉽게 알레고리화되었고, 그래서 그들은 "기독교적인", "좀 더 깊이 있고" 좀 더 납득할 만한 의미를 찾아낼 수 있었다.

이런 일이 오늘날에도 여전히 행해지고 있다는 사실을 언급할 필요가 있다. 예를 들어, 교회의 역사 내내(이것은 유대교에도 적용된다), 아가서의 문자적인 의미는 받아들일 수 없는 것이거나, 적어도 적절한 것은 아니라고 생각한 그리스도인들도 많이 있었다. 그 결과, "참된" 의미 또는 "더 깊은" 의미는 교회에 대한 그리스도의 사랑(또는 이스라엘을 향한 야훼의 사랑)이라는 알레고리로 여겨졌다! 더욱이, 복음서 자체 내에 알레고리적 해석이 가해진 비유가 있다는 사실 때문에(MARK 4:3-9과 4:13-20을, 그리고 Matt 13:24-29과 13:36-43을 비교하라), 모든 비유를 이런 식으로 취급해야 한다는 인상을 많은 사람들이 받은 사실은 의심의 여지가 없다.[1]

앞에서 언급한 사실에 비춰 볼 때, 초대 교회가 예수님의 비유를 해석하면서 알레고리적 방법을 상당히 광범위하게 사용했다는 것은 놀라운 일이 아니다. 가장 초기에 알레고리를 사용한 예를 마르키온(Marcion, 160년 사망)의 저술에서 볼 수 있다. 마르키온에 따르면, 선한 사마리아인(Luke 10:30-35)은 사실 예수님이었고, 그분은 선한 사마리아인으로 예루살렘과 여리고 사이의 역사에서 처음으로 등장하셨다.[2] 마르키온이 이 같은 알레고리적 해석을 하게 된 이유가 무엇이며, 어떻게 그런 해석에 이르게 되었는지 정확하게 아는 것은 중요하지 않다. 하지만 이와 같은 해석은 마르키온의 가현론적 가르침(docetic teaching)에 아주 적합했다. 알레고리적으로 해석하면, 예수님의 성육신과 참된 인성을 부인하는 것이 가능했기 때문이다. 주목해야 할 중요한 사실은 선한 사마리아인 비유를 언급한 가장 초기 문서에서 이 비유는 문자적으로 윤리적인 태도를 가르치는 비유라기보다는 알레고리로 기독론을 가르치는 비유로 취급되었다는 것이다!

이레나이우스(Irenaeus, 130-200년경)의 저술에서 알레고리적 해석법에 대한 몇 가지 사례를 찾을 수 있다. 이레나이우스는 포도원 품꾼 비유(Matt

---

1 초대 교회 시대에 알레고리적 해석이 일어난 것과 관련해서 도움이 되는 논의를 찾으려면, R. P. C. Hanson, *Allegory and Event* (John Knox Press, 1959), 97-129를 보라.
2 Werner Monselewski, *Der barmherzige Samariter* (Tübingen: J. C. B. Mohr, 1967), 18-21을 보라.

20:1-16)를 설명하면서[3] 주인이 처음 부른 일꾼들은 하나님께서 창조의 시작 때 부르신 사람들이라고 해석했다. 두 번째로(제3시에) 부름을 받은 사람들은 "이 일 후에", 즉 옛 언약 아래 살았던 사람들을 의미한다. 세 번째로(제6시에) 부름을 받은 사람들은 "역사의 중간 이후" 또는 예수님의 사역 기간에 있었던 사람들이다. 네 번째로(제9시에) 부름을 받은 사람들은 이레나이우스의 동시대 사람들이다. 그리고 마지막으로(제11시에) 부름을 받은 사람들은 마지막 때에 있을 사람들이다. 더욱이, 이레나이우스는 포도원은 의(義)를, 집주인은 하나님의 영(성령)을, 데나리온은 불멸인 하나님의 아들을 아는 지식을 의미하는 것으로 이해했다. 감춰진 보화 비유(Matt 13:44) 역시 알레고리적으로 해석되는데, 이레나이우스가 받은 성경을, 보화는 그리스도를 상징한다고 결론 내렸기 때문이다.[4] 선한 사마리아인 비유도 이와 비슷한 방식으로 다뤄졌다.[5] 강도를 만나 길에 버려진 사람을 동정하고 그의 상처를 싸매 준 선한 사마리아인은 그리스도이고, 두 데나리온은 "성부와 성자의 형상과 모양"에 해당한다는 것이다.

테르툴리아누스(Tertullian, 160-220년경)는 비유 해석에 어느 정도 탁월한 통찰이 있었지만,[6] 그 역시 비유를 알레고리적으로 해석했다. 이러한 사실은

---

3 Irenaeus, *Against Heresies* Ⅳ. xxvi, 7.
4 Ibid., Ⅳ, xxvi, 1.
5 Ibid., Ⅲ, xvii, 3.
6 테르툴리아누스는 *On Purity* 9에서 이렇게 진술한다. "그러나 우리는 비유를 교리 자료로 여기지 않는다. 우리는 교리를 비유 해석의 규범으로 여긴다. 그러므로 우리는 모든 불일치를 피하려고 모든 것을 우리 설명에 맞출 목적으로 그것을 곡해하려고 애쓰지 말아야 한다. 왜 '일백' 마리 양인가? 그리고 왜 '열' 드라크마인가? 또한 방을 쓰는 '비'는 무엇을 의미하는가? 글쎄, 예수님이 죄인 한 사람이 구원받은 것이 하나님께 얼마나 큰 기쁨이 되는지를 보여 주기를 원하셨다면, **어떤** 수량을 언급하셔야만 그중 **한** 사람을 '잃은 자'로 묘사할 수 있었을 것이다. 그리고 집 안에서 드라크마를 찾는 여자가 통상적으로 행하는 과정을 염두에 두셨다면, 예

은혜로운 아버지 비유(Luke 15:11-32)에 대한 테르툴리아누스의 해석에서 볼 수 있다. 테르툴리아누스는 이 비유를 다음과 같은 방식으로 해석했다. 맏아들은 하나님께서 이방인에게 구원의 기회를 주신 것을 질투하는 유대인에 해당하고, 아버지는 하나님에, 작은아들은 그리스도인에, 탕자가 탕진한 유산은 인간이 타고난 권리로 가지고 있는 하나님을 아는 지혜와 천부적인 재능에, 먼 나라 백성은 마귀에, 돼지는 귀신에, 옷은 아담이 죄를 지음으로써 잃어버린 아들 됨에, 반지는 기독교의 세례에, 잔치는 주의 만찬 예식에, 그리고 탕자를 위해 죽임당한 살진 송아지는 성만찬에 임재하시는 구주에 해당한다고 말이다.[7]

이레나이우스, 테르툴리아누스와 동시대인으로 알렉산드리아의 클레멘스(Clement of Alexandria, 150-215년경)가 있다. 클레멘스는 알렉산드리아의 해석학 전통을 따라 선한 사마리아인 비유를 이전의 어느 누구보다도 더 완벽하게 알레고리화했다. 클레멘스는 이 비유를 이렇게 해석한다.

선한 사마리아인 = 이웃 = 그리스도
강도들 = 어둠의 통치자들
상처 = 두려움, 육욕, 분노, 고통, 속임, 쾌락
포도주 = 다윗의 포도나무에서 나온 피
기름 = 성부 하나님의 사랑

수님은 드라크마를 찾는 데 도움이 되는 비와 등불을 첨가하셔야 했다. 이와 같은 유의 호기심이 가득한 질문들은 의심스러운 결론으로 이어지며, 그런 결론들은 하나의 법칙으로서 미묘하게 인위적인 해석들을 하게 함으로써 사람들이 진리를 저버리게 만든다." 이 번역의 출처는 Tertullian, *Treatises on Penance*, trans. by William P. Le Saint (Ancient Christian Writers, No. 28) (Newman Press, 1959), 75이다.

7 Tertullian, *On Modesty*, Ch 9.

[건강과 구원을 위해] 상처를 싸맴 = 사랑, 믿음, 소망[8]

오리게네스(Origen, 184-254년경)는 클레멘스의 후계자이며 알렉산드리아의 교리문답 학교(catechetical school) 교장이었다. 오리게네스가 클레멘스의 영향을 어느 정도 받았는지는 확실하지 않다. 하지만 우리가 클레멘스에게서 발견한 알레고리적 경향은 오리게네스와 더불어 하나의 학문이 되었다. 오리게네스는 데살로니가전서 5:23에 근거하여, 인간에게 세 가지 본성이 있듯이 성경에는 세 가지 의미가 있다고 주장했다. 오리게네스가 데살로니가전서 5:23을 해석한 바에 따르면, 인간에게 몸과 혼과 영이 있듯이, 성경도 몸과 혼과 영이 있다. 성경은 몸을 가지고 있는데 이는 본문의 **문자적인** 의미를 의미한다. 본문의 문자적인 의미는 주로 본문의 더 깊은 의미에 도달할 수 없는 사람들, 즉 교육받지 못한 사람들[9]을 위한 것이다. 혼은 본문의 **도덕적인** 의미(또는 소위 교훈적인 의미)에 해당한다. 영은 본문의 **영적인** 의미에 해당한다.[10]

그래서 겨자씨 비유에서 겨자씨(MARK 4:30-32)는 진짜 겨자씨(문자적인 의미), 믿음(도덕적인 의미), 하나님의 나라(영적인 의미)를 동시에 의미한다. 오리게네스는 이레나이우스처럼 포도원 비유(Matt 20:1-16)에 등장하는 품꾼들을 알레고리화했다. 하지만 오리게네스가 이해하기에, 첫 번째 부름은 창조와 노아 시대 사이에 살았던 사람들에 대한 것이고, 두 번째 부름은 노아와

---

8 Clement, *Who Is the Rich Man That Shall Be Saved?* XXIX.
9 Origen, *On First Principles* Ⅳ. ⅱ. 8을 보라. 오리게네스에게 본문의 문자적인 해석이 어떤 역할을 했는지에 대한 논의를 찾아보려면, Hanson, *Allegory and Event*, 237-238을 보라.
10 Origen, *On First Principles* Ⅳ. ⅰ. 11-12와 Ⅳ. ⅱ. 4.

아브라함 시대 사이에 살았던 사람들, 세 번째 부름은 아브라함과 모세 시대 사이에 살았던 사람들, 네 번째 부름은 모세와 여호수아 시대 사이에 살았던 사람들, 그리고 다섯 번째 부름은 여호수아와 그리스도 시대 사이에 살았던 사람들에 대한 것이다. 그리고 포도원 주인은 하나님에 해당하고, 데나리온은 구원에 해당한다고 이해했다.

오리게네스는 이 같은 해석법을 선한 사마리아인 비유에 적용하여 다음과 같은 결론에 이르렀다.

> 여리고로 내려가는 사람 = 아담
> 그가 떠나온 예루살렘 = 낙원
> 여리고 = 세상
> 강도들 = 요한복음 10:8에 언급된 강도들과 살인자들 같은, 인간에게 적대적인 세력과 대적들
> 상처 = 불순종 또는 죄
> 제사장 = 율법
> 레위인 = 선지자들
> 선한 사마리아인 = 그리스도
> 짐승 = 그리스도의 몸
> 여관 = 교회
> 데나리온 둘 = 성부와 성자를 아는 지식
> 여관 주인 = 교회를 책임지고 있는 천사들
> 선한 사마리아인이 다시 돌아옴 = 그리스도의 재림[11]

---

11 Origen, *Commentary on Luke* 10:30-35 (Homily XXXIV).

오리게네스의 알레고리적 성경 해석은 대체적으로 근본적인 반대에 부딪쳤음에도 불구하고,[12] 알레고리적 해석은 힘을 얻었다. 다른 교부들은 계속해서 선한 사마리아인 비유를 알레고리화했다. 밀라노의 암브로시우스(Ambrose of Milan, 339-390)도 선한 사마리아인이 그리스도를 뜻한다고 해석했다.[13] 하지만 사람이 예루살렘에서 여리고로 내려가는 것은 아담의 타락이 아니라 이 세상의 쾌락이나 안락과 싸우는 순교자의 갈등에서 뒷걸음질 하는 것을 의미한다고 보았다. 강도들은 교회를 핍박하는 자들에 해당했다. 하지만 초대 교회에서 선한 사마리아인 비유를 알레고리화한 예는 아우구스티누스(Augustine, 354-430)에게서 절정에 달한다. 아우구스티누스에 따르면, 이 비유는 다음과 같이 해석해야 했다.

여리고로 내려가는 사람 = 아담
그가 떠나온 예루살렘 = 천상의 평화의 도시
여리고 = 우리가 반드시 죽게 됨을 상징하는 달
(moon)(달과 여리고의 히브리어 언어유희)
강도들 = 마귀와 그의 천사들
옷을 벗김 = 그의 불멸을 빼앗아 감
그를 때림 = 그가 죄를 짓도록 강요함
거반 죽은 채 버려둠 = 죄로 인해 그는 영적으로는 죽었지만, 반쯤은 하나님에 대한 지식 때문에 살아 있음
제사장 = 구약의 제사장직(율법)

---

12 Hanson, *Allegory and Event*, 134-161을 보라.
13 Ambrose, *Concerning Repentance* I. vii. 28과 I. xi, 51-52.

레위인 = 구약의 사역(선지자들)
선한 사마리아인 = 그리스도
상처를 싸맴 = 죄의 억제
기름 = 선한 소망의 위로
포도주 = 영적인 일을 하라는 권면
짐승 = 그리스도의 몸
여관 = 교회
데나리온 둘 = 사랑의 두 계명
여관 주인 = 사도 바울
선한 사마리아인이 다시 돌아옴 = 그리스도의 부활[14]

위의 예로 미루어 볼 때, 알레고리적 방법은 초대 교회에서 예수님의 비유를 해석했던 지배적인 방법이었음이 분명하다. 이 방법이 지배했던 광범위한 지리적 영역을 보면 이 사실이 분명히 드러난다. 곧 이레나이우스(리용), 테르툴리아누스(카르타고), 클레멘스(알렉산드리아), 오리게네스(알렉산드리아, 가이사랴), 암브로시우스(밀라노), 아우구스티누스(히포) 등이다. 초대 교회에는 이 해석법에 반대하는 이들도 있었다. 특히 안디옥(Antioch) 교부들이 이를 반대했다. 펠루시움의 이시도르(Isidore of Pelusium, 360-435), 바실리우스(Basil, 329-379년경), 몹수에스티아의 테오도르(Theodore of Mopsuestia, 350?-428), 크리소스토무스(Chrysostom, 349-407) 같은 사람들은 알레고리적 방법론을 극렬히 반대했다. 크리소스토무스는 "비유에 등장하는 모든 것을 단어마다 호기심을 가지고 탐구하는 것"은 지혜롭지도 옳지도 않으며, "비유가

14　Augustine, *Quaestiones Evangeliorum* 2. 19.

만들어진 목적을 알게 되었다면, 그것을 읽고, 더 이상 어떤 것에 대해서도 그 이상으로 나아가지 않아야 한다."[15]라고 말하기까지 했다. 그러나 이와 같은 반대는 기껏해야 광야에서 부르짖는 목소리에 불과했다. 알레고리적 해석법은 비유 해석뿐 아니라 모든 성경 해석을 확실하게 지배했기 때문이다.

2. 중세 시대(540-1500년)

초기 교부들이 주로 성경 주해 분야를 강조했던 반면에, 중세 시대 스콜라 철학자들의 주요 관심사는 조직신학 분야에 있었으며, 바로 이 특정한 기간에 복잡한 신학적 체계가 발달하기 시작했다. 대체로 이 시기의 스콜라 철학자들은 오히려 초기 교부들의 주석서를 많이 의존했다. 하지만 스콜라 철학자들은 오리게네스가 제안한 성경의 삼중적 의미에 소위 신비적(anagogical) 의미를 첨가했다. 그래서 오리게네스의 **문자적, 도덕적,** (이제 단순히 알레고리적이라고 할 수 있는) **영적** 의미에 더해, 본문의 천상적 혹은 종말론적 의미를 추구한 **신비적** 의미가 생겨났다.[16] 이러한 유형의 해석에 속하는 것으로 잘 알려진 예는 "예루살렘"이라는 단어에 포함된 사중적인 의미였다. 문자적

---

15 John Chrysostom, *Matt Hom* lxiv. 3(NPNF). 그러나 크리소스토무스는 *Matt Hom* lxxviii에서 슬기로운 다섯 처녀와 어리석은 다섯 처녀 비유를 알레고리적으로 해석한다!

16 성경의 사중적 의미를 처음 말한 사람은 아마도 카시안(John Cassian, 435년 사망)일 것이다. 그는 *Conlationes* XIV c. 8 (CSEL 13/2, 404)에서 교훈적 의미, 알레고리적 의미, 신비적 의미 등 세 개의 영적, 즉 비(非)문자적 의미들을 서술했다. 이보다 일찍 아우구스티누스도 성경의 사중적인 의미들(역사적, 알레고리적, 신비적, 원인론적 의미)을 열거했다. 그의 *De Genesi ad Litteram Imperfectus Liber*, c. 2, n. 5 (PL 34, 222); *De Utilitate Credendi*, c. 3(PL 42, 68-69)을 보라. 하지만 채택된 것은 카시아노의 분류였다. James Samuel Preus, *From Shadow to Promise* (Harvard University Press, 1969), 21-22를 보라.

인 의미로 '예루살렘'은 유대 지방에 있는 구체적인 도시로, 도덕적인 또는 비유적인 의미로는 인간의 영혼을 뜻하는 것으로, 영적인 또는 알레고리적인 의미로는 교회를 의미하는 것으로, 신비적인 의미로는 성도들의 하늘 거처를 뜻하는 것으로 이해되었다.[17]

스콜라 철학자들이 선한 사마리아인 비유를 해석하면서 초기 교부들의 작품에 빚졌다는 것은 분명하다. 예를 들어, 베다(Venerable Bede, 673-735)의 저술을 읽어 보면, 아우구스티누스의 글을 다시 읽는 것 같다. 다음과 같은 내용이 있기 때문이다.

여리고로 내려가는 사람 = 아담
그가 떠나온 예루살렘 = 천상의 평화의 도시
여리고 = 변이(variation)와 변화를 상징하는 달
강도들 = 마귀와 그의 천사들
옷을 벗김 = 마귀가 아담에게서 불멸과 무죄라는 영광스러운 옷을 벗김
상처 = 죄
제사장 = 구약의 제사장들
레위인 = 구약의 사역
사마리아인 = 그리스도
기름 = 회개
짐승 = 주님께서 우리에게 오시면서 입으신 육체, 즉 성육신
기타 등등[18]

---

17 이 예의 출처는 Cassian, *Conlationes* XIV c. 8이다.
18 Venerable Bede, *Lucae Evangelium Expositio*, lib. III (PL 92, 467-470).

베다와 더불어 테오필락투스(Theophylactus, 1050-1108), 클레르보의 베르나르(Bernard of Clairvaux, 1090-1153), 보나벤투라(Bonaventure, 1217-1274), 그리고 이 비유를 계속해서 알레고리적인 노선과 기독론적인 노선을 따라 해석했던 많은 사람들을 언급할 수 있다.[19]

우리가 언급할 중세 시대의 마지막 대표 학자는 토마스 아퀴나스(Thomas Aquinas, 1226-1274)이다. 아퀴나스는 그의 대작인 『신학대전』에서 알레고리적 해석법과 본문의 사중적인 의미를 변호했다.[20] 아퀴나스는 *Catena Aurea*('황금 사슬'이라는 뜻으로 토마스 아퀴나스의 복음서 해설서이다.-역주)에서 선한 사마리아인 비유를 해석했는데, 이는 당대를 지배했던 이 비유의 신학적 해석법을 확인하기 위한 특별히 소중한 자료다. 이 비유에 대한 아퀴나스의 주석은 근본적으로 스콜라적 성경 해석과 초기 알레고리 해석의 간략한 지침서이다. 사실, 아퀴나스는 이 비유를 석의하면서 독창적인 작업은 거의 하지 않았다. 아퀴나스가 주로 행한 작업은 아우구스티누스, 위(僞)-아우구스티누스(Pseudo-Augustine), 키릴로스(Cyril), 바실리우스(Basil), 크리소스토무스, 그레고리우스 1세(Gregory the Great), 베다, 테오필락투스, 그리고 그 밖에 여러 사람들의 주석서에 동의하고 이를 인용한 것이다.

그러므로 그 결과는 누구나 예상할 수 있다. 어떤 사람, 여리고, 예루살렘, 강도들, 상처, 제사장, 레위인, 사마리아인, 짐승 같은 단어들에 대한 아퀴나스의 해석은 근본적으로 아우구스티누스의 해석이다. 가끔씩 아퀴나스는 자신이 바른 해석이라고 믿는 것에 대해서는 아무런 논평도 없이 어떤 용어

---

19 초대 교회와 그 이후 시기뿐만 아니라 이 시대에 선한 사마리아인 비유가 어떻게 해석되었는지에 관한 더 많은 예를 알려면, Monselewski, *Der barmherzige Samariter*를 보라.
20 Thomas Aquinas, *Summa Theologica*, Part 1, Question 1, Article 10를 보라.

의 알레고리적 의의가 무엇인지에 대해 다른 의견들을 병행하기도 했다. 이에 대한 한 실례가 선한 사마리아인 비유에 언급된 "포도주"와 "기름"이라는 용어의 의미다. 아퀴나스는 그 용어들이 "선한 소망의 위로"와 "영적인 일을 하라는 권면"을 의미한다고 해석한 아우구스티누스를 인용한 후에, 이 용어들을 "절제의 철저함"과 "자비의 부드러움"으로 해석한 그레고리우스 1세와 이 두 용어를 "하나님과의 교통"과 "사람들과의 교통"으로 해석한 테오필락투스를 계속해서 인용한다.[21]

3. 종교개혁과 종교개혁 이후 시대(1500-1888년)

종교개혁으로 인해 성경 해석법에 대한 새로운 통찰력을 갖게 되었다. 마르틴 루터(Martin Luther, 1483-1546)는 성경의 사중적인 의미라는 중세의 개념을 버리고, 성경을 알레고리로 해석하는 사람들을 "기만행위(Affenspiel)를 하는 성직자 곡예사들"에 비유했다.[22] 루터가 생각하기에, 성경에는 근본적으로 한 가지 의미가 담겨 있으며, 그 의미는 문자적인 의미에서 찾아야 했다. 그 밖에 다른 유형의 해석은 그것이 제아무리 사람들의 관심을 끈다고 해도 어리석은 자들의 행위일 뿐이었다! 그러므로 루터가 특히 오리게네스의 주석서를 인정하지 않고, 그의 석의를 "먼지만도 못한 것"으로 여긴 것은 놀라운 일도 아니다.[23] 루터에게, 성경은 반드시 문자적으로, 즉 알레고리

---

21 Thomas Aquinas, *Catena Aurea* on Luke 10:29-37.
22 Frederic W. Farrar, *History of Interpretation* (London: Macmillan & Co., 1886), 328을 보라.
23 오리게네스와 알레고리적 방법에 대한 루터의 다른 비평에 대해서는 *Luther's Works*, ed. by

가 아니라 문법적으로 해석되어야 했다. 루터가 이론에 관련해서는 건전한 반면에, 유감스럽게도 그의 실제 비유 해석은 그의 이론과 늘 일관되지는 않았다. 루터는 비유를 알레고리화하는 경향을 보이기도 했으며, 어떤 비유에서나 믿음으로 말미암는 칭의론의 예를 찾으려 했다. 루터가 비유를 알레고리적으로 해석한 좋은 예가 선한 사마리아인 비유이다. 루터는 몇 군데서 이 비유를 언급했고, 다음과 같이 해석했다.

여리고로 내려가는 사람 = 아담과 온 인류
강도들 = 도둑질하고 우리에게 상처 입힌 마귀들
제사장 = 모세 이전의 족장들(노아, 아브라함)
레위인 = 구약의 제사장들
선한 사마리아인 = 주 예수 그리스도
기름/포도주 = 태초로부터 말세까지 전파된 모든 복음
기름 = 은혜
포도주 = 그리스도인이 져야 할 십자가
짐승 = 주 그리스도
여관 = 세상에 있는 기독교(교회)
여관 주인 = 하나님 말씀을 선포하는 설교자[24]

Jaroslav Pelikan (Concordia Publishing House, 1958)을 보라. "오리게네스의 방식 이후 의미 없는 알레고리들"(Vol. I, 122), "파괴적이고 어리석은 모순"(Vol. I, 185), "말도 안 되는 알레고리들"(Vol. I, 231), "성경에 대한 … 공허한 사색과 하찮은 허풍"(Vol. I, 233), "그러나 나는 알레고리를 매우 혐오하고 알레고리를 좋아하는 사람들을 정죄한다고 종종 선언했다."(Vol. V, 345), "나는 알레고리를 증오한다."(Vol. V, 347). 하지만 루터는 알레고리 사용을 완전히 부인하지는 않았고, "알레고리를 사용하고 싶다면 역사적 기록 그 자체에 근거해서 사용할 것"을 요구했다(Vol. I, 233, 또한 Vol. III, 27을 보라).
24 루터의 *Sermon on Romans* 12:3; 특히 *Sermon on Luke* 10:23-37을 보라. 두 번째 자료는 구하기 어렵긴 하지만, *The Precious and Sacred Writings of Martin Luther*, ed. by John

분명히, 모든 종교개혁자 중에서 가장 훌륭하고 일관성 있는 성경 주해가는 칼뱅(John Calvin, 1509-1564)이었다. 그의 성경 주석에는 영속적인 많은 통찰이 들어 있고 이는 여전히 독자들을 만족시킨다. 루터와 마찬가지로 칼뱅은 알레고리적 해석법을 반대했고, 초대 교회의 알레고리화 작업이 "게으르고 어리석은 짓"이라고 언급했다. 그래서 칼뱅의 저서에서 선한 사마리아인 비유에 대한 기독론적인 해석을 최초로 분명하게 거부한 것은 놀랄 만한 일이 아니다. 칼뱅은 *A Harmony of the Gospels Matthew, Mark and Luke*(공관복음 주석-역주)에서 이렇게 진술한다.

자유의지를 주장하는 사람들이 고안해 낸 알레고리적 해석은 참으로 헛된 것이어서 응대할 가치조차 없다. 그들에 따르면, 강도 만난 사람은 타락 이후 아담의 상태를 묘사한 것이라고 한다. 선한 행동을 할 능력이 아주 소멸된 것은 아니라고 그들이 추론한 까닭은, 그 사람이 거반(반쯤) 죽었다고만 언급되었기 때문이다. 마치 그리스도께서 여기서 인간 본성의 부패를 말씀하시고, 사탄이 아담에게 가한 상처가 치명적인 것인지 아니면 치유될 만한 것인지를 논하려고 하셨다는 듯이 말이다. 또한 그들은 그리스도께서 그분의 음성으로 죽은 자들을 살리지 않으신다면(요 5:25) 그들은 다 죽어 있는 것이라는 사실을, 그리스도가 비유적인 표현 없이 분명하게 선언하지 않으신 것처럼 주장한다. 나(칼뱅)는 거의 모든 사람들이 마치 신탁처럼 빠져들고 있다고 인정받는 그런 알레고리를 하나도 존중하지 않는다. 이런 알레고리에서, 그들은 사마리아인을 그리스도로 둔갑시킨다. 그리스도가 우리의 보호자라는 이

Nicholas Lenker (Minneapolis: Lutherans in All Lands Co., 1905), XIV, 26-27에 들어 있다.

유를 대면서 말이다. 그들은 이렇게 말한다. 기름과 포도주를 상처에 부은 것은 그리스도께서 회개와 은혜의 약속으로 우리를 고치셨기 때문이라고 말이다. 그리고 세 번째로 아주 기묘한 이야기가 만들어졌는데, 그리스도께서 즉시 건강을 회복시켜 주지 않으시고 우리를 여관 주인으로 상징되는 교회로 보내셔서 점차적으로 고침을 받게 하셨다는 것이다. 내가 생각하기에 이 설명들 중에 이치에 맞는 것이라고는 하나도 없다. 우리는 성경의 의미를 이처럼 마음대로 바꾸도록 내버려 두지 말고 성경을 더욱 경외해야 한다. 이러한 억측들은 남의 말에 참견하기를 좋아하는 자들이 조작한 것임을 누구나 알 수 있을 것이다.[25]

칼뱅은 선한 사마리아인 비유의 알레고리적 해석을 거부하면서 그의 위대한 주해적 통찰력뿐 아니라 용기와 일관성도 드러낸다. 이전의 15세기 동안 이 비유의 알레고리적/기독론적 해석을 명시적으로 거부한 사람이 한 사람도 없었다는 점에서 말이다! 칼뱅이 이해하기에 선한 사마리아인 비유의 주된 목적은 "우리가 서로 책임을 다해야 할 이웃 관계는 친구와 친척에게만 한정되는 것이 아니라 온 인류에게 열려 있어야 함을 보여 주는 것"이다.[26] 다른 곳에서도 칼뱅은 비유를 어떻게 해석해야 하는지에 대해 동일한 통찰력을 보인다. 그는 불의한 청지기 비유(Luke 16:1-8)를 논의하면서 세부 내용에까지 의미를 부여하는 것을 경고하고, 그 비유에서 단 하나의 요점과

---

25 John Calvin, *A Harmony of the Gospels Matthew, Mark and Luke*, trans. by A. W. Morrison (Wm. B. Eerdmans Publishing Co., 1972), Vol. III, 38-39.
26 Ibid., 38.

의미만을 찾는다.[27]

마찬가지로 칼뱅은 은혜로운 고용주(포도원 품꾼) 비유(Matt 20:1-16)를 논의하면서 이렇게 진술한다.

> 이 비유의 세부 내용들을 검토하려는 것은 소용없는, 정확히 말해서 헛된 호기심이 될 뿐이다. 우리는 그리스도께서 우리에게 말씀하시려고 의도한 것만을 찾아야 한다.[28]

이와 같은 통찰을 볼 때, 칼뱅의 비유 해석 방법론은 그 당시로서는 매우 시대를 앞선 것이었음이 분명하다.

그렇지만 아쉽게도 루터나 칼뱅의 후계자들은 이 두 사람의 건전한 해석학적 원리를, 특히 칼뱅에 관해 말하자면 그의 건전한 해석학적 실천[29]을 따르지 않았다. 성경 해석에 대한 루터와 칼뱅의 통찰력들이 금세 잊혔기 때문이다. 일례로, 멜란히톤(Melanchthon)은 근본적으로 아우구스티누스가 해석했던 것과 동일한 방법으로 선한 사마리아인 비유를 해석했다.[30] 예루살렘은 낙원을, 여리고는 달을, 강도 만난 사람은 아담을, 강도들은 마귀를, 사마리아인은 그리스도를 의미한다고 말이다.

---

27 Ibid., Vol. II, 111-112.
28 Ibid., Vol. II, 265.
29 물론 이것은 칼뱅이 이 분야에서 "과오를 범하지 않았다"는 의미는 아니다. 그는 악한 농부 비유(MART 12:1-12, Calvin, *A Harmony of the Gospels*, Vol. III, 16-19)를 해석하면서 다음과 같이 알레고리화했다.

| 포도원 = 교회 | 농부들 = 목사들/신부들 | 포도즙 틀 = 제사 | 망대 = 다른 의식들 |

30 *Corpus Reformatorum*, Vol. 25, 380 이하.

심지어 19세기에 들어와서도 알레고리적 해석법이 계속해서 비유 해석을 주도했다. 19세기 영어권에서 출간된 비유에 관한 가장 영향력 있는 단권 서적은 아마도 1841년에 출간된 트렌치 주교(Archbishop R. C. Trench)의 『주님의 비유』일 것이다. 트렌치 주교는 선한 사마리아인 비유를 예수님 당대의 배경과 상황에서 해석했고, 그 비유의 윤리적인 차원을 강조하는 세심한 주경학적 분석을 행한 후, 비유의 "더 깊은"의미를 얻으려 했으며, 그 비유를 다음과 같이 알레고리화했다.

여리고로 내려가는 사람 = 인간성 또는 아담
그가 떠나온 예루살렘 = 천상의 도시
그가 향해 가는 여리고 = 타락한 도시, 저주 아래 있는 도시
강도들 = 마귀와 그의 천사들
옷을 벗김 = 인간이 원래 입었던 의의 옷을 벗김
거반 죽은 것을 버리고 감 = 거의 도덕적인 타격과 죄의 욕망과 정욕으로 뒤덮인, 그의 영혼의 피가 흘러나오는 상처. 하지만 불을 붙일 수 있는 하나님의 불꽃을 여전히 유지하고 있음.
제사장과 레위인 = 구원할 수 없는 율법의 무능력
선한 사마리아인 = 그리스도
상처를 싸맴 = 영혼의 상처를 고치는 성례들
기름 = 믿음으로 마음을 정결하게 하시는, 인간의 마음에 계시는 그리스도 – 성령의 기름 부음
포도주 = 그리스도의 고난의 피

사람을 짐승 위에 태워 길을 감 = "부유하셨지만 우리를 위해 가난하게 되신 예수님을 상기시킴"

여관 = 교회

데나리온 둘 = 모든 은사와 은혜들, 성례전들, 치유와 죄 사함의 능력들

비용이 더 들더라도 얼마든지 = 의로운 섬김에 대한 상[31]

트렌치가 칼뱅보다는 오리게네스와 아우구스티누스에게서 더 많은 영향을 받은 것이 분명하다.

4. 결론

비유 해석의 역사를 간략하게 개관한 결과, 알레고리적 해석법이 기독교 교회의 비유 해석법을 지배했다는 것이 분명하다. 확실한 것은 안디옥 학파와 루터와 칼뱅 등이 이러한 방법론에 이따금 반대 의견을 제기하기도 했다는 사실이다. 특히 칼뱅은 비유를 어떻게 해석해야 하는지에 대해 가장 통찰력 있게 간파했다. 그러나 루터, 칼뱅, 안디옥 학파가 비유 해석에서 지배적인 알레고리 사용을 뒤엎지는 못했다. 성경의 사중적인 의미에 대해 종교개혁자들이 이의를 제기한 것이 올바르다고 인정은 받았지만, 실제로 비유를 해석할 때는 문자적인 의미만으로는 충분하지 못했다. 대부분의 사람들이 갈망했던 것은 본문의 "더 깊은" 의미 또는 알레고리적인 의미였다. 비유를

31　R. C. Trench, *Notes on the Parables of Our Lord* (New York: Appleton, 1866), 258-264.

속박했던 알레고리적 해석이라는 족쇄는 1888년에 와서야 비로소 단번에 깨졌다.

제5장

최근에는 비유를 어떻게 해석하는가?

예수님의 비유 연구에 있어 지난 20세기에 몇 가지 중대한 발전이 있었다. 그 결과 오늘날 우리는 예수님이 비유를 통해 가르치려고 하신 것을 이전의 그 어느 때보다도 잘 이해할 수 있게 되었다. 여기 5장에서 우리는 아돌프 율리허(Adolf Jülicher), 도드(C. H. Dodd), 요아킴 예레미아스(Joachim Jeremias), 편집비평(redaction criticism), 그리고 최근 몇몇 학자들이 예수님의 비유 해석에 이바지한 바를 탐구할 것이다. 그다음에는 예수님 비유 해석의 지침으로 사용할 수 있는 기본 원칙을 세울 것이다.

1. 아돌프 율리허

비유 해석의 현대 시기는 1888년에 출간된 아돌프 율리허의 저서 *Die*

Gleichnisreden Jesu(예수의 비유의 말씀) 제1권과 함께 시작되었다. 1888년 이전에는 알레고리적 해석 방법이 비유 해석을 절대적으로 지배했다. 이 책의 출간과 함께 비유의 알레고리 포로 생활은 단번에 끝났다. 비유가 알레고리가 아니었음을 율리허는 반박할 수 없는 방식으로 증명했다. 율리허는 알레고리(allegory)는 고유한 의미와 의의를 각각 지닌 은유(metaphor)들이 연속적으로 모인 것이라고 정의하면서, 이에 비해 비유(parable)는 오직 하나의 비교점(*tertium comparationis*)만이 있는 확대비유(similitude)라고 정의했다. 그러므로 각각의 비유는 단 한 가지 대상이나 실체만을 묘사하려는 단 하나의 그림(picture)이다. 그 결과 그 그림(비유)에 묘사된 세부 내용들은 그 자체로, 그리고 독자적으로는 어떠한 기능도 하지 않고, 단지 그 그림(비유)이 묘사하려는 한 가지 요점이나 실체를 위한 배경을 제공하거나 색을 입힐 뿐이다.

이 이해를 선한 사마리아인 비유에 적용하면, 어떤 사람이 예루살렘에서 여리고로 내려가고 있는 상황은 중요하지 않다는 사실이 분명해진다. 그 사람은 어쩌면 여리고에서 예루살렘으로 올라가고 있었을 수도 있다! 이 일로 인해 하나의 비교점이 바뀌는 일은 없을 것이다. 마찬가지로 "데나리온 둘"에도 이 비유의 요점과 관련해서 특별한 의미나 의의가 없다. 어쩌면 데나리온 세 개였을 수도 있다! (여기서 잠시 멈춰 서서, 이럴 경우, 오리게네스와 일부 초기 교부들이 "데나리온 셋"을 어떻게 해석했을지 곰곰이 생각해 보지 않을 수 없다.) 포도주와 기름과 관련해서도, 이 용어들이 전달하려고 하는 다른 차원의 의미나 실체는 존재하지 않는다. 포도주와 기름은 단지 이야기를 꾸미기 위한 소품에 지나지 않는다. 포도주는 상처를 씻을 때 사용하는 소독제나 살균제 역할을 하며, 기름은 상처를 노출시켜서 고름을 빼는 데 도움이 된다. 율리허가 제안한 대로 이 비유를 해석한다면, 우리는 이 비유에 등장하는 세부 사항을 강조하는 대신에 단순히 비유에서 발견되는 하나의 기본적인 비교점을 확정해야 한다. 그 요점은 사마리아인이 행한 전체적인 행위와 관련이 있지, 그 행위나 이야기의 어느 한 측면과는 상관이 없다. 그러므로 이 비유의 요점은 구원사를 개관하려는 것이 아니라 선한 사마리아인의 이웃 사랑이라는 행위에 있음을 알아야 한다.

비유 연구에서 율리허가 중요하게 공헌한 점은 비유와 알레고리의 차이점을 지목한 것이고, 이렇게 함으로써 수 세기 동안 교회를 괴롭혔던 모든 알레고리적 해석 방법이 맞지 않음을 보여 주어, 단번에 그 방법을 사용하지 않게 했다는 데 있다. 이제 비유는 오리게네스와 아우구스티누스와 다른 교부들이 생각했던 것처럼 알레고리가 아니라는 것이 분명해졌다. 알레고리는 은유들이 연속으로 이어진 것이지만, 이와 달리 비유는 대부분 하나의 확장된 직유나 비유이므로 단 하나의 비교점만 있기 때문이다.

하지만 율리허의 저서가 비유 해석에 지대하게 공헌했음에도 그 자체에 한계가 없었던 것은 아니다. 첫 번째 주요 한계점은 예전에 비유의 알레고리적 해석을 강조한 것에 과잉 반응을 보인 것과, 예수님의 비유에 알레고리적 요소가 존재한다는 것 자체를 부인한 것이다. 그래서 알레고리적인 세부 내용이나 해석들이 복음서에 있는 경우에, 그 비유들의 진정성을 부인했고, 그 비유들을 초대 교회가 재구성한 것으로 여겼다. 예수님의 비유에 알레고리가 있다는 것에 율리허가 이처럼 반응한 것은 주로 그가 비유를 정의하면서 구약 성경보다는 아리스토텔레스와 그리스 수사학 이론에 의존했다는 사실로 설명된다.[1]

---

1 율리허는 *Die Gleichnisreden Jesu* I, 69에서 비유를 비교(comparison, *Gleichnis*)로 정의한

그러나 부게(Christian August Bugge)[2]와 특히 피빅(Paul Fiebig)[3]과 같은 학자들의 저서를 통해서, 율리허가 예수님을 19세기 학식 있는 독일의 자유주의 신학자로 둔갑시켰을 뿐만 아니라, 예수님을 1세기 유대교 배경보다는 고대 그리스어 지식에 따라 교육받은 사람으로 만들어 버렸다는 것이 분명해졌다. 피빅은 랍비들의 비유를 연구하면서 그 비유들 중에는 알레고리적인 세부 묘사를 포함한 것이 많이 있다는 것을 지적했다. 그런 다음에 그는 "나는 유대적 확대비유(Gleichnisse)를 알레고리가 섞여 있는 '비유'(Parabeln)로 특징지을 것"이라고 결론 내린다.[4] 이제는, 바울뿐만 아니라 예수님도 헬라의 고전 저술가들의 배경에서보다는 구약 성경과 1세기 유대교의 배경에서 이해해야 한다는 것이 더욱더 분명해졌다.

앞에서 계속 지적했듯이,[5] 구약 성경과 랍비들의 비유가 다 확대비유인 것은 아니다. "마샬"이라는 용어는 격언, 비웃음, 수수께끼, 이야기식 비유, 심지어 알레고리까지 지칭할 수 있기 때문이다. 그러므로 비유에는 어떤 것이든지 알레고리적 요소가 포함될 수 없다거나 예수께서 그의 비유에 알레고리적 요소들을 포함시킬 수 없었을 것이라고 선험적으로(a priori) 말할 수는

아리스토텔레스(Rhetoric 2, 20, 2ff)를 인용하고, 같은 책 I권 51쪽에서 키케로(Cicero)의 저서를 인용한다. 거기서 키케로는 이렇게 말한다. "은유들(metaphors)이 연속적으로 이어질 때는, 전혀 다른 양식의 연설이 만들어지고, 그리스인들은 이것을 '알레고리'(allegoria)라고 일컫는다."(Orator 27,94) (Loeb).
2 Christian A. Bugge, *Die Haupt-Parabeln Jesu* (Giessen: A Töpelmann, 1903).
3 Paul Fiebig, *Altjüdische Gleichnisse und die Geschichte Jesu* (Tübingen: J. C. B. Mohr, 1904).
4 Ibid., 98. 그러나 이것과 상반되는 입장에 대해서는 Rudolf Bultmann, *The History of the Synoptic Tradition*, trans. by John Marsh (Harper & Row, 1968), 198을 보라. 『공관복음서 전승사』, 대한기독교서회.
5 이 책의 18-21쪽을 보라.

없다.[6] 예수님의 비유에 때로 알레고리적 세부 사항들이 포함되었는지, 그리고 이러한 세부 사항들이 진정성이 있는지는 석의적인 근거에 의거해서 입증해야지, 고전 그리스 철학이나 선험적인 철학적 전제들에 의거해서 입증해서는 안 된다. 그럼에도 알레고리적 해석이 절대적으로 필요한 경우가 아니라면, 예수님의 비유나 그 비유의 세부 내용을 알레고리적으로[7] 해석하지 않는 것이 현명한 규칙이라고 생각된다. 예수님의 비유에서 반드시 알레고리를 찾아야 할 경우에만 알레고리를 찾아야지, 단지 찾을 수 있다고 해서 알레고리를 찾아서는 안 된다!

율리허의 저서가 지닌 두 번째 취약점은 그가 예수님의 비유에서 찾은 한 가지 요점이 항상 일반적인 도덕적 진리였다는 데 있다. 율리허는 자유주의

---

6   예수님의 비유에 알레고리가 있다는 사실을 인정한 학자들은 다음과 같다. Maxime Hermaniuk, *La Parabole Évang élique* (Louvain: Bibliotheca Alfonsiana, 1947); Matthew Black, "The Parables as Allegory," *BJRL*, Vol. 42 (1959-1960), 273-287; Raymond E. Brown, "Parable and Allegory Reconsidered," *NT*, Vol. 5 (1962), 36-45; C. F. D. Moule, "Mark 4:1-20 Yet Once More," in *Neotestamentica et Semitca: Studies in Honour of Matthew Black*, ed. by E. Earle Ellis and Max Wilcox (Edinburgh: T. & T. Clark, 1969), 95-113; Madeleine Boucher, *The Mysterious Parable: A Literary Study* (Catholic Biblical Association of America, 1977), 11-25.

7   여기서 "알레고리적으로"라는 말은 비유의 기본적인 비교점 이외에 예증과 세부적인 내용 또는 비유 자체에서 의미의 두 단계(two levels)를 발견하는 것으로 정의된다. 비유가 비교("A는 B와 같다")로서 작용하려면, 기본적으로 두 단계의 비교가 있어야 한다. 탕자 비유(또는 은혜로운 아버지 비유)에서는 다음과 같은 비교를 찾아볼 수 있다. 둘째 아들=세리와 죄인들, 맏아들=서기관과 바리새인들, 아버지=하나님 또는 예수님. 이 비교는 "알레고리화하는 것"이 아니라는 사실을 인정한다. "알레고리화하는 것"은 하나의 기본적인 은유적인 비교를 넘어, 어떤 용어에서 의미의 두 단계를 찾는 것을 의미한다. 예를 들어, 가락지=기독교의 세례, 잔치=성만찬, 살진 송아지=그리스도 예수의 희생, 좋은 옷=하나님의 아들 등이다. 가끔은 이런 용어들이 "비유적"으로 사용되어 두 단계 의미를 지니는 경우도 있다. 하지만 해석학 역사에서 얻을 수 있는 교훈이 있는데, 즉, 부가적인 차원의 의미가 있을 때 그 의미를 무시하기보다는, 실제로 그런 차원의 의미가 존재하지 않을 때 비유의 세부 내용에서 부가적인 의미를 찾으려는 경향이 더 많다는 것이다. 만일 비유에 의미의 두 차원이 있다면, 결론을 내릴 때 결정적인 요인은 저자(예수님/복음서 저자)의 의도다.

신학이 주도하던 시기에 책을 저술한 자유주의 신학자였다. 그런 까닭에 그가 비유의 한 가지 요점에서 19세기 자유주의의 일반적인 신조를 읽게 된 것은 자연스러운 일이다. 이 사실을 보여 주는 한 가지 예가 율리허의 탕자의 비유(Luke 15:11-32) 해석이다. 율리허는 탕자의 비유를 설명하는 데 다른 비유를 설명할 때보다 더 많은 지면을 할애했다. 이 비유에서 비교점은 "종교의 근본적인 질문에 대한 숭고한 계시", 즉 "의의 하나님이 과연 은혜로 죄인들을 용납하시는가?"에 있다(Ⅱ, 363). 두 번째 예는 불의한 청지기 비유(Luke 16:1-8)에서 발견된다. 이 비유에서 하나의 주된 비교점은 "현재를 단호하게 사용하는 것이 행복한 미래를 위해서 반드시 필요하다."라는 일반화다(Ⅱ, 511). 또 다른 예는 달란트 비유에서 찾을 수 있다(Matt 25:14-30). 이 비유의 한 가지 주된 비교점은 "행함이 있어야만 상을 받는다."라는 원리다(Ⅱ, 485).[8]

그러므로 율리허가 자유주의적인 방식으로 묘사한 예수님을 각각의 비유에서 사람들의 마음과 정신을 지배하려는 의도로 도덕률을 가르치신 "진보의 사도"(apostle of progress, Ⅱ, 483)로 여기는 것은 놀라운 일이 아니다. 하지만 율리허가 말한, 일반적인 도덕적 진리를 가르치시는 자유주의자 예수님과는 다르게, 예수님은 비유를 말씀하시면서 일부 청중을 혼란스럽게 만드시고 그들 안에 분노를 일으키셨기에 그들은 예수님을 없애려 했다(MARK 12:12; 14:1-2). 만일 예수께서 행한 모든 일이 신학적인 자유주의에 속하는

---

8 이외에 인용할 수 있는 율리허의 또 다른 두 예는 포도원 품꾼 비유(Matt 20:1-16)와 선한 사마리아인 비유(Luke 10:29-36)다. 포도원 품꾼 비유의 한 가지 요점은 "모든 인류를 위한 하나의 구원이 있다."라는 것이며(*Die Gleichnisreden Jesu*, Ⅱ, 467), 선한 사마리아인 비유의 한 가지 요점은 "사람의 가장 중요한 의무는 사랑하는 것이다!"(*Die Gleichnisreden Jesu*, Ⅱ, 596)라는 것이다.

일반적인 도덕적 진리를 가르치신 것뿐이라면, 청중은 일부러 그렇게 하지는 않았을 것이다.

하지만 이러한 두 가지 한계점이 있음에도 불구하고, 성경학 분야는 알레고리적 해석법이 비유 해석을 장악하고 있던 상황을 단번에 깨뜨린 율리허에게 영원히 빚을 졌다고 할 수 있다. 율리허의 통찰을 이용해서, 우리는 비유 연구의 **첫 번째 원리**를 이렇게 정할 수 있다.

1. 비유에서 한 가지 요점을 찾으라. 절대적으로 필요한 경우가 아니라면, 비유의 세부 내용에서 알레고리적 의미를 찾지 말라.[9]

예수님이 의도하신 요점을 정하는 것은 언뜻 봐도 그리 쉬운 일이 아니다. 도움이 될 만한 일반적인 질문 몇 가지를 소개한다.

① 예수님이 가르치신 교훈의 총체적인 신학적 틀은 무엇인가?
② 예수님이 비유를 말씀하실 당시, 그 청중은 어떤 사람들이었을까? 지금 우리가 연구하고 있는 비유는 이 청중 가운데 특히 어떤 사람들에게 더 적합한가?
③ 예수님이 비유를 사용하심으로써 기대하신 반응, 혹은 있을 법한 반응은 무엇인가?
④ 예수님이 비유를 말씀하실 당시 팔레스타인의 정치적, 종교적, 경제적 환

---

9 예수님이 비유의 세부 내용으로 어떤 알레고리적인 의미를 의도하셨는지 확정하는 일에 관심이 있다면, 예수님 당대의 1세기 유대인 청중에게 상징적인 의미를 지녔던 세부 내용이나 요소들이 있는지 알아보는 것이 도움이 된다.

경은 어떠했는가?

이러한 일반적인 질문들 외에, 반드시 생각해 봐야 할 구체적인 질문은 다음과 같다.

① 비유에서 반복해서 사용되는 용어는 무엇인가? 그렇지 않은 용어는 무엇인가?
② 이 비유는 무엇을 누누이 말하고 있는가? 다시 말해서, 이 비유에서 가장 많은 지면을 할애하고 있는 것은 무엇, 또는 누구인가?
③ 비유에서 중요하게 대조되고 있는 것은 무엇인가?
④ 비유의 결말 부분에는 어떤 내용이 나오는가? (이것을 "결론 강조의 법칙"이라고 한다.)
⑤ 비유에서 직접화법으로 언급된 것은 무엇인가? (비유에서 가장 중요한 내용은 종종 직접화법으로 등장한다.)
⑥ 비유에 어떤 인물들이 등장하는가? 가장 중요하지 않은 인물은 누구이며, 가장 중요한 두 인물은 누구인가? (통상적으로 비유는 요점을 설정하기 위해 두 인물에게 관심을 집중시킨다.)
⑦ 당신이라면 이 비유를 어떻게 말했겠는가? 만일 예수님이 이 비유를 다른 식으로 말씀하셨다면, 그로 인해 어떤 내용이 드러났을까?

이 원리의 가치와 중요성은, 감추인 보화 비유(Matt 13:44) 같은 비유를 해석하려고 할 때 분명해진다. "천국은 마치 밭에 감추인 보화와 같으니 사람이 이를 발견한 후 숨겨 두고 기뻐하며 돌아가서 자기의 소유를 다 팔아 그 밭을 사느니라." 이 비유를 연구할 때 우리는 율리허가 비유 연구에 공헌한 내용을 기억해야 한다. 우리는 알레고리적인 의미를 찾기 위해 비유의 세부 내용들에 집착하지 말고 비유에서 제시하려는 한 가지 요점을 확정지으려고 해야 한다. 그러므로 비유에 등장하는 사람의 도덕성 또는 비도덕성(비유의 주인공이 황금률을 따르지 않는다는 것은 확실하다)에만 관심을 가지면 비유의 요점을 놓치게 된다. 예수님이 이와 같은 부도덕함이나 도덕관념 없는 행위를 옹호하시는 것은 아니다. 속이는 일은 분명히 황금률을 어기는 행위이다(MATT 7:12). 이 비유에서 이 사람이 한 행동은 단지 그 비유의 특정한 부분을 채색할 뿐이다. 그 당시에 그런 사건이 발생해서, 예수님이 비유를 재미있게 만들고 사람들의 관심을 끌려고 그 사건을 이용하셨을 수도 있다. 예수님이 이 비유에서 말씀하시려는 한 가지 요점은 분명하다. 하나님 나라에 들어가는 것은 모든 것을 다 포기할 만한 가치가 있다! 값진 진주 비유(Matt 13:45-46)도 이와 동일한 요지를 제시하며, 이 비유가 밭에 감추인 보화 비유와 나란히 놓인 것은 바로 그 이유 때문이라는 것은 의심의 여지가 없다. 하지만 값진 진주 비유에서 그 장사꾼의 행위는 분명히 도덕적이다.[10]

만일 도덕적인 문제가 제기된다면 비유 해석자가 당혹스러워할 수 있는 두 가지 비유는 슬기로운 다섯 처녀와 미련한 다섯 처녀 비유(Matt 25:1-13)와 불의한 청지기 비유(Luke 16:1-8)이다. 슬기로운 다섯 처녀와 미련한 다섯 처녀 비유에서 다섯 처녀는 슬기롭기 때문에 청중이 본받아야 할 표준으로 제시된다. 그런데 이 다섯 처녀는 기름을 나눠 주지 않았기에 어떤 의미에서는

---

10 밭에 감추인 보화 비유와 값진 진주 비유에 대한 더 상세한 논의에 대해서는, 이 책의 168-183쪽을 보라.

상당히 이기적인 사람들이다. 나는 미국에서 지도급에 있는 한 목사가 이 본문을 설교하면서 그리스도인들은 기름을 갖고 있으면서도 그 기름을 다른 사람들에게 나눠 주지 않은 이 다섯 처녀와 같은 사람이 되어서는 안 된다고 결론을 맺었던 것을 아직도 기억한다. 만일 그 목사가 비유 해석의 첫 번째 원칙에 주의를 기울였더라면, 그와 같이 세부 내용을 강조하는 대신에, 그런 내용들은 단지 이야기를 흥미롭게 만들기 위한 부분적인 채색이라고 받아들였을 것이다. 이 비유의 요점은 분명하다. 항상 준비하고 있어라! 최후의 순간이 언제 올지 모르기 때문이다! (만약 누군가 "실현된" 종말론의 노선을 따라 이 비유를 해석한다면, 그 요점은 아주 다를 것이다. **하지만** 그런 경우라고 해도, 슬기로운 다섯 처녀는 이기적이고 "그리스도인이 아닌" 것처럼 보인다는 세부 내용을 강조해서는 안 된다는 것은 여전히 유효하다.)

불의한 청지기 비유에서도 동일한 딜레마에 봉착한다. 주인에게 칭찬을 받은 청지기(Luke 16:8)가 사실은 악당이고 도둑이기 때문이다. 그러나 그는 도둑질한 것 때문이 아니라 그의 지혜 때문에 칭찬을 받는다. 그는 코앞에 닥친 심판을 알게 되자(Luke 16:2) 그 심판에 대비해서 지혜롭게 처신했기 때문이다. 칼뱅이 이 비유를 해석한 내용은 길지만 인용할 만한 가치가 있다.

여기서도 우리는 세부 내용을 강조하는 것이 얼마나 어리석은 일인지 쉽게 알 수 있다. 다른 사람의 재산에 손해 끼치는 일을 칭찬할 수는 없다. 그리고 어느 누가 자기 것을 도둑질한 정직하지 못한 악당을 용납하고, 자기에게 빚진 사람들의 빚을 면제해 주겠는가? 만약 재산의 일부를 횡령당하고 나머지를 도둑이 훔쳐 가는 것을 보고도 괜찮다고 생각하는 사람이 있다면, 그는 지나치게 무신경하다고 말할 수 있다. 그러나 그리스도께서 이 비유를 말씀하시고 나서 바로 덧붙이셨듯이, 예수님이 이 비유로 말씀하려고 하셨던 주제는 이것이다. 곧 하나님의 자녀가 하늘에 속한 영원한 생명에 마음을 쓰고 영생을 관심과 실천의 대상으로 삼을 때보다도, 이교도와 세상 사람들이 잠깐 있다가 사라질 이 세상에서의 방식과 도구를 관리하는 데 더 근면하고 영리하다는 것이다.[11]

이 비유의 한 가지 요점은 임박한 심판에 직면해서 행하는 신중한 행위와 관련이 있다. 예수님은 세상에 오셔서 이렇게 선포하셨다. "때가 찼고 하나님의 나라가 가까이 왔으니, 회개하고 복음을 믿으라"(MARK 1:15). 그러므로 예수의 말씀을 들은 청중은 위기 앞에 서 있다. 하나님 나라의 여명이 밝았으며, 그와 더불어 역사의 전환점이 도래했다. 누구나 결단해야 하며, 그 결단은 영원을 결정할 것이다! 이 비유에서 한 가지 요점은 이러한 위기와 임박한 심판을 보면서 지혜로워야 하며 그 심판을 대비해야 한다는 것이다. 이 비유는 청중에게 말한다. "지혜롭게 행하라! 심판이 가까이 왔다! 대비하라!" 어떻게 이 위기에 대비할 것인가? 예수님이 청중에게 지혜로운 도둑처럼 되라고 강요하고 있다고 청중이 생각하기를, 예수님이 의도하지 않으셨다는 것은 확실하다. 9절에 구체적인 적용이 제시되었는데, 이 구절이 예수님이 직접 하신 말씀이든지 아니면 복음서 저자가 제시한 것이든지 간에, 이 적용은 돈을 지혜롭게 사용하라는 교훈과 관련이 있다.[12]

우리가 제시한 비유 해석의 첫 번째 원리를 적용하면, 비유의 요점보다 비

---

11 Calvin, *A Harmony of the Gospels Matthew, Mark and Luke*, Vol. Ⅱ, 112.
12 이 비유에 관한 더 상세한 논의에 대해서는, 이 책의 183-194쪽을 보라.

유의 세부 내용에 집중하는 오류를 피할 수 있다.[13]

2. 도드와 요아킴 예레미아스

비유 연구의 두 번째 주요 통찰과 원리를 세우는 데 공헌한 사람은, 어느 누구보다도, 도드(C. H. Dodd)였다. 사실, 로빈슨(W. H. Robinson)[14]과 카두(A. T. Cadoux)[15]와 같은 학자들이 일찍이 비유의 원래 상황과 정황에서 그 비유를 해석해야 한다는 사실에 주의를 환기시켰다. 하지만 율리허 이후 비유 해석에 또 다른 주요 진보를 이룬 사람은 바로 *The Parables of the Kingdom*(1936)을 쓴 도드였다. 도드는 비유를 바르게 이해하기 위해서는 예수님이 19세기나 20세기 사람들에게 비유를 말씀하신 것이 아니라, 그분에게 귀를 기울였던 1세기 사람들에게 말씀하셨다는 사실을 인식해야 한다고 지적했다. 이 점은 너무도 자명하기에 언급할 필요조차 없어 보인다. 하지만 이런 이해에서 도출된 결과들은 너무도 중요하다. 도드 이전에는 비유 연구가 독자들에게 갖는 의의에만 너무 집중되어 있어서, 비유는 독자들이 각각 처한 현재의 상황과 시간이라는 맥락에서 주로 해석되었다.

그런데 어느 누구보다도 도드는 비유를 정확히 이해하기 위해서는 우선

---

13 초대 교회가 비유에서 발견한 의미의 다양성을 변호한 최근의 시도에 대해서는, David C. Steinmetz, "The Superiority of Pre-Critical Exegesis," *Theology Today*, Vol. 37 (1980), 27-38을 참조하라.

14 W. H. Robinson, *The Parables of Jesus in Their Relation to His Ministry* (University of Chicago Press, 1928).

15 A. T. Cadoux, *The Parables of Jesus: Their Art and Use* (London: J. Clarke, 1930).

적으로 비유의 원래 삶의 정황(Sitz im Leben), 즉 예수님의 생애와 사역의 상황이라는 비유의 원래 정황에서 비유를 이해할 필요가 있다고 지적했다. 다시 말해서, 누구든지 오늘날 그 자신의 상황에서 비유의 의의를 이해하기 전에, 비유의 본래 의미와 1세기에 예수님의 청중에게 이 비유가 어떻게 적용되었는지를 이해하려고 해야 한다. 이것을 이런 방식으로 다르게 표현할 수도 있다. 곧 도드는 "이 비유가 오늘날 나/우리에게 어떤 의미인가?"라고 질문하기 전에 "예수님이 사역하시면서 이 비유를 말씀하셨을 당시 그 비유의 의미는 무엇이었는가?"를 먼저 질문해야 한다는 것을 논증해 보였다.

도드는 초기 양식비평 작업에 근거해서, 현재 복음서 비유들은 연대기적인 순서보다는 논리적이고 신학적인 고려에 의해 배치된 경우가 자주 있음을 인식했다. 그래서 예수님이 어떤 특정한 비유를 그분의 생애에서 언제 말씀하셨는지를 확정할 수 없는 경우가 종종 있다. 하지만 이와 같은 경우에 도드는 아래 내용을 이해해야 한다고 주장했다.

① 예수님이 사역하시는 동안 그분의 비유를 들었던 사람들이 마음속에 하고 있었을 것이라고 추정되는 생각들
② 예수님의 가르침이 대체적으로 지향하는 내용[16]

그런 다음에 도드는 이 통찰력을 비유 연구에 적용했으며, 그 결과는 인상적이었다. 현재라는 눈가리개에서 벗어난 비유들은 그저 영원한 진리에 속한 이타적인 일반적인 비유가 아니라 가끔은 예수께서 청중의 선입견과 기

---

16 C. H. Dodd, *The Parables of the Kingdom* (Charles Scribner's Sons, 1936), 32.

준을 타파하기 위해 사용하신 논쟁 무기이기도 했다는 것이 분명해졌다. 때때로 비유는 예수님의 적대자들의 생각과 가치관을 비난하기도 했으며, 어떤 때에는 힘 있는 반론이었고, 예수님의 행동을 훌륭하게 변호하기도 했다. 도드가 옳다는 것은 분명하다. 예수님이 주신 가르침의 주된 기조(基調)를 이해할 뿐만 아니라, 청중의 지식과 경험과 태도를 보며 예수님이 무슨 생각을 하셨는지를 이해하는 것은 매우 중요하기 때문이다. 이렇게 할 때 비유는 새 생명으로 가득해지고 흥미로워진다.

하지만 도드의 작업에 한계점이 없다고 생각해서는 안 된다. 도드는 예수님의 종말론적 교훈(실현된 종말론 - 역주)의 특성에 관해 자신이 이해한 내용을 성경 본문에 덧입히는 경우가 자주 있었고, 이 때문에 몇몇 비유를 상당히 인위적으로 해석하기도 했기 때문이다. 도드는 예수님의 메시지가 "실현된"(realized) 종말론적 차원으로만 이루어졌다고 믿었다. 실현된 종말론에 따르면, 예수님이 가르치신 하나님 나라는 전적으로 현재적인 현상이었다. 예수님의 강림으로 하나님 나라는 완전한 형태로 도래했다. 예수님이 하나님 나라를 전적으로 미래의 사건으로 이해하셨다고 주장한(그 미래가 아무리 가까이에 와 있다 해도) "철저한"(consistent) 종말론과 대조적으로, 예수님은 하나님 나라가 예수님 자신의 사역 가운데 완전한 형태로 임한 것으로 가르치셨다고 도드는 믿었다. 아직 성취되지 않았거나 완전하지 않은 것은 아무것도 없다. 하나님 나라는 예수님의 사역으로 완전히 도래했다!

이러한 확신을 가진 결과, 도드는 "실현된" 종말론의 관점에서 모든 비유를 해석했다. 도드에게는, MARK 13:28-30(무화과나무 비유), MATT 24:45-51(지혜로운 종과 악한 종 비유), Matt 25:1-13(지혜로운 다섯 처녀와 어리석은 다섯 처녀 비유), Luke 12:35-38(깨어 준비하는 종 비유) 등과 같은 종말론적인 비유들까지도 미래의 종말론적인 심판이 아니라 예수님의 지상 사역에서 마주하는 상황과 위기를 의미한다. 도드에 따르면, 이와 같은 전통적인 종말론적 상징은 단지 지금 예수님이 그분의 사역에 완전한 형태로 임한 하나님 나라의 타계성(他界性)과 절대적 특성을 나타내기 위해 사용하신 것이다. 결과적으로, "그러므로 이 모든 '종말론적인' 비유들을 예수님 사역의 맥락에 적용하는 것은 얼마든지 가능해 보인다."[17] 예수님의 종말론적인 가르침에 대한 도드의 해석이 부분적으로만 옳았다는 사실이 오늘날에는 분명해졌다. 예수님이 오로지 "실현된" 종말론만 가르치셨거나 오로지 "철저한" 종말론만을 가르치신 것은 아니라고 말이다. 예수님은 두 가지 종말론을 다 가르치셨다! 하나님 나라는 구약의 약속들에 대한 성취로 임하였으며, 그와 동시에 절정을 기다려야 하는 미래적 실체이기도 했다.[18]

도드가 비유 연구에 미친 공헌의 중요성은 간과할 수 없다. 오늘날에도 여전히 비유 해석에 활용되는 가장 귀중한 자료라고 할 수 있는 『예수의 비유』(*Die Gleichnisse Jesu*, 1947, 그리고 그 이후 판들)의 저자인 요아킴 예레미아스는 이렇게 진술한다.

이 책의 자극과 교훈에 있어서, 도드의 근본적으로 중요한 저서인 *The Parables of the Kingdom*(London, 1936)에 얼마나 빚을 지고 있는지는 이 책 여러 군데에 나타난다. 도드 교수의 저서는 비유 연구에 새 시대를 열었다. 일부 세부 내용들과 관련해서 의견의 차이가 있을 수 있지만, 예수님의 비유

---

17 Ibid., 174.
18 하나님 나라에 관한 예수님의 교훈에 대해서는, Stein, *The Method and Message of Jesus' Teachings*, 65-79를 보라.

를 해석하기 위해 도드가 마련한 본질적인 흐름에서 후퇴해야 한다는 것은 생각할 수도 없는 일이다.[19]

하지만 도드가 예비적 차원에서 행한 것을 예레미아스는 조직적으로, 그리고 세부적으로 수행했다. 예레미아스는 이 일을 수행하기 위한 탁월한 자질을 갖추었다. 예레미아스는 그의 책에서 자신이 예수님의 모국어(아람어-역주)뿐만 아니라 예수님 당시의 환경과 종교적인 풍습[20]에도 정통함을 입증했다. 이 입증된 전문 지식에, 하나님의 부르심은 예수님의 생애와 행동과 말씀에서만 발견되어야 한다거나 신약 성경에서 발견되는 다른 모든 것들은 기껏해야 이런 하나님의 부르심에 대한 응답이거나 증거라는 자기 견해를 추가하려는 사람이 있다면, 비유에서 예수님의 실제 말씀(*ipissima verba*)을 확정짓고자 했던 사람이 다름 아닌 예레미아스라는 것을 알게 되는 것은 놀라운 일도 아니다.[21] 그러므로 예수님의 삶의 정황(*Sitz im Leben*)을 이해하기 위한 자료로 활용하기에 예레미아스의 저서보다 더 좋은 것은 없다. 도드와 예레미아스의 공헌을 다음과 같이 요약할 수 있고, 이것이 우리가 택한 비유 해석의 **두 번째 원리**다.

---

19 Jeremias, *The Parables of Jesus*, Foreword.
20 예를 들어, Joachim Jeremias, *Jerusalem in the Time of Jesus*, trans. by F. H. and C. H. Cave (Fortress Press, 1969)를 보라. 『예수 시대의 예루살렘』, 한국신학연구소.
21 "예수님의 복음과 초대 교회의 케리그마를 대등하게 놓아서는 안 된다. 이 둘은 요청과 반응이라는 상호 관계가 있다."라는 예레미아스의 견해에 비춰 볼 때(*The Problem of the Historical Jesus*, trans by Norman Perrin, 23; Fortress Press, 1964), 예레미아스의 이름으로 이런 제목들이 출판된 것은 놀랄 만한 일이 아니다. *The Parables of Jesus*; *The Eucharistic Words of Jesus*; *The Lord's Prayer*; *The Prayers of Jesus*; *New Testament Theology*; *The Proclamation of Jesus*, 『예수의 선포』, 분도출판사; *The Sermon on the Mount*, 『산상 설교』, 분도출판사; *The Unknown Sayings of Jesus* 등.

II. 비유를 말했을 당시의 삶의 정황(Sitz im Leben)을 이해하려고 하라.

예수님의 사역과 예수님의 상황에 비추어 해석할 때 새로운 의미가 생기고 흥미로워지는 두 비유는 잃어버린 양 비유와 잃어버린 동전 비유다.

너희 중에 어떤 사람이 양 백 마리가 있는데 그중의 하나를 잃으면, 아흔아홉 마리를 들에 두고 그 잃은 것을 찾아내기까지 찾아다니지 아니하겠느냐? 또 찾아낸즉, 즐거워 어깨에 메고 집에 와서 그 벗과 이웃을 불러 모으고 말하되, "나와 함께 즐기자. 나의 잃은 양을 찾아내었노라." 하리라. 내가 너희에게 이르노니, 이와 같이 죄인 한 사람이 회개하면 하늘에서는 회개할 것 없는 의인 아흔아홉으로 말미암아 기뻐하는 것보다 더하리라. (LUKE 15:4-7)

어떤 여자가 열 드라크마가 있는데 하나를 잃으면, 등불을 켜고 집을 쓸며 찾아내기까지 부지런히 찾지 아니하겠느냐? 또 찾아낸즉 벗과 이웃을 불러 모으고 말하되, "나와 함께 즐기자. 잃은 드라크마를 찾아내었노라." 하리라. 내가 너희에게 이르노니, 이와 같이 죄인 한 사람이 회개하면 하나님의 사자들 앞에 기쁨이 되느니라. (Luke 15:8-10)

일반적으로 이 두 비유와 그 뒤에 이어지는 긴 탕자 비유(또는 "은혜로운 아버지 비유")는 죄인들에 대한 하나님의 사랑을 보여 주는 아름다운 예로 이해되며, 실제로도 그러하다. 하지만 여기서 우리가 역사적 예수의 삶의 정황 또는 예수님이 실제로 사역하시던 당대의 배경에 비춰 비유를 이해하려 한다면, 이 비유들에 관해서 또 다른 통찰을 얻을 수 있다. 잃은 자들을 향한 하나님의 사랑의 예로 예수님이 이 비유들을 사용하셨다는 것은 확실하다. 하지만 우리는 예수님이 이 비유를 말씀하셨던 구체적인 상황도 이해하려 해야 한다.

대부분의 학자들은 누가가 이 비유들을 배치한 문맥이 정확하다는 점에 동의한다. 두 비유는 세리들과 죄인들과 함께 식사하는 예수님의 행동을 비난하는 바리새인들과 서기관들에게 말씀하신 비유다(Luke 15:1-2). 이것이 서로 연관성이 없는 사건이 아니었다는 것은 MARK 2:16-17과 MATT 11:19, Luke 7:39; 19:7과 같은 본문에서 분명히 드러난다. 그러므로 이 세 비유는 그와 같은 비난에 대한 변호로 제시된 것이다. 그렇다면 "이 사람이 죄인들을 용납하고 그들과 함께 식사를 한다."라는 말의 의의는 무엇인가? 예수님의 사역으로, 지금 하나님이 이스라엘의 잃어버린 양들을 찾고 계신다는 것을 보여 주신다는 데 이 행위의 의의가 있다! 동일한 요지가 누가복음 15장의 세 비유에도 모두 나타난다.

첫 번째 삶의 정황(the first *Sitz im Leben*)이라는 배경에서 이 세 비유를 이해하면, 이 비유들이 단순히 하나님의 구원하시는 사랑에 대한 예증 그 이상임이 드러난다. 세 비유는 (예수님의 행동에 대한) 변호인 동시에 선포다. 세 비유는 세리와 죄인과 창녀와 교제하시는 예수님의 행위를 변호하거나 옹호하는 것이다. 그리고 세 비유는 예수님의 이런 행동으로써 하나님이 지금 구약의 약속을 성취하시려고 그분의 백성을 찾아오신다는 선포다. 종말론적인 의의는 분명하다. 하나님의 나라가 이미 임했다! 하나님은 지금 이스라엘의 버림받은 자들을 찾고 계신다(MATT 11:4-6을 이사야 35:5-6; 61:1과 비교하라). 예수님의 사역으로, 하나님께서는 구약의 약속을 성취하고 계시며 지금 이스라엘의 잃은 양을 찾아오신다.

3. 편집비평

편집비평(Redaction Criticism)의 급부상으로 비유 해석법은 또 다른 통찰을 얻게 되었다. 1950년대에 한스 콘젤만(Hans Conzelmann)[22]과 빌리 마르크센(Willi Marxsen)[23]의 저서가 출간된 이래 복음서 저자들이 각자의 복음서에 편입한 자료들에 부여한 신학적인 강조점과 해석은 지대한 관심을 받았다. 복음서 저자들은 가위와 풀을 들고 다양한 전승 자료를 막연하게 오리고 붙이는 편집자들이 아니라 청중의 필요를 충족시키기 위해 이 전승 자료를 해석한 신학자라는 사실이 이제 분명해졌다. 그래서 비유를 세 번째 삶의 정황(the third *Sitz im Leben*), 즉 복음서 저자들의 삶의 정황에 비추어 이해하고 해석하는 것이 중요하다.[24] 원래 첫 번째 삶의 정황에서 바리새인들이나 서기관들과 같이 적대감을 품은 청중에게 주어진 비유가 이제 세 번째 삶의 정황에서 교회에 주어졌다면, 복음서 저자들이 그들의 상황에서 이 비유를 어떻게 해석하고 적용했는지를 탐구하는 것이 중요하다. 이것은 우리에게 복음서 저자의 상황과 복음서를 기록할 때 저자가 이루려고 했던 것이 무엇이었는지를 밝혀 줄뿐더러, 나중에 이 비유들을 우리 삶의 정황에 적용하려 할 때도 도움이 될 것이다.

---

22 Hans Conzelmann, *Die Mitte der Zeit* (Tübingen: J. C. B. Mohr, 1954). 영어 번역본은 *The Theology of St. Luke*, trans. by Geoffrey Buswell (Haper & Brothers, 1960)이다.
23 Willi Marxsen, *Der Evangelist Markus: Studien zur Redaktionsgeschichte des Evangeliums* (Göttingen: Vandenhoeck & Ruprecht, 1959). 영어 번역본은 *Mark the Evangelist: Studies on the Redaction History of the Gospel*, trans. by James Boyce, Donald Juel, William R. Poehlmann with Roy A. Harrisville(Abingdon Press, 1969)이다.
24 편집비평의 발흥과 목적에 대한 논의에 대해서는, Robert H. Stein, "What Is Redaktionsgeschichte?" *JBL*, Vol. 88 (1969), 45-56을 보라.

이 시점에서 독자들은 두 번째 삶의 정황(the second *Sitz im Leben*), 즉 비유가 입말로 전달되던 구전 시기의 비유 해석에 대해서는 아무런 언급이 없다는 것을 눈치챌 수 있을 것이다. 나 역시 이런 일이 있었을 가능성을 알고 있고, 비유가 어떻게 해석되었는지를 이해하기 위한 "전승사"(history of tradition)를 밝히는 연구가 갖는 가치를 알고 있다. 나는 비유가 베풀어졌던 삶의 정황(두 번째 원리)과 복음서 저자들이 비유를 어떻게 해석했는지(세 번째 원리)를 이해하려면 누구나 두 번째 삶의 정황 기간에 이 비유들이 어떻게 해석되었는지를 탐구해야 한다는 것을 잘 알고 있다. 하지만 나는 두 가지 이유에서 이 문제를 본서에서 다루지 않았다.

첫째로, 나는 예수님의 말씀과 복음서 저자들의 기록에 하나님의 권위가 있음은 믿고 있지만, 구전 기간에 교회가 비유를 다르게 해석했던 것에도 이와 동일한 권위를 부여할 수 있다고는 믿지 않기 때문이다. 그래서 비유가 구전 기간에 어떻게 해석되었는지 탐구하는 것이 반드시 필요하긴 하지만, 그와 같은 탐구는 주로 비유에 대한 우리 주님과 복음서 저자들의 해석을 우리가 확정짓는 수단으로 기능한다. 예수님과 복음서 저자들의 해석에는 유일하고 신적인 권위가 있기 때문이다.

둘째로, 우리가 비록 복음서 저자들의 글과 그들의 최종적인 해석을 가지고 있고, 그들이 실제로 한 말들과 예수님이 하셨다고 생각되는 말씀들을 비교할 수 있지만, 두 번째 삶의 정황을 탐구하려면, 예수님이 하셨을 것으로 추정되는 말씀들과 초대 교회가 그 말씀을 이렇게 해석했을 것이라고 추정되는 내용을 함께 다루어야 하기 때문이다. 이 작업은 훨씬 어렵다. 가설로 재구성한 것(예수의 실제 말씀 또는 음성[*ipissima verba* or *vox* of Jesus])과 이미 재구성된 것(복음서 저자들의 최종적인 해석)을 비교하는 것이 아니라, 가설로 재구성한 두 가지를 비교해야 하기 때문이다.

복음서 연구에 기여한 편집비평의 공헌에 힘입어, 우리는 비유 해석의 **세 번째 원리**에 도달할 수 있다.

III. 복음서 저자가 비유를 어떻게 해석했는지 이해하려고 하라.

이 원리를 어떻게 적용할지에 대한 한 가지 예를 므나 비유 연구로 설명할 수 있다.

이르시되, "어떤 귀인이 왕위를 받아가지고 오려고 먼 나라로 갈 때에 그 종 열을 불러 은화 열 므나를 주며 이르되, '내가 돌아올 때까지 장사하라.' 하니라. 그런데 그 백성이 그를 미워하여 사자를 뒤로 보내어 이르되, '우리는 이 사람이 우리의 왕 됨을 원하지 아니하나이다.' 하였더라. 귀인이 왕위를 받아가지고 돌아와서 은화를 준 종들이 각각 어떻게 장사하였는지를 알고자 하여 그들을 부르니, 그 첫째가 나아와 이르되, '주인이여, 당신의 한 므나로 열 므나를 남겼나이다.' 주인이 이르되, '잘하였다, 착한 종이여. 네가 지극히 작은 것에 충성하였으니 열 고을 권세를 차지하라.' 하고, 그 둘째가 와서 이르되, '주인이여, 당신의 한 므나로 다섯 므나를 만들었나이다.' 주인이 그에게도 이르되, '너도 다섯 고을을 차지하라.' 하고. 또 한 사람이 와서 이르되, '주인이여, 보소서. 당신의 한 므나가 여기 있나이다. 내가 수건으로 싸 두었었나이다. 이는 당신이 엄한 사람인 것을 내가 무서워함이라. 당신은 두지 않은 것을 취하고 심지 않은 것을 거두나이다.' 주인이 이르되, '악한 종아. 내가 네 말로 너를 심판하노니, 너는 내가 두지 않은 것을 취하고 심지 않은 것을 거두는 엄한 사람인 줄로 알았느냐? 그러면 어찌하여 내 돈을 은행에 맡기지 아니하였느냐? 그리하였으면, 내가 와서 그 이자와 함께 그 돈을 찾았으리라.' 하고 곁에 섰는 자들에게 이르되, '그 한 므나를 빼앗아 열 므나 있는 자에게 주라.' 하니 그들이 이르되, '주여, 그에게 이미 열 므나가 있나이다.' 주인이 이르되, '내가 너희에게 말하노니, 무릇 있는 자는 받겠고, 없는 자는 그 있는 것도 빼앗기리라. 그리고 내가 왕 됨을 원하지 아니하던 저 원수들을 이리로 끌어다가 내 앞에서 죽이라.' 하였느니라." (Luke 19:12-27)

이 단락의 목적상, 비유의 구성 요소들 중에서 어떤 것이 구전 기간에 덧붙여졌을지 논의하거나 이 비유나 비유에 함의된 내용과 관련하여 복음서 저자의 전체적인 편집을 주목하는 것은 중요하지 않다. 그 대신 우리는 세 번째 삶의 정황인 복음서 저자의 상황에 존재했던 필요 때문에 그 저자가 이 비유에 부여한 독특한 해석 한 가지를 언급할 것이다.

오늘날 대부분의 신학자들은 누가복음에서 초대 교회의 많은 그리스도인이 불안해했던 한 문제에 저자가 관심을 가졌음을 발견한다. 그 문제는 재림이 지연되는 것이었다(참조. 벧후 3:3-4). 누가는 이 비유를 사용하여 독자들에게 재림이 지연됨은 예수님의 교훈과 일치한다는 점을 재확인시킴으로써 이 문제에 친히 답을 제시했다. 예수께서 이와 같은 지연이 있을 것이라고 직접 가르치셨기 때문이다. 사실, 예수님은 제자들이 "하나님의 나라가 당장 임할 것"이라고 생각한 까닭에 바로 이 므나 비유를 가르치셨다(Luke 19:11). 이 비유와 이 비유와 관련된 편집을 통해서 누가는 예수님이 일정 기간 떠나 있을 것이며 그러는 동안에 제자들이 충성스러운 청지기가 되는 일에 마음을 써야 한다는 것을 친히 가르치셨음을 지적하려 했다. 누가의 상황에서 "청지기직"을 다룬 이 비유는, 이 비유가 자신의 상황에서 의미가 있다고 생각한 누가가 특히 강조한 것이다. 누가가 그렇게 강조한 것이 이 비유의 원래 의미와 상반되지 않는다는 사실은 다음 두 가지 이유에서 분명하다.

첫째, 청지기직의 전체 원리는 (하나님 나라의) "현재성"과 완성(consummation) 사이의 기간이 존재할 때에만 의미가 있기 때문이다. 다시 말해서, 예수님이 비유로 가르치신 청지기직은 예수님이 땅에 계셨던 시간과 최종적인 완성 사이에 일종의 지연이 있음을 암시한다(아니, 오히려 지연되어야 한다). 충실한 청지기직에 대한 교훈은 청지기직을 실행하기 위한, 완성 이전의 기간이 있을 때에만 의미가 있다. 이런 까닭에 누가는 이 비유를 말함으로써, 완성이 있기 전에 어떤 기간이 있을 것이라고, 즉 재림이 지연될 것이라고 예수님이 직접 계시하셨다고 밝힌다.

둘째, 마태복음에 기록된 같은 비유에서도 주인이 늦게 돌아올 것(지연)이라는 점이 강조된다. Matt 25:19는 "**오랜 후에 그 종들의 주인이 돌아와 그들과 결산할 새**"(나의 강조)라고 기록한다. 그러므로 이 예수님 비유의 요점은 충실한 청지기직에 있지만, 누가는 이 비유를 다시 제시하면서 이 비유를 잘못 해석한 것이 아니라 오히려 그 자신의 특별한 상황을 염두에 두고 이 비유가 완성이 지연됨을 암시하고 있다고 강조한다.

4. 비유에 대한 최근 논의

비유와 관련한 최근의 논의는 두 가지 학문 즉 구조분석[25]과 미학비평[26]을 비유 연구에 적용하는 것에 초점을 맞추고 있다. 구조분석은 내러티브 표면 아래에 있는 의미의 "심층 구조"에 주로 관심을 둔다. 이 심층 구조가 저자의 마음에 있는 무의식적인 수준에서 작용하는 친족 유형들(kinship patterns)에 속한 공통의 암호들(common codes)로 표현된다고 믿기 때문에, 그들은 본문의 의미 있는 단락들을 밝히고 본문의 더 깊은 구조와 의미에 이르려고 한다. 미학비평은 구조주의와는 대조적으로 좀 더 넓은 단락들과 본문의 표층에 관심을 가지며, 비극과 희극 및 그 밖의[27] 문예 형식과 패러다임에 비추어 본문을 이해하려고 한다. 비유는 유비, 직유, 또는 은유에 대한 최근의 언어학적 분석에서 상당히 많은 도움을 받아 비유 스스로, 그리고 비

---

25 구조주의적 관점에서 비유를 다룬 최근의 두 저서는 *Semiology and Parables*, ed. by Daniel Patte (Pittsburgh Theological Monograph Series, Vol. 9) (Pickwick Press, 1976); *Signs and Parables*, ed. by Dikran Y. Hadidan (Pittsburgh Theological Monograph Series, Vol. 23) (Pickwick Press, 1978)이다.

26 이 분야에서 중요한 저서들은 다음과 같다. Geraint Vaughan Jones, *The Art and Truth of the Parables* (London: SPCK, 1964); Amos Wilder, *The Language of the Gospel: Early Christian Rhetoric* (Harper & Row, 1964); Robert W. Funk, *Language, Hermeneutic, and Word of God: The Problem of Language in the New Testament and Contemporary Language* (Harper & Row, 1966); Dan Otto Via, Jr., *The Parables: Their Literary and Existential Dimension* (Fortress Press, 1967); John Dominic Crossan, *In Parables: The Challenge of the Historical Jesus* (Harper & Row, 1973); *Cliffs of Fall: Paradox and Polyvalence in the Parables of Jesus* (Seabury Press, 1980); Sallie McFague TeSelle, *Speaking in Parables* (Fortress Press, 1975); Madeleine Boucher, *The Mysterious Parable* (Catholic Biblical Association of America, 1977); Mary Ann Tolbert, *Perspectives on the Parables: An Approach to Multiple Interpretations* (Fortress Press, 1979). 그리고 Scholar's Press in Missoula에서 출간된 *Semeia* series (Vols. 1, 2, 9)도 눈여겨보아야 한다.

27 Susan Wittig, "A Theory of Multiple Meanings," *Semeia*, vol. 9 (1977), 82.

유 자체 안에 생동감과 힘을 가지고 있는 심미적인 대상 또는 무시간적인 예술적 창작품으로 이해되고 있다.[28] 새로운 이 두 접근법과 함께 완전히 새로운 어휘들이 생겨났으며, 우리는 이제 비유를 논의하면서 언어사건, 다면성(polyvalence), 다중의미, 희극적 비유, 거대비유(metaparable), 비극적 비유, 자율성, 자기목적성(autotelic), 모방, 익살스러운 알레고리, 문채(trope) 등과 같은 용어들을 마주하게 될 것이다.

최근에 더욱 자주 사용하는 새로운 접근법은 미학비평이다. 여기서는 직유와 은유 간의 차이를 매우 강조한다. 이 차이는 형식 분야에만 있는 것이 아니다. 이를테면, 직유는 "~처럼", "~와 같이"와 같은 용어를 사용하는 명시적인 비교인 반면에, 은유는 암시적인 비교라고 말하는 것 말이다. 오히려 미학비평에서 강조하는 직유와 은유의 차이는 이런 형식들의 실존론적 특성의 영역에서 나타난다. 직유는 특성상 기본적으로 사물의 특성을 밝혀 주는(illustrative) 역할을 하는 것으로 이해되는 반면에, 은유는 의미를 창조하는 것으로 이해된다.[29] 그러므로 은유는 어떤 실체를 밝혀 주는 표지(sign) 그 이상이다. 은유는 그것이 가리키는 바로 그 실체의 전달자다.

이러한 문예적 접근법에 따르면, 비유는 단지 은유적인 특성 때문에 그 안에 역사적인 상황과 상관없는 어떤 힘이나 세력을 포함하고 있다고 믿어진다.[30] 그 결과 비유는 그 안에 포함된 "언어사건"(language event)의 실체를 청

---

28 Leonard L. Thompson, *Introducing Biblical Language* (Prentice-Hall, 1978), 5를 보라. 톰슨은 "언어의 세계를 창조하는 힘"에 대해 말한다.
29 Funk, *Language, Hermeneutic, and Word of God*, 137. 또한 Crossan, *In Parables*, 14도 참조하라. 크로산은, 비유는 "참여가 정보보다 앞서는 은유이며, 그래서 은유의 기능은 은유가 가리키는 것에 참여하게 하는 것"이라고 주장한다.
30 Crossan, *Cliffs of Fall*, 8을 보라. 크로산은 은유의 "편재적인"(ubiquitous) 성격을 이야기한다.

중에게 직접 전달할 수 있다. 비유가 예수님의 비유이기 때문이 아니라 단지 그것이 비유이기 때문이다. 비유가 은유라는 문예적 특성을 사용한다는 바로 이 사실은 비유가 청중에게 정보를 전달하는 연설 유형에 속한 것이 아님을 암시한다. 다시 말해서, 비유는 청중의 지식 저장소에 내용을 추가하는 것을 목표로 삼지 않는다. 비유는 비유의 문학적 형식 때문에 청중의 태도에 영향을 끼치고 그들에게 어떤 결단을 내리도록 요구하는 것을 목표로 한다. 비유에 이와 같이 태도를 형성하고 변화시키는 능력이 있기에, 어느 비유가 되었든지 간에 그것은 정보를 전달하는 단순한 문학 형식이 아니라 언어사건이며, 언어사건으로서의 비유는 그 비유의 독자들에게 판단과 결단을 요구함으로써 실존의 새로운 가능성을 소개한다.

　모든 미학 작품처럼 비유 역시 "자율적"이거나 "자기 목적적"인 것으로 이해된다. 다른 말로 표현하자면, 비유는 그 저자의 의도로부터 독립되어 있고(소위 "의도의 오류"[intentional fallacy]), 그러한 비유가 청중에 미치는 효과로부터 독립되어 있다(소위 "영향론의 오류"[Affective fallacy]). 비유는 미학적, 자기 목적적인 특성 때문에 그것 자체가 목적으로 간주되어야 하고, 비유 자체 안에서 그 고유한 목적을 전달해야 한다.[31] 비유를 예술의 자율적-자기 목적적인 미학적 작품으로 간주할 때에야 비로소 비유의 생생한 특성들이 보존될 수 있다. 도드나 예레미아스의 견해를 따른다면 우리는 비유를 1세기에 묶어 두게 될 것이다. 그렇다면 비유는 새로운 참된 실존의 가능성을 제공함으로써 현대의 독자들을 변화시킬 수 있는 20세기, 21세기의 언어사건이기

31　Via, *The Parables*, 77-78. 이 견해에 대한 부정적인 평론을 찾아보려면, Boucher, *The Mysterious Parable*, 14-17을 보라.

보다는 과거의 "고고학적인" 유물에 지나지 않을 것이다. 우리가 비유를 해석할 수 있다고 도드나 예레미아스처럼 생각하는 대신에, 우리는 그 자체의 문학적 형식 때문에 비유가 우리를 해석할 수 있고 반드시 우리를 해석해야 하는 내재적인 힘을 가지고 있음을 인정해야 한다.[32]

이러한 이해를 신약 성경의 비유에 적용한다면, 비유를 예수께서 하나님 나라나 하나님 자신에 관한 어떤 진리들을 가르치기 위해 사용하셨던 도구로 이해해서는 안 된다는 것을 의미한다. 비유는 하나님 나라에 관한 의미나 내용을 전달하지 않는다. 오히려 비유는 그 비유를 듣는 사람들을 사로잡고 그들이 판단하고 결단하도록 이끄는 실존론적 경험(언어사건)에 참여하라고 그들에게 강요하는 것으로 이해되어야 한다. 이러한 비유들을 통해 독자/청중은 하나님 나라의 실체에 들어가고 거기에 참여한다. 그 결과, 비유는 그 비유를 듣는 사람들에 의해 해석되어서는 안 되고, 오히려 비유가 **청중**을 해석해야 하고 그들과 마주하여 그들이 하나님의 심판과 은혜에 비춰 자신을 이해할 필요가 있음을 알게 해야 한다. 그러므로 우리는 예수님의 비유를 읽으면서 이 비유가 연구하고 분석해야 할 대상으로 기능하는 것이 아니라 우리와 만나고 우리를 결단의 자리로 인도하는 조정 가능한 실체(open-ended realities)임을 인식해야 한다. 어느 신학자가 말했듯이, "하나님 나라는 비유로서의 비유로 표현되었다. 예수님의 비유는 하나님의 통치를 비유로 표현한다."[33]

비유에 대한 이러한 접근과 밀접하게 관련이 있는 것은 율리허, 도드, 예

---

32 TeSelle, *Speaking in Parables*, 71-72를 보라.
33 Eberhard Jüngel, *Paulus und Jesus* (Tübingen: J. C. B. Mohr, 1962), 135. 『바울과 예수』, 이화여자대학교출판부. 나는 융겔이 이 말로 의미한 것을 다 이해했다고 주장하는 것은 아니다.

레미아스가 주장하듯이 비유가 하나의 의미나 요점에 한정되지 않는다는 견해다. 비유는 다면성 또는 다중의미를 지니고 있다. 비유가 언어사건이 되었던 방법은 청중이나 독자마다 다르기 때문에, 동일한 비유의 의미 역시 개인마다 다를 수밖에 없을 것이다. 그러므로 비유가 지니고 있는 얼마든지 조정 가능한 특성으로 인해, 비유는 다면성이 있음을 인정해야 하며, 비유를 하나의 의미에만 국한해서는 안 된다.

앞의 내용으로부터, 언어사건으로서의 비유의 이러한 문예적, 미학적 해석으로 인해 어떤 중요한 진리가 파악되었다는 것은 분명하다. 예수님의 비유는 단순히 신학적인 데이터 은행에 축적될 자료나 정보를 공급하지 않는다. 비유는 결단에 이르게 하는 수단이다. 하지만 이 같은 견해에 대한 심각한 비평이 있음을 언급해야겠다. 그중 하나는 예수님이 씨 뿌리 자와 토양 비유 다음에 "들을 귀 있는 자는 들으라"(MARK 4:9)라고 말씀하셨을 때, 그분이 말씀하시려는 것이 "누구든지 이 문학 형식에 포함된 의미가 무엇이든지 간에 그것을 찾아보라."라거나 "비유를 들은 사람들은 이 은유(metaphor)로 자신이 해석되어야 한다."라는 뜻이었다고 추측하기는 어렵다. 예수님의 의도는 "내가 이 비유로 말하는 것을 귀 기울여 들어라!"라는 것이었다고 추측하는 것이 더 이치에 맞다.[34] 마가복음에 요약된 내용에 따르면, 이 견해에 힘이 실린다.

---

34 부처(Boucher)는 "예수님의 입에서 나오는 비유를 직접 들은 첫 청중 대부분은 '이 사람이 도대체 무슨 말을 하는 걸까?'라고 질문했을 것이 확실하다. 그들은 틀림없이 의아해했을 것이다. 이것이 바로 예수님의 의도한 바였다."라고 정확히 지적한다. Boucher, *The Mysterious Parable*, 27.

예수께서 이러한 많은 비유로 그들이 알아들을 수 있는 대로 말씀을 가르치시되, 비유가 아니면 말씀하지 아니하시고 다만 혼자 계실 때에 그 제자들에게 모든 것을 해석하시더라. (MARK 4:33-34)

마가에게 비유는 예수님이 "그 말씀", 즉 그의 메시지를 가르치시기 위해 사용하신 하나의 수단이었음이 분명하다.[35] 더욱이 예수님이 제자들에게 비유들을 설명하셨다는 사실(MARK 4:33-34; 7:14-22)은 비유가 예수님(또는, 적어도 복음서 저자)[36]에 의해 자기 목적적인 것으로든지, 청중이 가장 좋다고 생각하는 대로 해석할 수 있는(또는 청중에 의해 해석되는) 로르샤흐 검사(Rorschach test, 스위스 정신의학자 로르샤흐가 발표한 인격 진단 검사-역주)로 간주되지 않았음을 암시한다.[37] 오히려 예수님이 비유를 사용하여 가르치고자 하신 것이 무엇인지, 즉 예수님이 비유에 담으신 메시지가 무엇인지가 가장 중요하다. 그리고 내가 생각하기에도, 예수님이 한 가지 비유를 설명하시면서 그와 동시에 전혀 다르고 다양한 해석들을 부여하셨다는 것은 상상하기 어려운 일이다. 복음서에서 예수님이 비유를 해석하셨을 때 예수님은 그분이 의도하

---

35 "이 같은 유의 많은 비유들"이 그리스어에서 수단을 의미하는 격(格)을 사용하고 있음에 주목해야 한다!

36 세 번째 삶의 정황에서 복음서 저자들은 부분적으로나마 비유를 하나님 나라에 관한 교훈으로 이해했다는 것이 분명하다. 이에 대한 좋은 예는 누가복음의 므나 비유(Luke 19:11-27)이다. 이 비유가 첫 번째 삶의 정황에서 어떤 기능을 했든지 간에 누가복음에서는 그의 독자(들)에게 재림 지연에 관한 교훈을 베풀 목적으로 사용되었다(이 책의 107-109쪽을 보라). 악한 농부 비유(MARK 12:1-11) 역시 마가복음에서 자아 이해라는 실존론적 기능을 하는 것이 아니라 이스라엘에 임하는 하나님의 심판에 관해 가르치려는 교훈적인 기능을 하고 있는 것이 분명하다. 만일 어떤 비유가 세 번째 삶의 정황에서 매우 강하게 교훈적인 기능을 할 수 있다면, 그 비유가 첫 번째 삶의 정황에서나 우리 삶의 정황에서 그와 같은 기능을 할 수 없다고 누가 감히 주장할 수 있겠는가?

37 반대되는 견해를 찾아보려면, Crossan, *In Parables*, 10을 보라.

신 비유의 의미를 가르치셨다는 인상을 누구든지 받는다. 그래서 비유는 적어도 첫 번째 삶의 정황에서는 비유 자체 안에 자율적으로 포함된 여러 다른 "말씀들"보다는 예수님의 구체적인 "말씀" 하나를 계시하고 있다고 이해해야 한다. 총체적인 면에서 해석학에 관해 레이먼드 브라운(Raymond E. Brown)이 말한 것은 비유에도 적용될 수 있다.

이 시점에서 우리가 내릴 수 있는 결론은 이것이다. 성경에 두 개의 서로 다르고 본문과 상관이 없는 문자적인 의미들을 지닐 수 있는 본문은 없다. 어느 저자[또는 화자(話者)]라도 자신이 한 말과 전혀 관계가 없는 두 가지 의미를 전달하려고 의도하지 않는다는 것은 매우 분명하다.[38]

둘째로, 수백 년 동안 그리스도인들은 비유가 단지 예수님의 비유라는 이유로 그 비유들을 읽고 연구하고 좋아했다. 비유는 무명작가의 무(無)로부터 나온 문학적 창작물이 아니다. 비유는 구체적인 시점에 예수님의 마음에서 나온 것이다. 그래서 기독론적인 문제가 작동하기 시작한다. 초대 교회가 예수님에게 신성을 부여하고 그래서 신적 권위가 있음을 인정한 것처럼, 복음서 저자들의 저술이 신적 영감에 의한 것이고 그래서 신적 권위가 있다는 것도 인정한 것처럼, 최근 비유에 대한 문예비평은 비유의 형식 자체에 신성을 부여한 것 같다. 도전하고 변화시키는 능력이 비유 자체의 은유적인 힘에 들어 있는 것으로 이해하고 있다. 조직신학 용어를 사용해서 말하자면, 문예비

---

38 Raymond E. Brown, "Hermeneutics," in *The Jerome Biblical Commentary*, ed. by Raymond E. Brown, Joseph A. Fitzmyer and Roland E. Murphy (Prentice-Hall, 1969), 607.

평가들 중에 "중생"의 능력을 하나님보다 문학 형식 자체에 부여하는 사람들이 있음을 볼 수 있다. 그러나 비유의 권위와 삶을 변화시키는 비유의 힘은 은유의 문학 형식에 자리 잡고 있는 마술적인 힘에서 나오지 않는다. 비유의 힘은 "비유를 말씀하시는 분"(Parabler)의 권위와 그 비유에 들어 있는 진리에서 나온다!

비유에 대한 이런 접근 방식에 가할 수 있는 최종적인 비평은 이것이다. 문예비평적 접근은 비유가 처음 베풀어졌던 당시의 역사적 배경을 보지 못한다고 말이다. 비유의 내재적인 힘과 효과와 비유의 조정 가능성(open-endedness)에 대해 말하는 것은, 다시 말해서 비유의 의미가 예수님의 원래 의도에 의해 결정되지 않는다고 말하는 것은 오늘날에도 인기가 있을 수 있다. 하지만 비유를 이런 식으로 취급하면 궁극적으로는 오해와 혼란만 야기될 뿐이다.[39] 비유의 알레고리적 해석법 역시 비유에서 일종의 조정 가능성을 보았다는 사실을 기억해야 한다! 역사적인 배경을 놓치거나 간과하면, 즉 비유를 해석하기 위해 우리가 제시한 두 번째 원리를 적용하지 않으면, 알레고리화함으로써 온갖 방법으로 본문을 잘못 해석하고 적용하게 된다. 이런 까닭에 최근에 비유를 문예비평적으로 해석하는 일부 사람들로 인해 오리게네스가 20세기 실존주의자로 다시 살아났다고 생각하는 사람들이 있는 것은 그리 놀라운 일이 아니다. 비유를 그 비유가 나온 원래 삶의 정황

---

39 맥코비(Maccoby)는 이렇게 주장한다. "복음서를 순수 문학으로 연구하는 것이 흥미 있고 보람 있는 행위인 것은 확실하다. 하지만 복음서가 순수 문학으로 기록된 것이 아니라는 사실도 잊어서는 안 된다. 정치적이거나 종교적인 입장에 대한 선전물과 같은 문학 외적인 목적을 염두에 둔 작품은, 저자가 증명하려는 것이 무엇인지, 그리고 독자이며 도덕적인 존재인 우리가 받아들이도록 대단히 열정적으로 설득하는 저자의 태도를 우리가 어떻게 생각하는지 묻지도 않은 채, 평가될 수 없다." Hyam Maccoby, "Gospel and Midrash," *Commentary*, Vol. 69 (1980), 72.

에서 이해할 때에야 비로소 우리는 현대의 유행이나 추세의 차꼬에서 해방될 수 있다. 현대의 유행이나 추세가 자유주의의 일반적인 도덕적 진리이든지, 실존주의적인 언어사건이든지 상관없이 말이다.[40] 우리가 예수님의 비유를 최고로 경외하는 법은 비유를 그 자체가 목적이라는 문학적 이야기로 취급하는 것이 아니라, **예수님의** 비유들, 즉 예수님이 가르치셨고 그분이 의도하신 의미와 통찰로 채워진 비유로 취급하는 것이다! 예수님이 비유로써 오늘날 우리에게 말씀하시려는 것은 그분이 첫 번째 삶의 정황에서 비유로써 말씀하신 것이 무엇인지를 배제하고 다룰 수 없다.

가장 최근에 논의되고 있는 비유 해석에 대해서는 판단을 신중히 유보하고 있기는 하지만, 앞에서 제시했던 처음 세 원리에 따라 비유에 대한 순수한 역사비평적 분석이 이 시점에서 끝난다면 "유익한 것이 거의 없다!"라는 점에 나는 전적으로 동의한다. 비유의 메시지를 각자의 삶에 적용하지 않는다면, 그와 같은 연구는 소용없는 역사적 탐구나 본문 고고학 연구일 뿐이다. 비유는 하나님의 말씀이었고 지금도 여전히 하나님의 말씀이다. 그러므로 비유는 오늘날에도 우리에게 말할 수 있다. 그래서 우리는 비유 해석의 **네 번째이며 마지막 원리**를 다음과 같이 제시할 수 있다.

IV. 하나님이 비유를 통해 오늘날 우리에게 말씀하시는 것이 무엇인지를 찾으라.

비유의 독자가 이 원리에 이르지 않는다면, 비유 연구는 실제로 거의 가치

---

40 부처가 "예수님이 원래 의도하신 한계 안에 있는 해석만이 타당한 해석이다."라고 진술한 것은 백번 옳다. Boucher, *The Mysterious Parable*, 32.

가 없다. 어떤 사람이 비유와 관련한 모든 유의 역사적인 지식을 얻고 나서도 그 비유들이 오늘날 자신에게 미치는 의의가 무엇인지를 이해하지 못한다면 그것이 그에게 무슨 유익이 되겠는가? 하지만 여기서 꼭 언급해야 할 것이 있다. 비유 해석의 네 번째 원리는 앞에서 논의한 처음 세 가지 원리와 별개이거나 동떨어진 것이 아니라는 사실이다. 처음 세 가지 원리를 적용하지 않으면 마지막 원리를 정확하게 적용할 수 있는 가능성은 거의 없다.

예수님이 의도하신(두 번째 원리) 한 가지 요점(첫 번째 원리)에 대한 바른 이해와 복음서 저자들의 이해(세 번째 원리)는 우리가 비유를 읽을 때 하나님이 오늘날 우리에게 말씀하시는 것이 무엇인지(네 번째 원리)를 이해하는 틀로 작용해야 한다. 하나님께서 어떤 특정한 비유를 통해 지금 우리에게 말씀하시는 것에 관해 우리가 특별히 깨달은 내용이 하나님께서 다른 사람에게 말씀하신 내용과 다를 수는 있지만, 다른 사람의 비유 해석뿐만 아니라 우리의 해석 역시 첫 번째 삶의 정황과 세 번째 삶의 정황에서의 비유 해석과 조화를 이루고 연속성이 있어야 한다.

이 말을 다른 식으로 표현해 보자. 저자나 화자 중에 자신의 말이 전혀 다른 두 의미를 지니게 할 의도를 가진 경우는 없기 때문에, 대개는 첫 번째 삶의 정황과 세 번째 삶의 정황에서는 비유의 한 가지 의미만 존재하지만, 그 의미의 중요성 또는 의의(significance)는 현대의 독자에게는 다를 수 있다. 그 의의가 비록 독자들마다 서로 다를 수는 있어도 반드시 예수님과 복음서 저자의 의도의 범위 안에 있어야 한다.

비유가 우리에게 말하는 것이 무엇인지를 이해하는 틀을 형성할 때 처음 세 가지 원리를 고려하지 않는다면, 비유 해석은 우리의 감정(그것이 자유주의적인 것이든지, 아니면 복음주의적이거나 실존주의적인 것이든지 간에)이 절대적이고 최종적인 권위가 되어 버린, 즉 우리의 감정이 하나님의 최종적인 계시가 되어 버린, 전적으로 주관적인 경험으로 전락하게 될 것이다! 가능하다면, 비유의 역사적 탐구로 말미암아 본문이 첫 번째 삶의 정황과 세 번째 삶의 정황에서 원래 의미했던 것에 도달하고, 그러고 나서 하나님의 영이 이러한 이해를 사용하셔서 우리가 처한 상황에서 말씀하시도록 하는 것이 가장 좋다. 이렇게 할 때에야 비로소 비유는 진정 우리에게 하나님의 살아 있는 말씀이 될 것이다. 하지만 그럴 경우 비유가 현재 자신의 종교적 생활양식과 신념을 지지해 주고, 자신에게 확신과 위안을 가져다줄 것이라고 믿는 사람들은 놀랄 수밖에 없다는 사실도 지적해야 할 것 같다. 비유는 바르게 이해하기만 하면 예수님 당대 청중에게 그러했듯이 우리를 격려하고 약속을 줄 뿐만 아니라 우리에게 요구하고 경고하고 우리를 책망할 것이다.

제6장

비유 해석, 이렇게 하라

비유 해석을 위한 기본 원리를 이제 구체적인 비유에 적용하려고 한다. 우리는 이 원리들을 앞 장에서 논의한 순서대로 적용할 것이다. 하지만 이와 같은 연구에는 필연적으로 일정한 정도의 순환 논리가 작용하고 있다는 사실을 인정해야 한다. 이를테면, 비유의 원래 삶의 정황에서 그 비유를 해석하지 않으면 비유의 한 가지 요점을 확정할 수가 없고, 복음서 저자가 세 번째 삶의 정황에서 그 비유를 어떻게 해석했는지 이해하지 못하면 비유의 원래 삶의 정황에서 비유를 해석할 수 없다. 사실, 세 번째 원리에서 두 번째 원리와 첫 번째 원리로 거슬러 올라가는 것이 더 정확할 수가 있는데, 실제로 바유를 연구할 때 이런 방식을 사용하는 사람들이 종종 있다. 하지만 우리는 앞 장에서 개괄했던 비유 해석의 역사적인 발전을 따라 진행할 것이다. 이렇게 함으로써 과거에 율리허(Jülicher)를 비롯하여 도드(Dodd)와 편집비평(redaction criticism)에서 배운 교훈들이 결과적으로 계속해서 보강되기를 소망한다. 앞 장에서 다른 어떤 비유보다도 선한 사마리아인 비유를 상당히 길게 다루었으므로, 여기서도 예수님의 비유 해석법의 한 예로 이 비유를 사용할 것이다.

I. 비유에서 한 가지 요점을 찾으라.

현재 문맥에서 선한 사마리아인 비유의 알레고리적 해석이 옳지 않다는 것은 분명하다. 이 비유는 구원에 대한 구속사적인 구조를 도식화하거나 예수님에 대한 기독론적 묘사를 제기하는 것과는 거리가 멀다. 이 비유가 가르치고자 하는 요점은 서론과 결론에 모두 질문 형식으로 제시되어 있다. "내 이웃이 누구니이까?" "누가 이웃이 되겠느냐?" 선한 사마리아인 비유는 가장 큰 계명에 관한 예수님의 가르침과 관련이 있으며(Luke 10:25-28), 이 비유의 도입부는 다음과 같다.

> 그 사람이 자기를 옳게 보이려고 예수께 여짜오되, "그러면 내 이웃이 누구니이까?"(Luke 10:29)

그리고 이 비유는 이렇게 마무리된다.

> "네 생각에는 이 세 사람 중에 누가 강도 만난 자의 이웃이 되겠느냐?" 이르되, "자비를 베푼 자니이다."(Luke 10:36-37a)

그러므로 현재 문맥에서 이 비유의 요점은 이웃이 누구인지, 또는 이웃이 된다는 것은 무엇을 의미하는지를 묻는 질문에 초점이 맞춰져 있음이 분명하다.

오늘날 거의 모든 학자들이 선한 사마리아인 비유는 그 비유가 놓인 현재 문맥에서 "내 이웃이 누구니이까?"라는 물음에 대한 대답을 제시하려고 주어졌다는 것을 받아들이기는 하지만, 많은 학자들이 현재의 문맥은 원래의 문맥이 아니므로 이 비유의 원래 의미를 해석하기 위해 사용될 수 없다고 주장한다. 또한 누가복음 10:25-29과 10:37은 다음과 같은 이유로 원래 이 비유에 연결될 수 없었다는 주장이 자주 제기되었다.

첫째, Luke 10:25-29이 MARK 12:28-31과 MATT 22:34-40과 병행구이고, 마가복음이나 마태복음에서는 선한 사마리아인 비유가 등장하지 않는 까닭에, 크고 첫째 되는 계명을 다루는 단락의 문맥에 선한 사마리아인 비유가 삽입된 것은 누가에 의한 것이다. 그러므로 이 비유는 2차적인 자료다. 둘째, Luke 10:27, 29에서 "이웃"의 의미와 Luke 10:36에서 "이웃"의 의미 사이에 논리적인 불일치가 있다. 앞의 두 구절(27, 29절)에서는 이웃이 사랑의 객체, 즉 사랑을 받아야 하는 사람인 반면에, 뒤의 구절(36절)에서는 이웃이 사랑의 주체, 즉 사랑함을 행하는 사람이기 때문이다.

이러한 반대 의견들은 여러 방향에서 공격을 받았다. 예레미아스는 맨슨(T. W. Manson)을 비롯한 여러 다른 학자들과 마찬가지로 LUKE 10:25-28이 단순히 MARK 12:28-34의 병행구가 아니라고 주장했다. 이 두 본문에 공통적인 것은 단 하나인데, 그것은 하나님 사랑과 이웃 사랑이라는 두 가지 계명뿐이며, "예수님이 이 두 가지 계명에 담긴 중요한 사상을 자주 말씀하셨을 개연성은 상당히 많다."¹ "훌륭한 선생은 끊임없이 반복 교육을 하기" 때문이다.² Luke 10:27, 29과 Luke 10:36의 "이웃"이라는 단어의 의미 차이에 대해서 예레미아스는 이렇게 주장한다.

> 이것은 단순히 형식상의 불일치에 지나지 않는다. 레아(rea')라는 단어가 우리가 사용하는 "동료"(comrade)라는 단어처럼 상호 관계를 암시한다는 언어학적 사실을 인식한다면, 이는 전혀 놀라운 것이 아니다.³

그러나 예레미아스의 설명에도 불구하고 서기관과 예수님이 사용하신 "이웃"이라는 용어가 실제로 서로 다른 것처럼 보이는데, 이 사실을 간과해서는 안 된다. 그렇지만 이것은 예수님의 입말에서 비롯된 것이라고 생각될 수 있는 그러한 차이다. 여기서 우리는 선한 사마리아인 비유와 크고 첫째 되는 계명을 다루는 단락 사이의 상충됨을 보기보다는 "내 이웃이 된다는 것의 의미가 무엇인가?"에 대한 율법사의 관념과 "이웃이 된다는 것이 나에게 무슨 의미가 있는가?"라는 예수님의 관념이 상충됨을 보아야 한다.

다른 곳에서도 이와 비슷한 방식으로 예수님은 그분 제자들의 행동은 사랑의 대상이 되는 사람의 자격에 따라 어떤 식으로든 좌우되어서는 안 된다는 것을 보여 주신다.⁴ 율법사가 그랬던 것처럼, 우리는 우리의 사랑을 받을 대상이 그에 합당한 자격을 갖추기 위해 무엇인가를 해야 한다고 생각해서

---

1 Jeremias, *The Parables of Jesus*, 202.
2 T. W. Manson, *The Sayings of Jesus* (London: SCM Press, 1949), 260.
3 Jeremias, *The Parables of Jesus*, 205.
4 MATT 18:21-22; LUKE 6:27-28; MATT 5:38-42 등등.

는 안 된다. 우리는 사랑하는 일에만 관심을 가져야 한다. 율법사의 질문에서, 그가 크고 첫째 되는 계명을 기본적으로 오해하고 있음이 드러났다. 율법사는 그의 사랑을 받을 자로서 자격을 갖춘 사람이 누구인지에 관심을 가졌던 반면에, 예수님이 크고 첫째 되는 계명에 관해 이해하신 내용은 사랑하는 자로서의 자격을 갖추는 일에 관심을 집중해야 한다는 것이었다! 예수님은 누가복음에서 이렇게 말씀하신다.

> 너희 원수를 사랑하며, 너희를 미워하는 자를 선대하며, 너희를 저주하는 자를 위하여 축복하며, 너희를 모욕하는 자를 위하여 기도하라. (LUKE 6:27-28)

사랑은 사랑의 대상이 그 자격을 갖추고 요구 사항을 만족시킬 수 있는지에 좌우되지 않는다. 핵심적인 문제는 "사랑을 받을 만한 사람이 누구인가?" 즉 "누가 내 이웃인가?"에 있지 않고, "사랑한다는 것이 내게 어떤 의미인가?" 즉 "이웃이 된다는 것은 내게 무슨 의미인가?"에 있다. 그래서 예수님은 우리에게 이렇게 말씀하신다.

> 오직 너희는 원수를 사랑하고 선대하며, 아무것도 바라지 말고 꾸어 주라. 그리하면 너희 상이 클 것이요 또 지극히 높으신 이의 아들이 되리니, 그는 은혜를 모르는 자와 악한 자에게도 인자하시니라. 너희 아버지의 자비로우심같이 너희도 자비로운 자가 되라. (LUKE 6:35-36)

우리가 남에게 무엇을 빌려줄 때에는 그가 갚을 능력이 있는지와 완전히 관련지어서는 안 된다! 사실 우리는 갚을 능력이 없는 사람에게 빌려주어야 한다(Luke 6:34). 이와 마찬가지로 나중에 우리를 다시 초대해 줄 수 없는 사람들을 우리의 잔치에 초대해야 한다(Luke 14:12-14).

이 모든 본문은 예수님의 "이웃"이라는 용어 사용에서 발견되는 비틀기(twist)가 예수님이 다른 곳에서 가르치신 내용과 완전히 일치한다는 것을 보여 준다. 유대교와 율법사는 "나의 이웃이 될 만한 사람은 무엇을 해야 하고 어떤 자격을 구비해야 하는가?"에 관심이 있었던 반면에, 예수님은 선한 사마리아인 비유로써 이런 질문을 질책하시고, 우리의 관심사가 이웃을 사랑하는 것 자체에 있어야 한다는 것을 입증하신다! 그러므로 "이웃"이라는 용어 사용에 논리적인 불일치가 있다고 생각해서 Luke 10:25-37이 원래 독립된 두 가지 전승으로 존재했다고 단정해서는 안 된다. 이러한 논리적인 불일치가 예수님의 동시대 사람들의 오해 때문에 생겨났다는 사실을 유념해야 한다. 예수님이 Luke 10:25-37에서 이런 오해를 질책하신 방식은 그분이 다른 여러 곳에서 가르치신 내용과 완벽히 일치하며, 그래서 이 본문의 통일성을 강하게 변호한다.[5]

Luke 10:25-37의 통일성을 입증하는 것은 불가능하다고 해도, Luke 10:29은 이 비유에 속하는 것이며 단순히 누가의 편집에 의한 이음매는 아닌 것 같다. 이는 다음과 같은 이유 때문이다. (1) Luke 10:36이 단어를 사용한 방식("네 생각에는 이 세 사람 중에 누가 강도 만난 자의 이웃이 되겠느냐")은 "이웃"

---

5 Luke 10:25-37의 형식은 여러 면에서 Luke 7:36-50과 닮았다. 두 비유 모두 한 사건으로 연결되어 있다. 전자는 사랑의 명령에 관한 예수님의 교훈과 관련 있고, 후자는 예수님께 향유를 부은 사건과 연결된다. 두 경우 모두 예수님의 대적자들이 비유를 완성할 수밖에 없게 만드는 질문으로 마무리된다(Luke 10:36과 7:42). 또한 두 경우 모두 비슷한 오해가 발생한다. 전자는 "이웃"의 의미가 무엇인지에 대한 오해와 관련되고, 후자는 "선지자"가 어떤 사람인지에 대한 오해와 관련된다.

이라는 단어가 이미 언급되었다고 추정하는 것 같다. 그리고 Luke 10:29(그리고 10:27)을 제외하고는 "이웃"이란 단어가 이야기에서 발견되지 않는다. (2) 누가는 선한 사마리아인 비유를 Luke 10:25-28과 연결하기 위해 29절을 창작할 필요가 없었을 것이다. 누가에게 필요했던 것은 다만 "예수께서 그들에게 이 비유로 이르시되"(참조. 눅 15:3)라고 말하는 것이며, 이 이론에 따르면, 틀림없이 이와 비슷한 말로 비유를 시작했음이 틀림없다. (3) "내 이웃이 누구니이까?"라는 질문은 예수님 당대의 유대교에서 중요하고 상당한 쟁점이 되었겠지만, 이것이 논쟁의 대상이 되었던 초대 교회의 삶의 정황을 알아내기는 그리 쉽지 않다.[6]

그렇다면 선한 사마리아인 비유는 처음부터 "이웃이 누구니이까?"(또는, "이웃이 된다는 것은 무슨 의미입니까?")라는 질문과 연관되었던 것으로 보인다. 그래서 우리는 이 비유의 요점을 찾으려고 할 때 이 질문에 대한 대답에서 한 가지 요점을 찾아야 한다!

II. 비유를 말했을 당시의 삶의 정황을 이해하려고 하라.

첫 번째 삶의 정황에서 이 비유의 의미를 이해하려고 할 때 이와 연루된 어려운 문제들 중 하나는, 이 비유에 사용된 다양한 용어들이 예수님 당시의 청중에게 촉발했던 태도나 반응들과는 상당히 다른, 심지어 완전히 상반되는 반응을 현대의 독자들에게 촉발한다는 것이다. "사마리아인"(Samaritan)이라는 바로 그 용어가 이에 대한 탁월한 예다.

---

6 Linnemann, *Parables of Jesus*, 138.

나는 오래전에 열한 살인지 열두 살이었던 딸과 게임을 하면서 겪은 일을 지금도 생생히 기억한다. 그 당시 나는 딸아이에게 어떤 특정한 단어를 들을 때 마음속에 맨 먼저 떠오르는 단어가 무엇인지 말해 보라고 했다. 내가 말한 단어는 "사마리아인"이었다. 이 용어와 연관된 단어들이 딸아이의 주일학교와 교회 경험에서 나올 것이라는 사실은 분명했다. 딸아이가 열거했던 단어들은 "친절한", "사랑을 베푸는", "자비로운", "예수님" 등이었다. 오늘날 대부분의 그리스도인들에게도 "사마리아인"이라는 용어는 분명히 "그리스도처럼 동정심이 많은 사람"이나 "다른 사람들을 돌봐주는 좋은 사람"과 같은 이미지를 떠오르게 할 것이다. 그래서 현대 그리스도인들은 이 비유의 원래 정황에서 이 비유의 의미를 감지하기가 무척 어렵다. "사마리아인"이라는 용어가 예수님 당시에는 전혀 다르게 이해되었기 때문이다. 유대인은 사마리아인을 멸시하고 저주했다.

이러한 태도에 대한 좋은 예가 요한복음 8:48에 있다. 예수님의 대적자들은 이런 말로 예수님을 비방했다. "우리가 너를 사마리아인이라 또는 귀신이 들렸다 하는 말이 옳지 아니하냐?" 대개 유대인들은 사마리아인들과 일체의 접촉을 하지 않으려 했다. 이러한 경향의 극단적인 예는 유대인들이 유대 지방에서 갈릴리로, 또는 갈릴리에서 유대 지방으로 여행할 때 나타났다. 그들은 사마리아인들과의 접촉을 피하려고 사마리아를 가로질러 북쪽에서 남쪽으로(또는 남쪽에서 북쪽으로) 여행하는 대신에, 동쪽으로 가서 요단강을 건너 북쪽(또는 남쪽)으로 진행하다가 사마리아를 완전히 지나친 다음에 다시 요단강을 건넜다. 이렇게 함으로써 유대인들은 사마리아 땅을 밟는 것조차 피하려 했다! 그러므로 사마리아 여인이 예수님께 이렇게 말한 것은 전혀 놀라운 일이 아니다.

"당신은 유대인으로서 어찌하여 사마리아 여자인 나에게 물을 달라 하나이까?" 하니, 이는 유대인이 사마리아인과 상종하지 아니함이러라. (요 4:9)

유대인과 사마리아인 사이에 적대감이 존재하게 된 데에는 몇 가지 이유가 있다. (1) 솔로몬 왕이 주전 922년에 서거한 후 여로보암이 이끄는 북쪽 열 지파는 하나님의 기름 부음 받은 왕인 솔로몬의 아들 르호보암에 대적하여 반란을 일으켰고, 결국 나라는 둘로 나뉘었다. 하나님 백성의 통일성을 깨뜨린 "반역자들"의 이 나라는 시기별로 이스라엘, 에브라임, 사마리아 등으로 알려졌다. 그러므로 예수님 당시 사마리아인들은 하나님 백성의 통일성과 통일 왕국의 위대한 영광을 깨뜨린 반역자들의 후손들이었다.

(2) 주전 722년에 사마리아는 멸망당해서 포로 생활을 하게 되었다. 아시리아는 패배한 상대국이 재결성하여 조직적인 저항을 하지 못하게 하려고 그 백성들을 영토 이곳저곳으로 흩어 버리는 정책을 폈다. 이렇게 흩어진 북쪽 열 지파는 종종 "이스라엘의 잃어버린 열 지파"로 언급되었다. 사마리아에 머물러 있던 북쪽 열 지파 사람들은 대체로 농부들과 하층민들이었는데, 이들은 아시리아에 의해 사마리아 땅에 살고 있던 다양한 외국인들(이방인들)과 점차로 통혼하게 되었다. 그 결과, 유대인은 사마리아인을 "혼혈인"(half-breeds)이라고 멸시했다.

(3) 유대인들은 바벨론 포로 생활에서 귀환한 후 학개와 스가랴의 지도 아래 예루살렘에 성전을 재건하기 시작했다. 사마리아인들은 성전을 재건하는 일에 유대인들을 돕겠다고 제안했다. 그러나 이런 제안은 여러 가지 이유들로 거부당했다. 사마리아인들은 그들의 제의가 거부당하자 성전 재건을 방해하기 시작했다(스 4-6장).

(4) 사마리아인들은 예루살렘 새 성전 건축에 참여하는 것을 거절당한 이후 그리심산에 그들의 성전을 건축했다. 이 성전은 주전 128년경에 요한 힐카누스(John Hyrcanus)의 지휘 아래 유대인들이 파괴했다. (요한복음 4:20은 이 상황을 잘 묘사한다).

(5) 주후 6년과 9년 사이의 어느 유월절 기간 한밤중에, 어떤 사마리아인들이 죽은 사람들의 뼈를 예루살렘 성전 뜰에 흩뿌림으로 성전을 더럽혔다.[7] 이 모든 일들로 인해 유대인과 사마리아인의 관계에는 긴장감과 엄청난 적대감이 가득했다.

유대인들과 이 이교도 같은 혼혈인들 사이에는 확고한 혐오감이 지배했다. 유대인들은 회당에서 사마리아인을 공공연히 저주했고 사마리아인들과 함께 영생을 누릴 수 없다고 하나님께 기도하기까지 했다. 유대인들은 사마리아인의 증언은 믿지 않으려 했으며, 사마리아인에게서 어떠한 봉사도 받으려 하지 않았다. 이러한 혐오를 사마리아인들도 유대인들에게 그대로 되갚았다.[8]

Luke 10:29에서 율법사가 제기한 질문도 당시 엄청난 논쟁거리였던 것을 이해해야 한다. 유대인이 "이웃"이란 용어를 사용할 때는 동포 유대인들과 유대교로 완전히 개종한 사람들(반쯤 유대교로 개종한 사람, 하나님을 경외하는 사람들[God-fearer]은 포함되지 않음)을 예상해야 했지만, 어떤 진영에서는 누가

---

7 Josephus, *Antiquities*, 18.2.2 또는 18. 30.을 보라.
8 Linnemann, *Parables of Jesus*, 54.

자신의 이웃이라고 할 때 더 좁은 의미로 생각했다는 것에 학자들은 일반적으로 의견을 같이한다. 바리새인들은 바리새인이 아닌 사람들을 배제하려는 경향이 있었고, 에세네파는 자기 종파의 구성원들이 아닌 사람들을 모두 배제했고, "어둠의 모든 자식들"(1QS 1:10) 즉 그 종파 밖에 있는 모든 사람들을 "미워하라"고까지 요구했다. 그들이 유대인들이든, 이방인이든, 그것은 상관없었다. "또 네 이웃을 사랑하고 네 원수를 미워하라 하였다는 것을 너희가 들었으나…"(Matt 5:43)라고 말씀하셨을 때, 예수님은 당대에 만연했던 일반적인 태도를 인용하신 것이었다.

지금까지 이야기한 것으로 미루어, 선한 사마리아인 비유를 이웃에 대한 기독교적인 사랑의 아름답고 사랑스러운 예로 이해하는 것은 이 비유가 베풀어진 첫 번째 삶의 정황을 보지 못한 것임이 분명하다.

> 이 비유는 선한 일을 행한 여행자에 관한 유쾌한 이야기가 아니다. 이 비유는 사회적, 인종적, 종교적 우월감에 저주를 퍼붓는 고발장이다.[9]

원래의 삶의 정황에서 선한 사마리아인 비유는 인종적, 종교적 편견에 대한 세찬 공격이며, 그와 동시에 이웃을 사랑하라는 계명과 관련해서 한계 없는 차원을 새롭게 계시하는 비유다. 예수님은 이 비유와 그분의 명령을 통해서 사랑의 계명을 제한하는 모든 것을 제거하셨다. 아무도 배제될 수 없다! 우리가 사랑해야 할 이웃은 모든 사람이다. 그가 세리든지, 죄인이든지, 사마리아인이든지, 이방인이든지, 원수든지 상관없이 말이다! 우리의 관심사

---

9 Jones, *The Art and Truth of the Parables*, 258.

는 우리의 사랑을 받을 자격을 갖춘 사람이 누구인지 그 한계를 정하는 것이 아니라 모든 사람에게 사랑을 베푸는 데 두어야 한다.

III. 복음서 저자가 비유를 어떻게 해석했는지 이해하려고 하라.

누가가 선한 사마리아인 비유를 사용하고 해석한 방법을 이해하기 위해서, 우리가 해야 할 첫 번째 과제는 그의 전승 편집을 확정하는 일이다. 만일 우리가 이 단락에 속한 비유를 사랑의 계명에 연결한 사람이 바로 누가라는 양식비평의 입장을 받아들인다면, 이 본문에서 누가의 편집 작업이 최소한이었다고 가정할 때보다는 이 단락에서 누가가 신학적으로 강조한 부분을 약간은 다르게 해석할 것이다. 논의하기 위해서, Luke 10:25-37에서 편집 작업이 최대한 이루어진 것이 아니라 최소한도로 이루어졌다고 가정한다면, 누가가 자신의 복음서에 이 비유와 사랑의 계명을 포함시키기로 선택함으로써 그의 복음서 전체에서 발견되는 두 주제를 강조하고 있음이 드러나는 것 같다.

누가가 그의 복음서에서 강조하는 것 하나는 사회에서 소외된 자들을 향한 하나님의 사랑과 은혜를 보여 주는 것이다. 다른 복음서에 비해 누가복음에는 세리들(3:12; 5:27-32; 7:29, 34; 15:1; 18:10-14; 19:7), 죄인들(5:30-32; 7:34, 36-50; 15:1-2, 7, 10; 18:13; 19:7), 가난한 사람들(4:18; 6:20; 7:22; 14:13, 21; 16:19-31; 18:22; 19:8), 원수들(6:27-36은 병행 구절인 MATT 5:43-48보다 더 광범위하다), 과부들(2:37; 4:25-26; 7:11-17; 18:1-8; 20:46-47; 21:1-2), 가난한 사람들과 몸 불편한 사람들과 못 걷는 사람들과 맹인들(7:22; 14:13, 21; 참조. 4:18), 사마리아인들(10:33; 17:16; 참조. 행 1:8; 8:1, 5, 9, 14; 9:31), 목자들(2:20), 강도들(23:39-43) 등

에 대한 예수님의 애정 어린 관심이 더 많이 묘사되었다. 여기서 누가가 큰 잔치 비유(LUKE 14:15-24)를 편집하면서 초대받은 사람들이 가난한 자들, 몸 불편한 자들, 맹인들, 저는 자들이라는 언급을 어떻게 추가했는지 눈여겨보면 도움이 될 것이다. 그래서 이제 큰 잔치 비유는 예수님이 Luke 14:12-14에서 신자들에게 잔치를 베풀 때 특히 가난한 자들, 몸 불편한 자들, 저는 자들, 맹인들을 초대하라고 가르치신 것의 예증으로 작용한다. 누가가 예수님의 오심을 어떤 방식으로 묘사하고 있는지 주목하는 것도 중요하다. 예수님은 세례를 받고 시험을 받으신 직후 나사렛에 가셔서 아래와 같은 성경 말씀을 읽으셨다.

> 주의 성령이 내게 임하셨으니,
> 이는 **가난한** 자에게 복음을 전하게 하시려고 내게 기름을 부으시고
> 나를 보내사 **포로된** 자에게 자유를,
> **눈먼** 자에게 다시 보게 함을 전파하며,
> **눌린** 자를 자유롭게 하고
> 주의 은혜의 해를 전파하게 하려 하심이라.
> (Luke 4:18-19, 나의 강조)

누가가 이해하기에, 이 장면에서 예수님의 오심은 소외된 사람들을 위한 구원의 시대가 시작된 것과 같다. 누가는 "인자가 온 것은 **잃어버린 자**를 찾아 구원하려"(Luke 19:10)함이라고 생각한 것이 분명하다. 구원의 때가 임했으며 (제사장과 레위인들과 같은) 종교적 엘리트들은 초대를 거절한 반면에 (사마리아인 같은) 이스라엘의 소외된 사람들은 초대에 응하여 지금 메시아의 잔

치에 참여하고 있다(LUKE 14:15-24; 참조. Luke 7:29-30)는 누가복음의 주제에, 선한 사마리아인 비유와 사랑의 계명 단락이 잘 들어맞는다는 것도 분명하다. 소외된 사람들은 이에 대한 보답으로 이웃을 사랑하고, 그들의 천부께서 그들에게 보여 주신 사랑과 자비를 축소된 형태로 표현한다(LUKE 6:36). 이런 사랑은 어떤 식으로든지 사랑의 대상을 제한하려고 하지 않는다. 우리가 관심을 가져야 할 문제는 누구를 사랑하느냐가 아니라 사랑하는 것 그 자체이기 때문이다(Luke 10:30-37; LUKE 6:27-36).

누가복음에서 발견되는 두 번째 주제는 자기 소유를 관대하게 사용하는 것이다. 사랑은 사랑의 행위를 하기 위해 자기 소유를 지혜롭게 사용하는 것으로 나타난다(6:30, 34-35; 7:36-50; 12:13-21, 33-34, 41-48; 16:1-9, 10-12, 13, 19-31; 18:18-30; 19:1-10, 11-27; 21:1-4). (비유에서) 사마리아인은 강도 만난 사람을 돌보고 자기 소유를 사용할 때 이러한 자기 희생적인 사랑의 특성을 보여 준다. 사마리아인은 자기 생각은 하지 않고 강도 만난 사람의 상처를 치료하려고 기름과 포도주를 사용하고, 자기 머리를 묶은 수건이든지 얇은 속옷을 찢어 그의 상처를 싸맸으며,[10] 상처 입은 사람을 일정 기간 돌보라고 충분한 돈을 여관 주인에게 지불했고,[11] 비용이 더 들면 자기가 돌아올 때에 갚겠다고 주인에게 약속했다. 참으로 이 사마리아인은 자기 원수를 사랑했다. 그는 선한 일을 행했으며, 빌려주었고, 돌려받을 것을 기대하지 않았다(LUKE 6:35).

---

10 Jeremias, *The Parables of Jesus*, 204.
11 Ibid., 205.

Ⅳ. 하나님이 비유를 통해 오늘날 우리에게 말씀하시는 것이 무엇인지를 찾으라.

선한 사마리아인 비유는 우리의 이웃을 사랑해야 하고 이 사랑은 무조건적이며 누구에게나 이 사랑을 베풀어야 한다는 교훈을 가르치는 것이 분명하다. 인종적이든, 지적이든, 재정적이든, 종교적이든, 국가적이든, 어떤 방식으로든지 우리의 사랑을 제한하는 모든 편견과 차별을 이 비유는 거부한다. 원수를 사랑하라는 명령이 주로 호의(好意)라는 감정을 가리키는 것이 아니라, 같은 내용을 담고 있는 LUKE 6:27-28에 분명히 나타나 있듯이 사랑의 실제적인 행동을 의미하기에, 모든 그리스도인은 원수에 대해서도 사랑으로 행동하라는 하나님의 직접적인 명령을 받는다. 사마리아인처럼 자기 이웃을 사랑한 사람을 묘사한 장면에서, 원수에 대한 증오조차도 원수를 사랑하려는 우리의 갈망을 꺾지 못한다는 것이 암시된다. 더욱이 사회에서 소외된 사람들과 궁핍한 사람들을 향한 하나님의 애정 어린 관심을 누가가 이해한 것을 보며, 우리도 오늘날 특히 사회에서 버림받은 사람들과 궁핍한 사람들에게 사랑을 실천해야 한다는 교훈을 받는다.

이러한 사랑을 구체적으로 적용하는 것은 우리가 처한 상황에 따라 각기 다른 모습으로 나타날 수 있다. 인종 간의 긴장이 고조되던 1950년대 미국 남부에서 그리스도인들은 특히 당시 매우 심한 차별 대우를 받던 흑인들에게 사랑을 실천해야 했다. 클래런스 조던(Clarence Jordan)의 *The Cotton Patch Version of Luke and Acts*(누가복음과 사도행전의 카튼 패치 역)에서는 이러한 상황에서 선한 사마리아인 비유의 가르침이 어떻게 해석될 수 있는지를 보여 준다.

어떤 사람이 애틀랜타(미국 남부 조지아 주에 있는 도시-역주)에서 알바니(미국 동북부 뉴욕 주에 있는 도시-역주)로 가고 있었다. 깡패 몇 명이 그를 덮쳤다. 깡패들은 그 사람의 지갑과 새 양복을 빼앗았다. 그를 마구 때린 후에, 그의 차를 가지고 얼른 그 자리를 떴다. 그 사람은 고속도로 갓길에 버려져 의식을 잃은 채 쓰러져 있었다.

그때 마침 백인 목사가 고속도로를 지나가고 있었다. 목사는 쓰러져 있는 사람을 보고서는, 가속 페달을 세차게 밟아 서둘러 그 자리를 떠났다.

목사가 지나간 지 얼마 되지 않아, 찬양 인도자가 그 도로를 지나갔다. 그는 길거리에 벌어진 장면을 보고, 역시 가속 페달을 힘 있게 밟았다.

그때 그곳을 여행하던 한 흑인이 쓰러져 있는 사람 곁을 지나가게 되었다. 그는 버려진 사람을 보자 감정이 복받쳐 울음을 터뜨렸다. 흑인은 차를 세우고, 할 수 있는 한 최선을 다해서 그의 상처를 싸매 주었다. 흑인은 물병에 있는 물로 그의 피를 닦아 주고, 그를 자기 차에 태웠다. 그 길로 차를 몰고 알바니로 가서 쓰러져 있던 사람을 병원에 입원시키고 간호사에게 말했다. "고속도로에서 데려온 이 백인을 잘 치료해 주세요. 제가 가진 돈이 2달러밖에 되지 않지만 일단 치료하는 데 써 주세요. 치료에 드는 비용은 기록해 두세요. 이 사람이 그 비용을 지불할 수 없다면, 제가 월급날에 꼭 갚겠습니다."[12]

이 비유를 이렇게 해석하면 1950년대와 1960년대 미국 남부의 일부 백인 교회에서는 환영받지 못했을 것이 뻔하다. 그리고 조던과 예수님처럼 소외

---

12 Clarence Jordan, *The Cotton Patch Version of Luke and Acts* (Association Press, 1969), 46-47.

된 사람들에게 친절하게 행동한 사람들은 그런 행동을 했다는 이유로 "저 놈을 십자가에 못 박아라!"라는 비난을 받은 적이 있다.

   1930년대 후반과 1940년대 초반 독일에서 이 비유의 교훈대로 행하는 것은 유대인들에게 특별한 관심을 보이고 사랑의 행동을 하는 것을 의미했을 것이다. 아마도 나치 정권 당시 독일에서 이 비유는 다음과 같이 해석해야 했을 것이다.

   어떤 사람이 총통(히틀러)을 위해 정치 집회에 참석하려고 베를린에서 프랑크푸르트로 내려가고 있었다. 그는 라이프치히에서 강도를 만나 흠씬 두들겨 맞은 채 길거리에 버려져 죽어 가고 있었다. 나치당의 한 장교는 그를 보자, '우리 캠프에서 이런 기생충 같은 놈을 어떻게 처리해야 하는지 우리는 잘 알지.'라고 생각하며 그 길을 지나갔다. 잠시 후에 루터교회 목사가 근처를 지나다가 그를 보고는, "참으로 부패하고 타락한 사람이로군. 이런 모습을 하도 많이 봐서 이젠 놀랄 것도 없어."라고 중얼거리며 지나갔다. 그런데 우연히 그곳을 유대인이 지나가게 되었다. 그 유대인은 쓰러진 사람을 보자 연민의 정을 느껴 그 사람을 유대인 게토로 데려갔다. 거기서 그는 동지들에게 말했다. "우리 식구들이 아우슈비츠로 끌려가서 나는 그곳으로 가서 가족과 함께 있어야 하네. 그래서 나는 이 사람을 돌보려고 여기에 머물러 있을 수가 없소. 여기 일백 마르크가 있소. 이 돈을 받고 이 사람을 돌봐주시오. 비용이 더 들면 언젠가 내가 꼭 갚겠소."

   말할 필요도 없이 이런 비유가 그리스도인이 원수를 어떻게 사랑해야 하는지를 보여 주는 아름다운 예로 여겨지지는 않았을 것이다. 오히려 이렇게 가르치는 사람들은 처형을 당하거나 집단수용소로 보내졌을 것이다.

1970년대 초 미국에서 이 비유의 가르침은 베트남 전쟁에 반대해서 시위를 벌이는 운동권 학생들이나 당황한 채 질서를 유지하려고 폭력을 행사하기까지 하는 경찰에게 선을 행하라는 의미였을 것이다. 한 가지 사실은 분명하다. 우리는 누구를 우리의 이웃으로 삼을지 선택할 수 없다는 것이다. 그 대신에 우리는 적극적으로 이웃이 되도록 노력해야 하며 모든 사람을 사랑해야 한다. 우선, 심하게 억압받는 사람들과 극한 빈곤에 처한 사람들을 사랑하려고 노력해야 한다. 이 비유의 의미를 되새겨 볼 때, 특히 누구에게 우리가 이웃이라는 것을 입증해야 할까? 짜증을 잘 내는 앞집 사람인가? 아니면 우리가 이름도 모르는 먼 나라에 살고 있는 굶주린 아이들인가? 막 실직한 이웃집 사람인가? 아니면, 누구인가?

선한 사마리아인 비유가 이러한 수준으로 우리에게 말을 걸어 올 때, 비로소 우리는 이 비유가 가르치는 교훈의 의미를 진정으로 알게 될 것이다. 우리는 처음 세 가지 해석 원리를 적용함으로써 선한 사마리아인 비유에 대해 많은 것을 알 수 있었다. 하지만 하나님께서 이 비유를 통해 오늘날 우리에게 말씀하시는 것을 발견할 때에야 비로소 그 비유의 "의미", 그 비유의 의의를 참으로 알게 될 것이다.

제7장

현재적 실체로서의 하나님 나라

제7장과 다음에 이어질 몇 개의 장에서는 예수님의 비유에서 발견되는 여러 주제를 다룰 것이다. 각 장의 주제와 관련된 구체적인 비유 하나를 자세히 검토하고, 그런 다음에 동일한 가르침이 발견되는 다른 비유를 한두 개 언급할 것이다.

1. 큰 잔치 비유(LUKE 14:15-24)

하나님 나라의 도래에 관한 예수님의 가르침을 대표하기 위해 선택한 특별한 비유는 큰 잔치 비유다. 이 비유의 내용은 다음과 같다.

함께 먹는 사람 중의 하나가 이 말을 듣고 이르되, "무릇 하나님의 나라에서 떡을 먹는 자는 복 되도다" 하니, 이르시되, "어떤 사람이 큰 잔치를 베풀고 많은 사람을 청하였더니, 잔치할 시각에 그 청하였던 자들에게 종을 보내어 이르되, '오소서. 모든 것이 준비되었나이다.' 하매, 다 일치하게 사양하여 한 사람은 이르되, '나는 밭을 샀으매 아무래도 나가 보아야 하겠으니 청컨대 나를 양해하도록 하라.' 하고, 또 한 사람은 이르되, '나는 소 다섯 겨리를 샀으매 시험하러 가니 청컨대 나를 양해하도록 하라.' 하고, 또 한 사람은 이르되, '나는 장가들었으니 그러므로 가지 못하겠노라.' 하는지라. 종이 돌아와 주인에게 그대로 고하니, 이에 집주인이 노하여 그 종에게 이르되, '빨리 시내의 거리와 골목으로 나가서 가난한 자들과 몸 불편한 자들과 맹인들과 저는 자들을 데려오라.' 하니라. 종이 이르되, '주인이여, 명하신 대로 하였으되 아직도 자리가 있나이다.' 주인이 종에게 이르되, '길과 산울타리 가로 나가서 사람을 강권하여 데려다가 내 집을 채우라. 내가 너희에게 말하노니, 전에 청하였던 그 사람들은 하나도 내 잔치를 맛보지 못하리라.' 하였다" 하시니라.

(LUKE 14:15-24)

MATT 22:1-10과 도마복음 64에도 누가복음의 이 비유와 비슷하기도 하고 다르기도 한 큰 잔치 비유가 있다. 비슷한 점은 다음과 같다. 비유의 배경이 일종의 잔치라는 점, 초대받은 손님들이 잔치에 참석하기를 다 거절한다는 점, 초대가 두 단계로 묘사된 점,[1] 원래 초대받았던 사람들이 참석할 수 없다며 변명한다는 점(마태복음에는 이 내용이 없음), 주인/왕이 화를 낸다는 점(도마복음에는 이 내용이 없음), 사람들이 초대를 거절하자 종들이 거리에 나가 다

---

1 다음 각주 6번을 보라

른 사람들을 불러 잔치에 참석시킨다는 점, 이 비유가 하나님 나라/천국과 연결되었다는 점(도마복음에는 이 내용이 없음) 등이다.

이 세 가지 기사에는 다른 점들도 많이 있다. 마태복음에서는 이것이 단순한 잔치가 아니라 왕이 아들을 위해 베푼 혼인 잔치이다. 더욱이 마태복음에서는 혼인 잔치에 참석하지 않는 것에 대한 변명이 제시되지 않았다. 반면에 도마복음에는 누가복음에 언급된 세 가지 변명과 전혀 다른 네 가지 변명이 제시되었다. 마태복음에서는 왕의 종들이(누가복음과 도마복음에는 종이 한 명만 언급되었음) 능욕을 당할뿐더러 죽임을 당하기까지 했으며, 그래서 왕이 군대를 보내어 자신을 이런 식으로 대우한 사람들을 죽이고 그들의 도시를 진멸했다고 말한다. 누가복음에서는 종이 기존의 손님을 대체할 사람들을 초대하려고 밖으로 두 번 나간다. 비유가 놓인 문맥도 세 복음서가 다 다르다. 그러므로 잔치라는 점에서는 정황이 비슷하지만, 분명히 이 세 기록들에는 몇 가지 중요한 다른 점들이 있다.

위에서 언급한 것에 비춰 볼 때, 이 비유들의 관계에 대해 어떤 결론을 내릴 수 있을까? 마태복음과 누가복음 비유들이 공통 자료에서 나온 것이 아니라는 사실은 대체로 인정받는다.[2] 이 말은 곧 한 복음서가 다른 복음서의 자료로(이를테면, 마태복음이 누가복음의 자료이거나 누가복음이 마태복음의 자료로) 작용하지 않았으며, 또는 Q 자료가 마태복음과 누가복음에 있는 이 비유의 자료로 작용하지 않았다는 의미다. 이러한 결론이 이치에 맞는 것 같다. 복음서 저자들의 편집 활동을 인정하더라도 이 두 비유의 다른 점을 설명하려면 마태나 누가, 또는 두 복음서 저자 모두에게 요구되는 편집 활동 분량이

---

2 Linnemann, *Parables of Jesus*, 166-167을 보라.

지나치게 많아 보이기 때문이다. 두 복음서(도마복음까지 생각하면 세 복음서)의 비유가 예수님의 동일한 기본 비유를 독립적으로 변형한 두 가지 비유라는 것이, 이 비유들 간의 차이점을 더 그럴듯하게 설명하는 방법이다. 만일 이것이 참이라면, 누가복음의 비유가 더 진정성이 있을 개연성이 크다. 하지만 마태와 누가가 이 비유를 제시하면서 사용한 특별한 자료들(예컨대, Q 자료와 M, 또는 Q 자료와 L)을 설명하기 위한 여러 시도는 성공하지 못했다.

두 비유의 차이점에 대한 또 한 가지 가능성 있는 설명은 마태와 누가가 잔치 식사를 배경으로 사용한 예수님의 독립된 비유 두 개를 언급했다는 것이다. 도마복음의 비유는 누가복음에서 발견된 것과 동일한 비유를 독립적으로 변형한 것이 분명하다. 그래서 두 개의 비유(마태복음과 누가복음/도마복음)에만 이 설명이 해당될 것이다. 비록 대부분의 학자들이 이 세 비유가 다 원래 동일한 비유의 번역이라고 믿는 것처럼 보이긴 하지만, 이 두 대안 중 어느 하나만 독단적으로 단정 짓는 것은 주제넘은 것 같다.

1) 비유의 역사적 정황

이 누가복음 14장 비유의 가르침을 이해하려고 할 때, 1세기 팔레스타인 유대교에서 잔치와 관련 있는 몇 가지 풍습을 유념하는 것이 도움이 된다. 하루에 세 번 식사를 하던 그리스인들과 대개 네 번 식사하던 로마인들[3]과 다르게, 팔레스타인에 살던 유대인들은 단 두 끼만 먹었다.[4] 첫 번째 식사는

---

3 "Meals," *The Oxford Classical Dictionary*, 2d ed., ed. by N. G. L. Hammond and H. H. Scullard (Oxford: At the Clarendon Press, 1970), 658을 보라.
4 Strack-Billerbeck, *Kommentar zum Neuen Testament aus Talmud und Midrash*, Vol. II,

오전 10시경에 먹는 늦은 아침식사였다. 두 번째 식사는 날이 어두워 더 이상 일을 할 수 없는 저녁에 먹었다.[5] 관례적으로 잔치는 저녁에 베풀어졌을 것이며, 누가복음 14:16-17, 24에 "잔치"(banquet)라고 번역된 용어가 종종 신약 성경에서 "저녁식사"(supper)라고 번역되었다는 것을 유념해야 한다. 이와 같은 잔치에는 남자들만 초대되었을 것이다.

당대의 풍습에 따르면, 손님들에게는 초대 전갈이 두 번 전달되었다. 잔치가 열리기 얼마 전에 주인은 종(또는 종들)을 보내어 손님들에게 다가오는 잔치를 알린다. 이 첫 번째 초대가 16절에 언급되었다. "어떤 사람이 큰 잔치를 베풀고 많은 사람을 청하였더니." 이 진술은 주인이 종을 보내어 알린 첫 번째 초대와 관련이 있다.[6] "잔치 때에 한 번 더 초대하는 것은 예루살렘 상류층에서 실행되던 특별한 예의였다."[7] 잔치가 벌어진 당일에 종(들)은 손님들에게 모든 것이 준비되었다는 사실을 알린다. 이 두 번째 초대는 17절에 언급되었으며, 이런 내용을 담고 있다.

202, 204-206을 보라.

5 출애굽기 16:12, 사사기 19:16-21을 눈여겨보라. 특히 11시(오후 5시)에 채용되어 마지막으로 포도원에 들어간 품꾼들이 1시간 일했다고 서술하는 Matt 20:6, 12를 주목하라. 그러므로 일이 다 끝난 뒤인 오후 6시 이후에야 저녁식사를 했을 것이다.

6 누가복음만큼 분명하게 나타나지는 않지만, 마태복음과 도마복음 역시 두 단계의 초청을 묘사한다. Matt 22:2-3의 내용은 다음과 같다. "천국은 마치 자기 아들을 위하여 혼인 잔치를 베푼 어떤 임금과 같으니, 그 종들을 보내어 그 **청한** 사람들을 혼인 잔치에 오라 하였더니"(나의 강조). 완료분사(*keklēmenous*)는 손님들이 처음 초대를 받고 그 초대를 수락했고, 지금 그들에게 잔치가 준비되었다고 알려 주는 두 번째 초대를 받고 있는 상황을 묘사한다. 도마복음 64에는 다음과 같이 언급되었다. "예수님이 말씀하시되 어떤 사람들에게 **손님들이 있었으니**, 그가 잔치를 배설해 놓고 … 그의 종들을 보내어 손님들에게 이르기를."(나의 강조)(*Synopsis Quattuor Evangeliorum*; Stuttgart: Deutsche Bibelstiftung, 1978). 그 사람에게 손님들이 있었다는 사실을 보면 여기서도 그들이 첫 번째 초청을 수락했다고 생각할 수 있다.

7 Jeremias, *The Parables of Jesus*, 176.

잔치할 시각에 그 청하였던 자들에게 종을 보내어 이르되, "오소서. 모든 것이 준비되었나이다." 하매. (LUKE 14:17, 나의 강조. 에스더 5:8; 6:14도 참고하라.)

일단 잔치가 시작된 후에도, 뒤늦게 온 손님이 들어와 잔치에 참석하는 것이 허용되는 시간대가 있다. 하지만 식전 행사가 끝나고 잔치 식사가 개시되면, 문 앞에 걸어 두었던 환영 푯말을 내린다. 그 후에 오는 손님은 입장할 수 없다(참조. Matt 25:1-13).[8]

이 내용에 비춰 볼 때, 큰 잔치 비유는 1세기 팔레스타인 유대교의 생활과 풍습을 따른 것임이 분명하다. 이렇게 말한다고 해서 이 비유에 묘사된 몇몇 행동이 이례적이지 않다는 의미는 아니다. 초대받은 손님들이 다 (잔치에) 오기를 거절한 것(18절)은 매우 흔치 않은 일이다. 그러나 비유에서는 이런 흔치 않은 행위들이 자주 묘사되고, 이는 이야기꾼이 이야기하면서 자유롭게 할 수 있는 일로 용납될 수 있다. 다른 사람들을 잔치에 초대하는 것과 관련하여, 이 일은 얼마든지 가능하다. 상식적으로 생각해 보더라도, 준비한 음식을 버릴 수는 없고, 유대인들이 가난한 사람들에게 자선 베푸는 것을 강조했다는 사실(Luke 14:12-14에 있는 예수님의 가르침과 비교해 보라)로 미루어 볼 때, 이 비유에 묘사된 행동은 우리가 쉽게 상상할 수 있다.

예레미아스는 세금 징수원이며 부자인 바르 마잔(Bar Ma'jan)에 관한 랍비 이야기를 들려준다. 바르 마잔은 일전에 시 의원들을 위해 잔치를 베푼 적이 있었는데, 그들이 잔치에 참석하기를 거절하자 그 대신에 가난한 사람들을 식사에 초대함으로써 음식을 낭비하지 않은 것 때문에 하늘나라에 들어갔

---

8   Linnemann, *Parables of Jesus*, 89.

다고 한다.[9] 그 행위에 대해 하나님은 바르 마쟌에게 상을 주셨다.

2) 첫 번째 삶의 정황에서의 비유의 요점

예수님이 이 비유에서 전하고 계시는 특별한 요점을 확인하려고 할 때, 우리는 이 이야기에 연루된 다양한 "인물들"을 눈여겨보아야 한다. 이 비유에는 기본적으로 네 유형의 인물이 등장한다. 곧 잔치를 베푼 사람, 잔치에 참석하기를 거절한 손님들, 다른 사람 대신에 잔치에 참석한 사람들, 그리고 잔치(저녁식사) 그 자체다. 이 비유는 이 인물들 중에서 무엇을 중심으로 전개되는가? 우리는 요점을 강조하기 위해 이 비유를 무슨 비유라고 명명해야 하는가? 이 비유를 "격분한 주인 비유"라고 불러야 할까? 비유를 이렇게 명명한다면, 주인을 비유의 핵심 인물로 삼고, 하나님 나라에 초대받은 손님들(유대 지도자들을 뜻하는 것이 분명함)이 잔치에 오기를 거절한 것에 대한 주인(하나님을 의미하는 것이 분명함)의 분노에 비유의 요점이 있음을 강조하는 것이다.

아니면, 이 비유를 "불순종하는 손님들 비유"라고 명명해야 할 것인가? 이렇게 이름 지으면, 손님들(이스라엘 지도자들)이 하나님 나라를 거절한 것에 강조점을 두는 것이다. 만일 이 비유를 "다른 사람들을 대신하여 참석한 손님들 비유"라고 명명한다면, 하나님 나라가 이스라엘의 소외된 사람들(그리고 이방 세계)에게 주어졌음을 강조한다. 우리는 이 주제를 악한 농부 비유(MARK 12:1-11)에서 찾아볼 수 있다는 사실을 유념할 필요가 있다. 한편, 이 비유를 일반적으로 명명하듯이, "큰 잔치 비유"라고 부를 수 있다. 여기서는

---

9 Jeremias, *The Parables of Jesus*, 178-179.

잔치 자체에 강조점이 있으며, 처음 초대받은 손님들의 반응과 이들이 다른 손님들로 대체된 것을 큰 잔치가 시작되었다는 점에 비춰 이해하게 된다.

"큰 잔치 비유"가 이 비유에 가장 적합한 제목이라는 것과 잔치 자체에 일차적인 강조점이 있다는 것은 적어도 두 가지 이유 때문에 분명하다. 유대교와 후기 기독교에서는 앞으로 올 세상에서의 행복을 묘사하기 위해 잔치 또는 식사 은유를 빈번하게 사용했다. 미래의 메시아 시대를 생각할 때, 이는 "메시아의 잔치"에 참여하는 것으로 상징되었다. 우리는 잔치에 대한 이와 같은 은유적인 용례를 외경(에스드라 2서 2:38), 위경(에녹 60:7-8; 62:14), 사해사본(1QSa 2:11-23), 랍비 문학(미드라쉬 창세기 62:2; b. 산헤드린 153a) 등에서 발견할 수 있다. 복음서 안에서도 미래 시대의 행복이 유대교 안에서 식사로 상징되었다는 것을 볼 수 있다(MATT 8:11; Luke 14:15). 기독교에서도 이 이미지를 선택해서, 하나님 나라의 현재적 실현(MARK 14:22-25; 고전 11:23-26)과 신자들이 부활하신 그리스도와 함께 식탁에 앉아 그의 나라에 참여하게 될 미래의 절정(MARK 14:25; LUKE 22:30; 계 19:9)을 묘사하는 데 사용했다. 그러므로 예수님의 잔치 은유 사용은 상당히 자연스럽게 메시아 잔치 언급이라는 종말론적 의미로 해석되었을 것이다.

이렇게 해석하기 위한 두 번째 근거는 Luke 14:15이다. LUKE 14:15-24이 Luke 14:7-14 다음에 배치된 것은 누가의 작업이 틀림없지만, 하나님 나라에서 떡을 먹는 행복에 관한 진술이 누가에게서 나왔다고 추측할 만한 이유는 거의 없다.[10] "함께 먹는 사람 중의 하나가 이 말을 듣고 이르되"(15a절)

---

10 I. Howard Marshall, *The Gospel of Luke* (New International Greek Testament Commentary) (Wm. B. Eerdmans Publishing Co., 1978), 587. 『루가복음』, 국제성서주석, 한국신학연구소.

라는 진술이 어디서 기원했든지에 상관없이, 15b절에 언급된 "하나님의 나라에서 떡을 먹는 자는 복되도다"라는 주장은 누가의 편집이라기보다는 전통적인 진술이며, 이 비유가 베풀어진 실제 상황을 묘사하고 있을 가능성이 상당히 크다.[11] 누가복음의 현재 문맥에서 비유에 언급된 큰 잔치는 틀림없이 메시아 잔치에 참여하여 "하나님의 나라에서 떡을 먹"을 사람들의 행복과 관련되었을 것이다. 그러므로 이 비유의 요점 역시 틀림없이 하나님 나라에서, 즉 하나님 나라의 도래와 메시아의 잔치에서 떡을 먹는 것을 다루고 있을 것이다. 이와 관련해서 MATT 22:1-10 비유가 다음과 같이 시작한다는 점을 주목할 필요가 있다.

> 천국은 마치 자기 아들을 위하여 혼인 잔치를 베푼 어떤 임금과 같으니.
> (MATT 22:2)

마태복음에 있는 이 비유도 천국을 혼인 잔치에 비교하는 것을 요점으로 삼고 있음이 분명하다.[12] 이 비유가 사실 LUKE 14:15-24과 원본이 동일한 비유의 변형이라면, 우리는 이 비유의 핵심적인 비교점이 하나님 나라(또는 천국)를 큰 잔치에 비교하는 것이라는 우리의 결론을 지지하는 또 하나의 근거를 확보한다.

큰 잔치 비유 안에는 구체적인 "거절" 세 가지가 있다. 린네만은 이 세 가

---

11 Linnemann, *Parables of Jesus*, 163 n. 10.
12 마태복음(22:2)과 누가복음(14:16) 모두 이것이 큰 잔치(마태복음에는 "혼인 잔치"로 묘사되었음)였다는 것을 강조한다. 도마복음은 단순히 잔치로만 묘사했다. 요한계시록 19:9에서도 그 나라의 복이 잔치 용어로 묘사되었다. "어린양의 혼인 잔치에 청함을 받은 자들은 복이 있도다."

지 거절을 절대적인 거절이 아니라 늦게 가는 것에 대한 변명으로 이해해야 한다고 주장했다.[13] 그는 이 주장을 뒷받침하기 위해 몇 가지 논거를 열거한다. 가장 중요한 논거는, 초대받은 손님들이 주인이 의도적인 무시로 여길 수 있는 어설픈 변명을 제시한 것이 아니라는 것과 21-24절은 길과 산울타리 가에 있는 사람들을 초대한 것은 잔치 집을 채우려는 데 그 목적이 있었음을 입증하며, 그래서 처음에 청함을 받은 손님들이 (늦게) 그 집에 왔을 때에는 그들을 위한 자리가 없었을 것이라는 사실이다.

예레미아스는 여러 이유를 들어 린네만의 해석을 제대로 반박했다.[14] 그중 하나는 어쨌든 20절은 늦게 오고 싶다는 뜻으로 해석할 수가 없고, 반드시 고의적인 거절로 이해해야 한다는 것이다. 이 사실은 린네만도 인정하지만 그는 이 구절은 나중에 비유에 첨가된 것으로 해석하려고 한다(또 그렇게 해야만 한다). 하지만 이렇게 해석할 수 있게 하는 설득력 있는 근거는 실제로 없다. 둘째로, 예레미아스는 마태복음과 도마복음(그리고 예레미아스가 제시하는 이와 유사한 랍비 문헌의 바르 마잔이라는 세금 징수원 이야기)에서 이 비유와 병행이 되는 기사들은 손님들의 반응을 모두 거절로 이해한다는 점을 지적한다. 마지막으로 예레미아스의 이러한 주장들 이외에, 슬기로운 처녀와 어리석은 처녀 비유(Matt 25:1-13)와 달리 큰 잔치 비유에는 손님들이 늦은 시간에 잔칫집에 도착했고 잔치에 참석하려 했다는 어떤 암시도 없다는 사실을 지적할 필요가 있다. 그러므로 초대받은 손님들의 대답을 잔치에 가지 않겠다는 거절로 이해하는 것이 더 논리적인 것 같다.

---

13 Linnemann, *Parables of Jesus*, 88-89, 159-162.
14 Jeremias, *The Parables of Jesus*, 178, n. 3.

그렇다면 예수님은 무슨 목적으로 이 비유를 말씀하셨을까? 우리가 이미 눈여겨보았고 앞으로 다시 관찰하게 되겠지만, 예수님은 자신의 행위를 변호할 목적으로 비유를 사용한 적이 종종 있다. 그렇다면 이 비유도 잃은 양 비유(LUKE 15:4-7), 잃은 동전 비유(Luke 15:8-10), 자비로운 아버지 비유(Luke 15:11-32), 그리고 포도원 품꾼 비유(Matt 20:1-16)처럼, 예수님이 가난한 사람들과 이스라엘의 버림받은 사람들에게 복음을 전하는 자신의 행위를 정당화하려는 것으로 해석해야 하는가? 아니면 이 비유를 우선적으로 메시아 잔치(또는 하나님의 나라)가 실제로 임했다는 선포로 해석해야 하는가?

잃은 양 비유, 잃은 동전 비유, 자비로운 아버지 비유와 관련하여 Luke 15:1-2의 배경을 보면, 이스라엘의 버림받은 사람들에게 복음을 전파하시는 예수님의 행위가 도전을 받고 있는 상황인 것은 분명하다. 하지만 우리가 다루고 있는 큰 잔치 비유의 현재 문맥은 종말론적인 해석을 선호한다. 15절에 제시된 비유의 상황이 하나님 나라의 복에 참여하는 것의 기쁨을 진술하기 때문이다. 그러므로 Luke 14:15은 예수님이 자신을 변호하는 상황이 아니라 종말론적인 나라에서 떡을 먹는 복에 관해 예수님이 논평하시는 상황이며, 그러한 까닭에 Luke 14:15 다음에 이어지는 비유는 하나님 나라에 관한 가르침으로 해석해야 한다. 더욱이 이 비유는 소외된 사람들이 잔치의 기쁨을 나누는 것을 변호하는 것으로 끝나지 않고 최후의 심판(참조. Luke 11:8; 15:7, 10; 16:9; 18:8, 14)과 메시아 잔치의 최종적인 절정(이곳 Luke 22:30과 도마복음 64 병행 단락의 마지막 문장을 비교하라)으로 끝을 맺는다. 그러므로 이 비유는 일차적으로 변증적인 방어보다는 종말론적인 선포로 해석하는 것이

더 좋을 것 같다.[15]

이 비유를 메시아 강림이 거룩한 전쟁에 비유되는 스바냐 1:1-16에 근거한 미드라쉬(midrash)를 따라 해석하려는 시도가 있었다.[16] 이 해석에 따르면, 손님들이 내놓은 변명들은 일반적인 전쟁 징집에서 면제받을 수 있는 신명기 규정에 따라(특히, 신 20:5-7) 모두 타당하다는 것이다. 하지만 그 초대는 일반적인 전쟁에 소환하는 것이 아니라 최후의 종교적인 거룩한 전쟁에 참여하라는 부름이기에, 이 변명들은 여기에 해당되지 않는다. 그래서 잔치에 참석할 수 없는 사람들에게 잔치 음식을 보내 주는 관습조차 행하지 않을 것이다.[17] 이 해석으로 큰 잔치 비유의 종말론적인 특성이 인정된 것은 사실이지만, 이런 해석은 설득력이 없다. 이 해석이 지니는 주요 문제는 LUKE 14:15-24 어디에도 원정군이 언급되지 않았다는 것이다. 그와 같은 언급은 틀림없이 이 비유와 유사한 마태복음 비유에서 왔을 것이다. 하지만 앞에서 우리는 마태복음의 묘사와 누가복음의 묘사 간의 차이점이 발생한 이유가 예수님의 서로 다른 두 가지 비유에서 각각 유래했거나 동일한 비유를 서로 다르게 설명했기 때문이라고 지적했다. 만일 후자가 사실이라면, 누가가 묘사한 내용이 더 정확하다는 것이 확실하다.[18]

---

15 비유의 목적이 주로 변증적인 것이었다는 사실이 논의를 위해서는 당연한 것으로 여겨진다고 해도, 이 사실로 인해 비유의 종말론적인 요소가 제거되지는 않는다. 변증적인 목적이 버림받은 사람들을 (종말론적인) 잔치에 초대하는 예수님의 행동에 집중되기 때문이다!
16 Derrett, *Law in the New Testament*, 126-155. Paul H. Ballard, "Reasons for Refusing the Great Supper," *JTS*, Vol. 23 (1977), 341-350도 참조하라. 데레트의 논의에 대한 유익한 비평에 대해서는 Humphrey Palmer, "Just Married, Cannot Come," *NT*, Vol. 18 (1976), 241-257을 보라.
17 Derrett, *Law in the New Testament*, 141.
18 누가의 기록이 더 진정성이 있다고 생각한다면, 우리는 다음의 사실을 유념해야 한다. (1) 도마복음은 마태의 기록보다 누가의 기록에 **훨씬 가깝게** 일치한다. 그래서 이 비유의 초기 형태

누가의 문맥에 따르면 예수님이 식사 자리에서 사역하시던 중(14:7-14) 하나님 나라에서 떡을 먹는 자의 복에 관한 평범하고도 경건한 말이 나왔다. 이 진술은 상당히 확신에 찬 사람이 말한 것이 분명하다. 이스라엘의 경건한 자들이 아브라함과 이삭과 야곱과 함께 하나님 나라에서 식사 자리에 앉게 될 때(MATT 8:11) 그 사람 자신은 율법을 지켰기 때문에 이 큰 잔치에 초대를 받아 참여할 것이라고 확신했을 것이다. 그 사람에게 하나님의 나라는 미래의 실체이며 장차 올 저 세상에 속한 실체임이 분명하다. 하지만 예수님의 메시지는 분명했다. 예수님의 사역으로 하나님의 나라는 이미 와 있다![19]

이 사람은 메시아의 잔치에 참여하라는 제안을 의식적으로는 결코 거절하지 않았으며 오히려 하나님 나라에 참여하는 것이 그의 간절한 바람이며 목표라고 고백했겠지만, 사실 그는 지금 하나님 나라의 잔치에 참여하고 있음을 전혀 깨닫지 못하고 있었다! "회개하라 천국이 가까이 왔느니라"(Matt 4:17)라는 예수님의 메시지는 "오소서. 모든 것이 지금 준비되었나이다."(LUKE 14:17)라는 선언과 다름없다. 린네만은 "'이제는 은혜 받을(받아들여질) 만한 때라'(참조. 고후 6:2)를 바르게 해석하지 않는 주석은 그 어떤 것이라도 이 비유의 의미를 놓친 것이다."라고 올바르게 진술한다.[20]

이 비유에서 예수님은 하나님 나라가 임했다고 경고하시고, 만일 누구든지 지금 그 부르심에 주의를 기울이지 않는다면 그것은 곧 쫓겨남을 뜻한다.

는 마태의 기록보다는 누가의 기록이나 도마복음의 기록과 더 비슷했을 개연성이 있다. (2) 마태복음에 있는 다양한 알레고리적인 세부 내용들(생소해 보이는, 종들의 증언과 예루살렘의 멸망)은 2차적인 것 같다.

19 하나님 나라에 관한 예수님의 가르침이 실현된 차원을 논의한 내용에 대해서는, Stein, *The Method and Message of Jesus' Teaching*, 68-72, 75-79를 보라.
20 Linnemann, *Parables of Jesus*, 92.

시대의 표적을 분별할 수 없다면, 하늘의 징조를 해석하는 법을 안다는 것이 무슨 유익이 되겠는가(MATT 16:2-3)? 하나님 나라의 자녀들이 그 제안을 거절하고 있고, "개들"이 참여하지 않고 있는데(MARK 7:27-28) 그 안으로 들어오도록 강하게 권유받고 있는 것은 얼마나 아이러니한가.[21] 이상하게 보일 수도 있겠지만, 하나님 나라에 참여하리라고 전혀 기대할 수 없었던 사람들이 지금 메시아의 잔치에 들어오고 있다.

하나님의 나라는 이미 임했다! 초대받은 사람들이 그 나라에 들어가기를 거절한다면, 다른 사람들이 그 자리를 차지할 것이며, 지금 그 자리를 차지하고 있다. 변명들, 곧 그리스도와 그의 나라를 거절하는 구실들은 매우 정당해 보이지만, 결과는 동일하다. 즉 그들은 하나님의 나라에서 쫓겨난다! 하나님 나라의 도래에는 절대적인 요구가 뒤따른다. 하나님 나라가 임하심으로써 세상적인 모든 우선순위는 사라진다. 하나님의 나라는 절대적인 요구를 수반하기 때문이다. Luke 14:25-33이 큰 잔치 비유 다음에 나오는 것은 우연이 아니다. 하나님 나라의 요구는 절대적이다.

그러나 예수님이 의도하신 잔치 비유의 요점은 하나님 나라의 요구에 있지 않다. 대부분의 사람들은 하나님의 요구가 절대적이라는 견해를 받아들였을 것이기 때문이다. 예수님은 여기서 "하나님의 나라에서 떡을 먹을(shall eat) 자는 복이 있도다"라는, 하나님의 나라에 대한 미래적 개념에 대답하신다. 사람들의 생각과 다르게, 하나님의 나라는 이미 임했다. 이미 음식은 차려졌고, 지금 모든 것이 준비되었다. 종들은 초대했던 사람들을 부르러 나갔

---

21 예레미아스는 "아무리 가난한 사람이라도 다른 사람이 그의 손을 잡고 부드럽지만 강하게 그 집으로 데리고 들어가기 전에는 잔치 자리 초대를 겸허하게 거절하는 것이 동양의 예절이다." 라고 지적한다. Jeremias, *The Parables of Jesus*, 177.

다. 하나님의 나라에 참여하는 것을 미래 시제로 설명하는 것은 적절하지 않다. 지금이 구원의 때이다! 이스라엘의 종교적 엘리트들이 지금 그 나라에 들어가려 하지 않는다면, 나중에는 너무 늦다. 그들은 결코 잔치를 맛볼 수 없을 것이며, 다른 사람들이 그들의 자리를 대신 차지할 것이다.

이 비유에 등장하는 손님들을 바리새인/서기관/종교 지도자들로 해석하고 그들 대신에 잔치 자리를 차지한 사람들을 이스라엘의 버림받은 사람들로 해석하지 않고 이 비유를 읽는 것은 불가능하다. 이런 식으로 해석하는 것이 이 비유를 알레고리로 만드는 것일까? 첫 번째 삶의 정황에서는 이 비유가 알레고리적인 비유가 아니었던 것 같다. 이 비유는 하나의 주요 비교점만을 제시하기 때문이다. 비유의 요점은 이것이다. 즉, 하나님의 나라가 임했다는 것과 그 나라를 받아들일 것이라고 예상했던 사람들(종교적 엘리트들)은 그렇게 하지 않은 반면에, 그 나라를 받아들일 것이라고 거의 기대하지 않았던 사람들(세리, 가난한 사람, 창녀 등)은 그 나라를 받아들였다는 것 말이다. 이 단계에서 큰 잔치 비유는 아직은 알레고리가 아니다. 모든 비유는 어느 하나(어떤 사람들은 거절했고, 어떤 사람들은 받아들인 잔치)와 다른 것 하나(종교적 엘리트들은 거절하고, 버림받은 사람들은 받아들인 하나님 나라의 임함)를 기본적으로 비교하고 있기 때문이다. 그러므로 이 비유에는 하나의 기본적인 비교점만 들어 있다. 그러나 우리는 누가가 이 비유에 알레고리적 요소를 첨가했음을 보게 될 것이다.

3) 복음서 저자의 비유 해석

큰 잔치 비유가 Luke 14:7-14 다음에 놓인 것은 누가의 작업이었을 것이라고 이미 제안한 바 있다. 그랬을 가능성이 크다. 그렇다면, 큰 잔치 비유가 이 자리에 놓인 주된 이유는 주제 때문이라는 것이 분명하다. 두 기사 모두 일종의 잔치를 주제로 다루고 있기 때문이다. 하지만 누가의 편집에 의한 강조를 확정짓는 것과 관련해서 두 기사의 배열보다 더 중요한 것은 잔치에 초대받은 새로운 손님들에 대한 묘사다. 누가복음의 병행 본문인 마태복음이나 도마복음의 비유와 다르게, 누가복음에는 새로운 손님을 두 번 초청하는 것으로 되어 있다. 첫 번째 초청에서 누가는 초대받은 사람들이 가난한 자들, 몸 불편한 자들, 맹인들, 저는 자들이라고 명시적으로 서술한다. 여기서 누가는 Luke 14:13에서 예수님이 신자들에게 잔치에 초대하라고 명하셨던 사람들과 동일한 네 부류를 언급한다(참조. Luke 4:18; 7:22). 마태복음에서는 이 본문의 병행 어구를 찾을 수 없고, 도마복음의 병행 어구에서는 이런 식으로 다른 손님들로 대체되었음을 묘사하지 않는다. 이 사실은 손님들을 명시적으로 네 부류로 묘사한 것이 누가의 작업임을 암시한다.

더욱이 우리는 앞에서 누가의 신학적인 관심사 가운데 하나가 가난한 사람들과 세상의 버림받은 사람들이었다고 이미 지적했다.[22] 잔치에 대신 초대받은 사람들에 대해서는 어떠한 언급도 하지 않은 마태복음과 도마복음의 비유들과 대조적으로, 누가는 사회적으로 혜택을 받지 못하는 사람들에게 부여되는 복음의 은혜로움을 다시 한 번 강조한다. 누가는 이렇게 함으로써 비유의 종말론적인 선포에 권고적 차원도 첨가했다.

이것 이외에, 더 많은 손님을 잔치에 초대하려고 종을 두 번째 보낸 것에서 누가의 편집 작업을 볼 수 있다(23절). 이 두 번째 초대는 마태복음과 도마

---

22 이 책의 132-134쪽을 보라.

복음 기사에서는 생략되었는데, 그 결과로 마태복음에서는 잔치 초대를 거절한 사람들이 잔치에서 내쫓김을 당한 것이 매우 강조된 반면에, 누가복음에서는 버림받은 사람들이 잔치에 들어온다는 것이 더욱 강조된다. 여러 경우에서 보았듯이, 이것은 누가가 신학적으로 강조한 내용이다. 더욱이 이 이 중 초대에는 알레고리적인 요소가 나타난다. 종은 "시내의 거리와 골목으로 나가서" 손님들을 모은 후에, 다시 "길과 산울타리 가로" 나가서 다른 사람들을 권하여 잔치에 데려오라는 명을 받았다. 분명히 누가의 생각으로는, 유대 지도자들이 복음을 거절한 것으로 인해 복음이 이스라엘의 버림받은 사람들(시내의 거리와 골목)뿐 아니라 이방인들(길과 산울타리가)에게도 주어졌다는 가르침으로, 이 비유가 이해되어야 했다.

위에서 제시한 것이 정확하다면, 우리는 누가의 편집 작업을 누가가 비유의 원래 의도를 혼동했거나 변질시킨 것으로 해석해서는 안 된다. 오히려 누가가 성령의 감동을 받은 저자로서 이 비유를 당대에 직면한 상황에 적용한 것이라고 누가의 편집 작업을 이해하는 것이 훨씬 낫다. 가난한 사람들과 버림받은 사람들에 대한 분명한 관심은 예수님이 이미 이 비유에서 암시하신 것이다.

어쨌든, 잔치에 임박하여 종이 길과 산울타리 가에서(21절) 찾아 잔치에 초대할 수 있었던 사람들은 어떤 부류였을까? 그들은 가난한 자들과 몸 불편한 자들과 맹인들과 저는 자들이 아니었을까? 누가는 이 비유와 예수님의 다른 교훈에 암시된 교훈을 명시적으로 드러나게 했다. 두 번째 초대와 관련해서, 누가는 다시 예수님의 교훈[23]에 넌지시 알려지고 암시된 것을 다시 선

---

23 MARK 11:17; 12:9; LUKE 13:29을 보라. 참조. 요 4:20-23.

택하여, 이것을 당대의 이방인 선교에 비추어 밝히 드러냈다. 이방인들은 지금 초대를 받아 잔치에 참여하고 있는 버림받은 사람들(21절)의 이미지에 확실히 잘 어울린다. 누가가 뭔가 잘못한 것이 있다면, 그가 복음서를 기록하면서 염두에 두고 있던 독자들에게 예수님의 비유가 의미했던 것을 해석한 것과 이렇게 하면서 그가 "그리스도의 마음"을 가졌다는 것이다(고전 2:16).

2. 하나님 나라의 현재성 선언에 관한 다른 비유

1) 결혼 잔치와 금식 비유(MARK 2:18-20)

하나님 나라의 임함을 묘사하기 위해 잔치 은유가 사용된 또 다른 비유가 있다.

요한의 제자들과 바리새인들이 금식하고 있는지라. 사람들이 예수께 와서 말하되, "요한의 제자들과 바리새인의 제자들은 금식하는데, 어찌하여 당신의 제자들은 금식하지 아니하나이까?" 예수께서 그들에게 이르시되, "혼인 집 손님들이 신랑과 함께 있을 때에 금식할 수 있느냐? 신랑과 함께 있을 동안에는 금식할 수 없느니라. 그러나 신랑을 빼앗길 날이 이르리니 그날에는 금식할 것이니라." (MARK 2:18-20)

이 비유가 베풀어진 상황은 바리새인들과 세례 요한의 추종자들의 금식 실천과 관련이 있다. 이러한 금식을 실천하던 그들은 유대교에서 중요하게 여기는 이 의식을 실천하지 않는 예수님의 제자들과 극명하게 대조되었다. 바리새인들은 일주일에 두 번 금식했다(Luke 18:12). 그들은 특별히 이 목적을 위해 월요일과 목요일을 따로 정해 두었다.[24] 예수님의 제자들이 유대인들의 이 경건 의식을 행하지 않은 이유는 무엇이었을까? 이 질문은 예수님의 제자들이 금식을 하지 않은 것이 우연한 것이 아니라 의도적인 것이며 어떤 신학적 근거에 기초했음을 가정하고 있음이 분명하다.

예수님은 이 질문에 대답하시면서 유대인의 전통적인 이미지와 풍습을 사용하신다. 혼인 잔치를 은유로 사용한 것은 암시하는 바가 많다. 시내산 언약이 이스라엘과 하나님의 결혼에 비유되고, 토라(Torah, 율법)가 결혼 계약에 비유되는 것처럼, 유대교에서 하나님 나라가 실현될 최종적인 언약 갱신은 참된 결혼이 벌어질 때로 이해되었다.[25] 예수님도 이 비유에서 혼인 잔치에 참석한 손님들이 잔치 축제가 벌어지는 동안에는 잔치의 기쁨을 누릴 수 있도록 가령 금식과 같은 종교적인 의무를 면제받는 풍습을 언급하신다.

결과적으로 제자들의 행동은 하나님 나라가 임했기 때문이라고 이 비유가 선언하고 있다는 사실은 여러 가지 이유로 분명히 알 수 있다. 첫째, 예수님이 사용하신 혼인 잔치 이미지는 유대교에서 하나님 나라의 도래를 가리키는 일반적인 은유였다. 예수님이 이 이미지를 사용하셨다고 해서 그것 자체로, 또는 자동적으로 종말론적인 해석을 요구하는 것은 물론 아니다. 그러나 하나님 나라가 지금 현재적인 실체가 되었다는 예수님의 선언 맥락에서 볼 때, 혼인 잔치 이미지를 종말론적으로 해석하는 방식은 최선인 것으로 보

---

24 b. Taan 10a를 보라.
25 *TDNT.* Vol. I, 76-77.

인다. 둘째, 예수님은 그분의 사역에 실현된 하나님 나라를 지칭하시거나 인자가 다시 올 때 이루어질 하나님 나라의 절정(완성)을 지칭하시려고 할 때 다른 곳에서도 이와 동일한 은유를 사용하셨다.[26] 셋째, 유대인 의식의 확정된 패턴(금식, fasting)과 예수님 제자들의 의식(즐겁게 먹음[잔치], feasting) 사이의 명시적인 대조는 어떤 식으로든지 설명되어야 한다는 사실을 유념해야 한다. 예수님의 설명은 금식이라는 과거의 의식을 정죄하시는 것이 아니다. 그분은 단지 금식이 과거에 속한 것으로서 더 이상 필요 없다고 말씀하신다. 금식은 현 시대에 적합하지 않다. 그 이유는 무엇일까? 이에 대한 유일한 대답은 신랑이 지금 여기 있고 혼인이 시작되었다는 것이다. 예수님의 사역으로 하나님 나라가 임한다는 예수님의 여러 가르침에 비춰 볼 때, 이것이 하나님 나라가 임한 것이 아니면 무엇이겠는가?[27]

마지막으로, 이어지는 비유/은유에 생베 조각/새 포도주, 낡은 옷/낡은 가죽 부대 사이의 명시적인 대조가 있다는 사실을 주목해야 한다. MARK 2:18-20에 언급된 비유는 금식 실천(옛것)과 혼인 잔치(새것)가 대조된다는 점에서 이 주제와 일치한다. 이 비유들이 함께 배치된 것은 적어도 마가와/또는 초대 교회가 이 비유들을 비슷하게 해석했음을 보여 주며, 그러한 까닭에 MARK 2:21-22의 종말론적 특성은 18-20절의 혼인 잔치 비유도 이와 비슷하게 종말론적으로 해석해야 할 근거가 된다.

---

26 LUKE 14:15-24; MATT 22:1-10을 보라. 참조. MARK 14:25.
27 구약 성경과 예수님 당대의 유대 문헌에서는 신랑 이미지가 메시아를 의미하는 것으로 사용된 것은 아닌 듯하다. 설령 그런 언급이 발견되었다고 하더라도, 그 표현은 메시아에 관한 일반적인 의미는 아니었던 것이 분명하다. 그러므로 이 비유에서 발견되는 예수님의 메시아적 주장은 가이사랴 빌립보 사건 이전에 있었던 베일에 싸인 주장들과 관련이 있는 것으로 이해해야 할 것 같다.

그렇다면 예수님의 제자들은 왜 금식하지 않는가? 그들은 금식할 수 없었다는 것이 바로 그 이유다. 축제의 때에, 그리고 기쁨의 때에 어떻게 금식할 수 있겠는가? 하나님의 나라가 동텄다. 예수님이 오심으로 메시아의 기쁨의 때가 시작되었으며, 제자들, "심령이 가난한 자"(MATT 5:3), 그리고 "의를 위하여 박해를 받은 자"(Matt 5:10)는 "천국이 그들의 것임"을 안다. 오랫동안 기다렸던 성대한 혼인 잔치가 시작되었다. 이스라엘의 참으로 경건한 자들이 학수고대하던 구원의 때가 임했다(Luke 2:25-32). 그러므로 이 비유는 하나님 나라가 임했고 예수님의 제자들은 이러한 확신 때문에 금식하지 않았다는 선포로 이해해야 한다.

2) 생베 조각 비유(MARK 2:21); 새 포도주와 낡은 가죽 부대 비유(MARK 2:22)

혼인 잔치 비유 다음에 두 비유가 이어진다.

생베 조각을 낡은 옷에 붙이는 자가 없나니, 만일 그렇게 하면 기운 새 것이 낡은 그것을 당기어 해어짐이 더하게 되느니라. (MARK 2:21)

새 포도주를 낡은 가죽 부대에 넣는 자가 없나니, 만일 그렇게 하면 새 포도주가 부대를 터뜨려 포도주와 부대를 버리게 되리라. 오직 새 포도주는 새 부대에 넣느니라. (MARK 2:22)

이 두 가지 말씀이 언제 결합되어 앞의 비유와 연결되었는지는 확실하지 않아도, 마가는 이 두 가지 말씀이 혼인 잔치 비유와 같은 주제에 속한다고 생각한 것이 분명하다. 두 비유를 함께 읽을 때, 이 두 말씀에 묘사된 대조가 언뜻 앞선 비유의 대조와는 다른 것 같다. 이곳에 제시된 대조는 시간적인 대조(새것 대 옛것)인데 비해서, 혼인 잔치 비유의 대조는 질적인 것(잔치 대 금식) 같아 보인다. 그러나 좀 더 면밀히 조사해 보면, 세 비유의 대조가 본질적으로 동일하다는 것이 분명하다. 세 비유에 묘사된 상반되는 두 실체는 본질적으로 서로 어울리지 않는 것임이 분명하다. 잔치는 금식과 어울리지 않고, 생베 조각은 낡은 옷과 양립하지 않고, 새 포도주와 낡은 가죽 부대 역시 어울리지 않는다. 그러므로 처음 보았을 때보다 대조가 더 분명해진다.

  세 비유 사이의 이 유사함을 유념할 때, 우리는 이런 질문을 제기해야 한다. 왜 예수님은 양립할 수 없는 것에 관한 세 가지 예를 드셨을까? 유대교의 종교 행위를 "낡은 것"으로 만드는 어떤 일이 발생했는가? 예수님의 대답은 명료하다. "하나님의 나라가 이미 너희에게 임하였느니라"(LUKE 11:20). 바울이 사용한 용어를 빌려 표현하면, "이전 것은 지나갔으니, 보라 새 것이 와 있도다(has come)"(고후 5:17).

3) 겨자씨 비유(MARK 4:30-32); 누룩 비유(MATT 13:33)

다음 두 비유도 이와 동일한 주제를 다룬다.

또 이르시되, "우리가 하나님의 나라를 어떻게 비교하며, 또 무슨 비유로 나타낼까? 겨자씨 한 알과 같으니, 땅에 심길 때에는 땅 위의 모든 씨보다 작은 것이로되, 심긴 후에는 자라서 모든 풀보다 커지며 큰 가지를 내나니, 공중의 새들이 그 그늘에 깃들일 만큼 되느니라." (MARK 4:30-32)

또 비유로 말씀하시되, "천국은 마치 여자가 가루 서 말 속에 갖다 넣어 전부 부풀게 한 누룩과 같으니라." (MATT 13:33)

이 비유들의 주제를 이해하려 할 때 우리는 이 비유들을 서양의 발전과 성장 개념으로 해석하지 않도록 주의해야 한다. 궁극적으로 과거 19세기의 온갖 사상과 신학적 사고를 지배해 온 헤겔 철학에 뿌리를 둔 이러한 사상이 이 비유들을 하나님 나라의 진화론적인 성장을 가르치는 것으로 해석하게 하는 원인이 되었다는 것은 의심의 여지가 없다. 이 견해에 따르면, 하나님의 나라(종종 하나님의 아버지 되심, 인간의 형제애, 인간의 마음속에 있는 하나님의 통치와 같은 가르침이 구현된 것으로 이해되기도 했는데)는 예수님과 함께 시작했고 지금 성장하고 있으며 장차 사람들의 마음에 하나님의 내적 통치가 이루어진 것을 온 세상이 분명히 드러낼 때까지 계속 성장할 것이다. 이와 같은 진화론적인 낙관주의는 제1차 세계대전의 대포 소리와 칼 바르트의 글로 치명타를 맞았다. 그 후에 일어난 제2차 세계대전, 한국의 6.25 전쟁, 베트남 전쟁, 아우슈비츠 수용소, 부헨발트 강제수용소(나치 시절 강제 노동을 시키던 집단 수용소-역주), 굴락 수용소 군도(구소련 스탈린 시대 정치범 수용소-역주), 캄보디아의 킬링필드 등 일련의 사건들로 인해 순진한 낙관주의적인 견해는 더 이상 고개를 들지 못했다.

이 사건들은 우리가 이 두 비유를 다시 생각하게 하는 데 일조했다. 즉, 이 두 비유는 하나님 나라의 진화론적인 성장과는 전혀 다른 것을 가르친다는 것이 분명해졌다. 동양인의 사고에서, 그리고 예수님이 서양보다는 동양에 속하신 분이라는 사실을 생각할 때, 이 비유들은 진보를 묘사하기보다 시작과 끝을 대조하는 것으로 이해된다. 분명히 이 비유를 이런 식으로 읽는 것이 올바르다. 이 비유에는 발전이나 진보와 관련된 언급은 전혀 주어지지 않았기 때문이다.[28] 동양에서 가장 작은 씨를 가리키는 속담 표현인[29] 작은 겨자씨와 다 자란 큰 관목, 누룩을 넣지 않은 밀반죽과 누룩을 넣은 후의 밀반죽이 대조되었다. 이 두 비유의 요점은 시작과 끝 사이의 대조에서 발견될 수 있다는 것이 분명하다.[30]

그렇다면 겨자씨 비유와 누룩 비유의 요점은 하나님 나라의 대수롭지 않은 시작과 그 나라의 최종적인 영광 사이의 대조에서 찾아야 한다.[31] 하지만 이보다 더 구체적인 것이 있다. 비유의 주요 강조점은 하나님 나라의 최종적인 모습에서 드러날 그 나라의 거대함에 있지 않다. 예수님의 말씀을 들은 모든 유대인들은 하나님 나라가 최종적으로 드러날 때의 모습이 거대하리라는 것에 동의할 것이기 때문이다. 종말에 하나님 나라가 절정에 이르렀을 때, 그 나라가 거대하고 영광스러울 것이라는 주장은 유대인들에게 동어반복에 지나지 않는다. 물론 이 세상 끝에 하나님의 나라는 거대하고 영광스러울 것이다. 그 나라는 "하나님의" 나라이기 때문이다.

사람들이 인식하지도, 깨닫지도 못했던 것은 하나님 나라의 시작이 작고 대수롭지 않았다는 데 있다. 하나님의 나라는 사람들이 기대했던 것과 다르게 예상 밖의 모습으로 임했다. 로마는 하나님의 나라가 임했다는 것을 의식하지 못했으며, 심지어 유대의 지도자들조차 그들의 종교성에 의해 눈이

---

28 MARK 4:30-32과 MATT 13:33에 등장하는 동사의 시제가 다 부정과거(aorist)라는 것을 유념할 필요가 있다. 이 비유들의 현재 형태는 적어도 어떤 성장의 과정도 강조하지 않는다.
29 *TDNT*, Vol. Ⅲ, 811, n. 1.
30 Jeremias, *The Parables of Jesus*, 148.
31 겨자 "나무" 가지에 새들이 쉬고 깃들인다는 언급은 종종 이방인들이 하나님 나라에 들어온다는 알레고리적 언급으로 이해되기도 했다(Jeremias, *The Parables of Jesus*, 147). 그러나 새들은 별개의 은유가 아니라 최종적인 성장 규모를 강조하는 수단이다.

멀었다. 유대 지도자들은 혼인 잔치가 시작되었고 창녀와 세리와 가난한 사람들과 맹인들과 같은 대단치 않은 사람들이 하나님 나라의 복에 지금 이미 참여하고 있다는 것을 상상할 수 없었다. 그들은 눈이 있어도 보지 못하며, 귀가 있어도 듣지 못한다(MARK 4:12). 그들에게 하나님의 나라는 감춰져 있다.[32]

4) 날씨의 징조 비유(LUKE 12:54-56); 나뉜 집 비유(MARK 3:23-27)

비슷한 메시지를 선포하는 비유가 두 개 더 있는데, 이 둘을 함께 논의하는 것이 좋다.

또 무리에게 이르시되, "너희가 구름이 서쪽에서 이는 것을 보면 곧 말하기를, '소나기가 오리라.' 하나니, 과연 그러하고, 남풍이 부는 것을 보면 말하기를, '심히 더우리라.' 하나니, 과연 그러하니라. 외식하는 자여, 너희가 천지의 기상은 분간할 줄 알면서 어찌 이 시대는 분간하지 못하느냐?"(LUKE 12:54-56)

---

32 누룩 비유의 두 측면으로 인해 해석자들은 종종 당혹스러워했다. 즉 엄청난 양의 밀반죽(세 사타[sata]는 대략 밀가루 22.5kg에 해당하는 양이다), 그리고 우리가 "놓다"(placed), "두다"(put), "섞다"(mixed)와 같은 뜻을 예상하게 되는 에네크륍센(enekrupsen) 또는 "감춘"(hidden)이라는 용어 때문이다. 큰 잔치를 위한 빵을 굽는 데 필요한 엄청난 양의 밀가루에서 또 다른 의미를 찾으려는 시도는 불필요하다. 엄청난 양의 밀반죽은 단지 빵이 구워졌을 때의 양과 규모(밀가루 22.5kg으로 부풀어진 밀반죽)를 의미할 뿐이다. 하지만 "감춘"이라는 용어를 사용한 것은 의도적인 것 같으며, 현재 나타난 모습 속에서는 하나님 나라가 "감춰져 있음"을 넌지시 말하는 것일 수 있다.

예수께서 그들을 불러다가 비유로 말씀하시되, "사탄이 어찌 사탄을 쫓아낼 수 있느냐? 또 만일 나라가 스스로 분쟁하면 그 나라가 설 수 없고, 만일 집이 스스로 분쟁하면 그 집이 설 수 없고, 만일 사탄이 자기를 거슬러 일어나 분쟁하면 설 수 없고 망하느니라. 사람이 먼저 강한 자를 결박하지 않고는 그 강한 자의 집에 들어가 세간을 강탈하지 못하리니, 결박한 후에야 그 집을 강탈하리라." (MARK 3:23-27)

첫 번째 비유에서 예수님은 날씨의 징조를 분별하는 능력은 있어도 예수님의 사역과 관련된 표적에 대해서는 분별력이 없는 군중을 정죄하신다.[33] 그들은 구름이 서쪽에서 몰려오는 것을 보면 그 구름이 지중해의 습기를 머금었다는 것을 대번에 알 수 있었다. 그 습기를 머금은 구름은 쉐펠라(팔레스타인 해안 지대와 산악 지대 사이의 구릉지-역주)와 유대의 산악 지대를 넘어갈 때, 산악 지대의 시원한 기온 때문에 수증기가 응결되어 비가 되어 땅을 적실 것이다. 그들은 사막에서 불어오는 남풍이 매우 건조한 사막의 열기를 동반한다는 것도 알고 있었다. 바람이 남동쪽에서 불어온다면, 매우 강하고 건조한 바람과 숨 막히는 열기를 동반한 시로코(sirocco)라는 무서운 열풍이 다가오고 있음을 알 수 있었다.

하지만 다른 "표적들"이 발생하고 있었는데, 그들은 그 표적들의 의의를 의식하지 못했다. 귀신 들린 사람이 귀신에게서 놓여나고 있었다. 사탄의 통

---

33 이 비유와 비슷한, MATT 16:3-4과 도마복음 91에 있는 두 비유는 다른 "표적"(signs)을 언급한다. 하지만 이 두 비유 역시 새 시대의 표적을 언급하고 있음이 분명하다. 마태복음 비유에서는 "시대의 표적"(signs of the times)으로, 도마복음에서는 "이 시대"(this time)라고 언급되었다.

치와 권세가 무너지고 있었다. 사탄보다 더 강한 분이 그곳에 계셨기 때문이다. 사탄의 집과 그의 소유물이 탈취(늑탈)당하고 있다는 것이 무슨 의미일까(MARK 3:27)? 군중은 왜 "이 시대를 분간할" 수 없었을까(LUKE 12:56)? 사탄이 바로 그 사람들 눈앞에서 멸망당하고 있는데 말이다. 이것이 사탄의 패배를 약속한,[34] 약속된 하나님 나라가 지금 임했다는 의미가 아니면 무엇이란 말인가? 왜 군중은 이 사실을 인식할 수 없었을까?

> 내가 만일 하나님의 손을 힘입어 귀신을 쫓아낸다면, 하나님의 나라가 이미 너희에게 임하였느니라. (LUKE 11:20)[35]

이처럼 분별하지 못하는 주요 원인이 무지함에 있었다면, 그것은 용납될 수 있을 것이다. 하지만 그들이 분별하지 못한 것은 무지가 아니라 위선 때문이었다(LUKE 12:56). 시대의 징조를 보지 못하는 것은 실제로 비난받아 마땅한 일인데, 사실 예수님의 적대자들은 표적을 보았다! 그들은 귀신들이 실제로 쫓겨나고 귀신 들렸던 사람이 놓여나는 것을 인정했다. 그러나 그들은 하나님 나라의 도래를 인정하지 않고 오히려 이러한 하나님의 복을 악한 것이라고, 사탄이 하는 일이라고 비난했다(MARK 3:22). 이러한 논리가 얼마나 어리석은지는 분명하다(MARK 3:23-27). 사탄이 자신의 일을 스스로 멸한다는 것은 어처구니없는 일이기 때문이다. 볼 수 있는 눈이 있는 사람에게는 사탄의 숙적이 지금 와 있고 그가 사탄의 나라를 정복하고 멸하고 있음이 분

---

34 참조. 모세 승천기(Assumption of Moses) 10:1.
35 MATT 11:4-6에서 예수님이 세례 요한에게 주의를 환기시키시는 종말론적인 표적들도 참조하라.

명했다. 이것이 바로 하나님의 통치가 시작되었다는 의미다. 그들의 마음이 완악하고 하나님 나라가 임했음을 인정하기를 거부한 까닭에, 그들은 "외식하는 자들"이었고 그들의 죄는 악했다. 그들의 마음에서 일하시는 하나님의 영의 사역과 예수님의 사역에 나타난 성령의 사역을 이처럼 거절한 까닭에, 그들은 "영원히 사하심을 얻지 못하"게 되었다(MARK 3:29).

3. 결론

앞에서 논의한 비유들에 비춰 볼 때 예수님은 그분의 사역을 하나님 나라의 도래로 생각하셨다는 것이 분명해 보인다. 세례 요한의 출현으로 하나님의 나라가 가까이 왔다. 그리고 예수님이 무대에 등장하심으로 오랫동안 기다렸던 하나님의 나라가 도래했다! 메시아의 잔치는 이미 시작되었다. 이스라엘의 종교적 엘리트들은 잔치에 참여하기를 거부한 반면에, 가난한 자들, 몸 불편한 자들, 맹인들, 저는 자들, 세리들과 죄인들은 지금 잔치에 참여하고 있다(LUKE 14:15-24). 그러므로 지금은 금식할 수 없다. 금식은 이러한 잔치와 기쁨의 때에 어울리지 않는, 옛 시대에 속한 것이기 때문이다(MARK 2:18-20).

하지만 내가 여기서 언급한 "옛 시대에 속한"(anachronistic, "시대착오적")이라는 말은 이 상황을 설명하기에 충분히 강력한 용어는 아니다. 하나님 나라의 이러한 임함은 완전히 새롭고 독특한 것이었다. 누구든지 이전의 율법 및 선지자 시대와 현 시대를 뒤섞으려 해서는 안 된다(LUKE 16:16). 두 시대를 뒤섞는 것은 낡은 옷에 생베 조각을 붙이려는 것과 같으며, 낡은 가죽 부대에 새 포도주를 붓는 것과 같다(MARK 2:21-22). 유대교라는 종교는 이제 "낡은 것", 즉 옛 언약이 되었다. 새 언약이 개시되었으며, 새 언약과 더불어 새 포도주가 왔다.

하나님 나라의 도래는 대수롭지 않고 작아 보일지도 모른다. 하지만 그 나라의 작은 시작을 얕보면 안 된다! 그럼에도 하나님의 나라는 지금 여기에 있다. 작은 겨자씨나 소량의 누룩처럼, 하나님의 나라는 현재적 실체이며, 하나님의 나라가 지금은 작지만 그 나라의 절정(완성)은 실제로 거대할 것이다(MARK 4:30-32; MATT 13:33). 하나님의 나라는 많은 사람들이 기대했던 것처럼 임하지 않았으며, 땅을 진동시키지도 않았다. 하지만 믿음의 눈이 있는 사람들에게 그 표적들은 눈에 띈다. 이 세상의 현재 통치자는 내쫓김을 당했다(요 12:31). 사탄의 나라는 무너졌고, 사탄이 사로잡고 있던 사람들은 놓임을 받았다(MARK 3:22-27). 볼 수 있는 눈이 있는 사람들에게는 오랫동안 기다렸던 하나님의 나라가 임했다.

제8장

결단을 촉구하는 하나님 나라

하나님의 나라가 임했다! 오랫동안 기다려 왔던 하나님의 나라가 구약의 약속들을 성취하며 지금 역사 안에 이미 들어와 있다. 하나님 나라의 존재가 지금은 비록 작고 대수롭지 않아 보이지만, 그럼에도 불구하고 그 나라는 현재적 실체이며, 이는 역사가 마지막에 이를 때 그 나라가 최종적으로 완성될 것을 예시한다. 지금 하나님 나라는 이미 "실현 과정에" 있다.[1] 이러한 까닭에, "지금은 은혜 받을 만한 때요, 보라 지금은 구원의 날"(고후 6:2)이다. 하나님 나라의 도래는 결단할 것을 요구한다.

---

1 Jeremias, *The Parables of Jesus*, 230.

1. 감추인 보화 비유(Matt 13:44)와 진주 비유(Matt 13:45-46)

이러한 요구는 감추인 보화 비유와 극히 값진 진주 비유에 계시되었다.

천국은 마치 밭에 감추인 보화와 같으니, 사람이 이를 발견한 후 숨겨 두고 기뻐하며 돌아가서 자기의 소유를 다 팔아 그 밭을 사느니라. (Matt 13:44)

또 천국은 마치 좋은 진주를 구하는 장사와 같으니, 극히 값진 진주 하나를 발견하매 가서 자기의 소유를 다 팔아 그 진주를 사느니라. (Matt 13:45-46)

이 두 비유는 정경에 속하는 다른 복음서에서는 발견되지 않지만, 도마복음에서는 찾아볼 수 있다. 도마복음에는 다음과 같은 형태로 기록되어 있다.

예수께서 이르시기를, 천국은 마치 자기 밭에 보화가 [숨겨져] 있지만 이를 알지 못하는 어떤 사람과 같다. 그 사람이 죽은 [후] 자기 [아들에게] 그 밭을 남겼다. [그] 아들은 [보화가 감춰져 있다는 것을] 새까맣게 모르고 있었다. 아들은 밭을 받았고, [그것을] 팔았다. 밭을 산 사람이 밭에 와서, 밭을 갈다가 그 보화를 [발견했다.] 그는 원하는 사람 누구에게나 이자를 붙여서 돈을 빌려주기 시작했다. (도마복음 109)

예수께서 이르시기를, 아버지의 나라는 판매할 물건이 있고 진주 하나를 발견한 상인과 같다. 그 상인은 빈틈이 없는 사람이었다. 그는 가지고 있는 물건을 다 처분하여(즉, 팔아) 그 진주 하나를 샀다. 너희도 없어지지 아니하는 보화를 구해야 한다. 그 보화는 좀이 가까이 와서 먹지 않고 벌레가 망가뜨리지 않는 영원한 곳에 있을 것이다. (도마복음 76)[2]

이 두 비유와 관련하여 도마복음이 공관복음과는 다른 자료에 의존하고 있다는 데에 학자들의 의견이 일치한다. 그런 까닭에 도마복음은 우리가 마태복음에서 발견하는 것과 다른 전승의 형태를 증언한다.[3] 도마복음에 있는 이 두 비유의 형태도 대부분이 2차적인 것이라는 인식이 지배적이다.[4] 도마복음의 이 비유들은 영지주의적 신학을 설명하기 위해 사용되었다는 것이 분명하다. 도마복음이 사용한 자료들이 두 비유를 다 포함하고는 있지만 이 두 비유를 나란히 배치하지는 않았다는 사실을 지적하려고 할 때 도마복음이 유용하다. 감추인 보화 비유는 도마복음의 109번 어록이며, 진주 비유는 76번 어록이기 때문이다.

원래 이 비유들이 동시에 이야기된 것은 아니라는 견해를 지지하기 위해 몇 가지 이유가 더 제시되었다. 그중 하나는 두 비유에 사용된 동사의 시제들이 다르다는 것이다. 감추인 보화 비유에서 "가다, 팔다, 사다" 등의 동사는 역사적 현재(과거에 발생한 동작이지만, 생생함을 강조하려고 현재 시제로 표현하는

---

2 두 번역 모두 Bruce M. Metzger, *Synopsis Quattuor Evangeliorum* (Stuttgart: Deutsche Biblestiftung, 1978)에 수록된 것이다.
3 James M. Robinson (ed.), *The Nag Hammadi Library* (Harper & Row, 1977), 117; John H. Sieber, "A Redactional Analysis of the Synoptic Gospels with Regard to the Question of the Sources of the Gospel According to Thomas" (unpublished Ph. D. dissertation, Claremont Graduate School, 1965), 특히 260-263.
4 그러나 진주 장사 비유의 경우, 그 상인을 진주 장사로 묘사한 어떤 측면들과 관련하여 도마복음이 원래의 비유일 수도 있다는 견해에 대해서는, John C. Fenton, "The Parables of the Treasure and the Pearl (Mt 13:44-46)," *ET*, Vol. 77 (1966), 180; Jeremias, *The Parables of Jesus*, 199를 보라.

기법-역주)인 반면에, 진주 비유에서 "갔다, 팔았다, 샀다" 등의 동사는 부정과거(과거에 어떤 동작이 발생했다는 사실을 총체적으로 표현하는 시제-역주)다.[5] 그리고 45절과 (그물 비유를 시작하는) 47절에서는 "마치 천국은 ~와 같으니"라는 표현이 반복된다는 것도 이 두 비유가 원래 함께 있던 것이 아니라는 증거가 된다는 주장도 제기되었다.[6] 그래서 이 두 비유가 나란히 배치된 것은 예수님 또는 복음서 저자의 자료 때문이기보다는 복음서 저자가 작업한 결과인 것으로 보인다.

1) 비유의 역사적 정황

이 두 비유에서 예수님이 묘사하신 역사적 상황은 처음에는 쉽게 이해할 수 있을 것 같다. 이제 곧 그 상황을 이해하는 것이 쉽지만은 않다는 사실을 알게 되겠지만 말이다. 첫 번째 비유(Matt 13:44)에서는 한동안 감춰져 있던 보화가 발견되었다. 고대에서 가장 안전한 "은행"은 안전한 은폐 장소이다. 주인은 보화를 땅에 묻어 둠으로써 도적들이 훔쳐 가거나 적군이 빼앗아 가지 못하게 할 수 있다. 주인이 죽거나 살해당하거나 포로로 잡혀가는 경우가 발생한다면, 그런 보화는 우연히 발견되기까지 때로는 수백 년 간 아무도 모른 채 감춰져 있을 것이다.

하지만 감춰져 있던 보화를 발견한 사람의 행동과 관련해서 두 가지 질문이 제기된다. 하나는 그 행동의 합법성과 관련된 질문이고, 다른 하나는 그

---

5 Jeremias, *The Parables of Jesus*, 90.
6 Rudolf Bultmann, *The History of the Synoptic Tradition*, trans. by John Marsh (Harper & Row, 1963). 173. 『공관복음 전승사』, 대한기독교서회.

행동의 도덕성과 관련된 질문이다. 이 두 질문은 늘 동일한 문제가 아닐 수도 있다. 어느 사회에서 합법적인 것이 꼭 도덕적이거나 기독교적인 것은 아닐 수도 있기 때문이다. 데레트(Derrett)는 합법성의 문제를 장황하게 다루었으며,[7] 탈무드 법에 의하면 이처럼 감춰져 있는 보화와 같은 "동산"(動産)은 "캐내야만" 손에 넣을 수 있다[8]고 밝힌다. 남의 밭에서 일하다가 발생하는 법적인 문제로 인해, 이 비유에서 보화를 발견한 사람은 보화를 감춰 두었을 질그릇(참조. 고후 4:7)을 "캐내지" 않았다. 데레트나 다른 학자들 역시 보화를 발견한 사람이 밭주인의 종은 아니었을 것이라고 지적한다. 종이 보화를 발견하면 그 보화는 자동적으로 주인 즉 그 밭의 주인에게 귀속되기 때문이다.

이러한 사실을 고려해 볼 때, 이 비유에 등장하는 사람은 틀림없이 일용 노동자(또는 소케르, sokher)였을 것이다. 소케르(일용 노동자 또는 품꾼)는 보화를 발견하자마자 그것을 즉시 흙으로 덮어 버렸다. 그는 보화를 캐내지 않으려고 조심했다. 보화를 땅 위로 꺼내는 순간, 그것이 그가 밭에서 일하는 대가로 그에게 임금을 지불하는 주인의 소유가 되기 때문이다. 그러므로 보화를 처음 발견한 사람은 보화를 다시 묻어 두고 자기가 가진 모든 것을 다 팔아 밭을 샀으며, 그 후 그는 그 밭의 주인으로서 보화를 땅에서 캐내어 자기의 것으로 만들었다.

이러한 재구성은 많은 사람들이 인정한 것이며[9] 이 비유를 이해하는 데 유용한 배경 자료를 제공한다. 하지만 예수님의 비유를 들은 청중이, 품꾼이

---

7 Derrett, "Law in the New Testament: The Treasure in the Field(Mt, XIII. 44)" *ZNW.* Vol. 54 (1963), 31-42.
8 Ibid., 35.
9 Linnemann, *Parables of Jesus,* 98을 보라.

주인을 위해 담장을 보수하고 있다가 데레트가 묘사한 그대로 일을 진행했다고 추정했으리라는 것은 확실하지 않다. 분명한 것은 이것이다. 즉, 청중은 비유에 등장하는 그 사람이 보화를 발견한 밭을 사서 보화를 자기 것으로 만들 수 있었다고 믿었다. 이러한 가능성을 배제한다면 이 비유는 이치에 맞지 않는다. 그래서 보화를 얻기 위한 법적인 측면들이 어떠한 것이든지 간에, 예수님의 청중(또는 적어도 마태의 청중)에게는 이 비유에 묘사된 방식으로 보화를 소유하는 것이 가능성 높은 일인 것만은 분명하다. 어쩌면 최근에 이와 비슷한 일이 일어나서 예수님이 그 사건에 근거하여 이 비유를 말씀하셨는지도 모르는 일이다.

이 비유에 등장하는 사람의 행동이 도덕적인가에 대한 문제도 논의할 필요가 있다. 개중에는 보화를 발견한 사람의 행동에 부도덕한 점이 전혀 없다고 주장하는 사람들도 있다.[10] 이러한 의견이 옳을 수도 있다. 법적으로는 그 사람의 행동이 "형식상 합법적"이었을 것이다. 그러나 데레트가 묘사했듯이, 보화를 소유하기 위해 그가 한 행동은 황금률과는 거리가 멀다. 하지만 이 문제를 해결하기 위한 가장 현명한 접근 방식은 그의 행동을 "합법화하려는" 시도가 아니라 비유가 일반적으로 한 가지 요점을 가르치고 있음을 인식하고 세부 내용을 너무 강조하지 않는 것이다.[11] 앞에서 계속해서 지적

---

10 Jeremias, *The Parables of Jesus*, 199; Derrett, "Law in the New Testament," 35.

11 참조. Linnemann, *Parables of Jesus*, 98-99. 린네만은 이렇게 말한다. "만일 이것이 도덕적으로 완전히 괘씸한 것이 아니라면, 보화를 발견한 사람의 행동이 과연 '공식적으로 합법적인지' 의문을 제기하는 것은 중요하지 않다. 그것은 보화를 발견한 사람이 보화를 다른 곳으로 옮기지 않고 그것을 다시 밭에 묻어 두었다는 화자(話者)의 무대 연출에 해당한다. 그렇게 해야만 화자가 염두에 두고 있는 비교점을 이 자료에서 끌어낼 수 있다." 참조. Jack Dean Kingsbury, *The Parables of Jesus in Matthew 13* (John Knox Press, 1969), 112. 『마태복음 13장에 나타난 예수의 비유』, 나단.

했듯이, 예수님의 몇몇 비유에서 칭찬을 받은 사람들의 행동은 예수님의 윤리적인 가르침에 미치지 못할뿐더러, 때로는 한참 못 미치기도 한다. 이 비유뿐 아니라 다른 비유에서도 비유의 세부 내용을 강조하지 말고 다만 비유의 요점을 찾아야 한다.

극히 값진 진주 비유에는 진주를 사려고 찾아다니는 상인이 등장한다. 이 "상인"을 묘사하기 위해 사용한 그리스어는 엠포로스(emporos)이며, 이 용어는 그 사람이 소매상 주인이 아니라 도매상이거나 진주를 매입하는 딜러임을 암시한다. 예레미아스는, 이 비유와 병행 단락인 도마복음에는 그 사람이 단지 상인(merchant)이라고 묘사되었기 때문에, 진주 딜러인 상인을 언급하는 것은 이차적인 것이며 마태의 표현이라고 주장한다.[12] 그의 주장은 사실일지도 모르며, 이는 보화를 발견할 수도 있는 다른 방식을 강조하는 것이 위험함을 우리에게 경고한다. 이를테면, (감추인 보화는) 우연히 발견되었던 반면에, (극히 값진 진주는) 의도적으로 찾아서 발견했다는 식 말이다.

상인이 진주 장사라는 언급이 이차적인 것이라면, 예수님의 삶의 정황에서는 두 보화가 다 우연히 발견되었다.[13] 설령 예수님이 상인을 진주 장사로 언급하셨다고 하더라도, 보화를 발견한 방법이 다른 점은 상관이 없다. 두 사람 다 보화를 보고 놀랐기 때문이다. 진주를 사려고 하는 상인이라고 해도 이러한 진주를 발견한 것은 행운이었다. 그는 진주를 찾던 중에, 매우 놀랍게도, 그저 좋은 진주 하나를 발견한 것이 아니라 극히 값진 진주를 발견했

---

12 Jeremias, *The Parables of Jesus*, 199. 앞에서 제시한 각주 3번도 보라.
13 비록 도마복음이 진주를 산 사람을 단순히 "상인"이라고 묘사하고는 있지만, 이 상인은 틀림없이 자기가 발견한 진주가 지닌 엄청난 가치를 인지할 수 있을 정도로 진주를 잘 알고 있었을 것이다. 그러므로 마태복음에서 그 사람을 진주 장사로 묘사한 것이 이차적인 자료라고 말하는 것은 조급한 판단일 수 있다.

기 때문이다.[14]

2) 첫 번째 삶의 정황에서의 비유의 요점

이 두 비유 사이에 몇 가지 차이점이 있기는 하지만 감추인 보화 비유와 진주(또는 진주 장사) 비유는 전통적으로 동일한 요점을 가르치는 쌍둥이 비유로 다뤄져 왔다. 두 비유의 주요 차이점은 다음과 같다.

① 첫 번째 비유는 보화에 대해 언급하는 반면에, 두 번째 비유는 진주보다는 진주 장사에 대해 언급한다.
② 첫 번째 비유는 전적으로 놀랄 만한 우연한 사건으로 묘사하고, 두 번째 비유는 진주를 사러 다니는 과정에서 진주를 발견한 것으로 묘사한다.
③ 첫 번째 비유에 사용된 동사 형태는 현재 시제인 반면에, 두 번째 비유에 사용된 동사 형태는 부정과거 시제다.
④ 밭/보화, 진주 등을 "사는 것"을 묘사할 때 다른 동사들을 사용했다.[15]

이런 차이점들이 존재하는 것은 물론 사실이다. 하지만 그 차이점들은 본질의 차이가 아니라 주로 문체의 차이다. 도입 어구들("천국은 마치 밭에 감추인 보화와 같으니…"와 "또 천국은 마치 좋은 진주를 구하는 장사와 같으니")을 문자적으로 강조해서는 안 된다. 이와 같은 도입 어구들은 특성상 매우 일반적이기

---

14 Linnemann, *Parables of Jesus*, 99.
15 Otto Glombitza, "Der Perlenkaufmann," *NTS*, Vol. 7 (1960), 157.

때문이다. 기본적으로 이 도입 어구들은 다음과 같이 번역해야 한다. "하나님 나라의 경우는 마치 다음과 같은 보화 이야기와 … 상인 이야기와 같다"라고 말이다.[16] 그러므로 이 도입 어구들이 형식상 서로 다르고 어쩌면 두 비유가 서로 다른 상황에서 베풀어졌음을 드러내고 있는 것도 사실이지만, 두 비유가 여전히 동일한 요점을 가르친다는 사실에는 변함이 없다. 또한 우리는 앞에서 보화와 진주를 발견한 방법이 다르다는 것을 지나치게 강조하면 안 된다는 것도 지적했다. 두 경우 모두 발견한 후에 놀랐기 때문이다. 그러므로 두 비유는 형식상의 차이점들이 존재하지만 동일한 요점을 가르치는 쌍둥이 비유로 거의 보편적으로 해석되어 왔다. 최소한 우리는 이 비유를 같은 자리에 배치한 마태는 두 비유를 쌍둥이 비유로 이해했다고 말할 수 있다. 본문 45절의 "또"(again)라는 어구는 마태가 이 두 비유를 의미상 밀접한 관계가 있는 비유로 이해했음을 분명히 암시한다.

첫 번째 삶의 정황에서 밭에 감추인 보화 비유와 진주 비유의 요점과 관련해서 몇 가지 안이 제시되었다. 비유의 요점으로 가장 가능성 있는 것들은 다음과 같다.

① 하나님의 나라의 **가치**(이것은 도마복음 76에서 발견되는 진주 비유의 요점임이 분명하다.)
② 하나님의 나라에 들어가기 위해 요구되는 **희생**
③ 하나님의 나라에서 누리는 **기쁨**
④ 하나님의 나라가 **감춰짐**(hiddenness)

---

16 참조. Linnemann, *Parables of Jesus*, 16-17.

⑤ 하나님의 나라를 찾아야 할 필요성[17]

이 가능성들 중에서 몇몇은 비교적 쉽게 탈락시킬 수 있다. "**찾아야 함**"을 강조한 것은 진주 비유에서만 발견된다. 감춰진 보화를 발견한 사람은 어쨌든 그 감추인 보화를 찾고 있었던 것이 아니었다. 그는 정말 우연히 보화를 발견했다. 그러므로 "먼저 그의 나라와 그의 의를 구하라"(MATT 6:33; 참조. 7:7)라는 말씀이 있기는 하지만, 감추인 보화 비유가 하나님 나라를 찾아야 할 필요성을 강조하는 비유라고 해석할 수는 없다.

하나님 나라의 **감춰짐**과 관련해서도, 우리가 지적할 수 있는 것은 이것뿐이다. "감춰졌다"란 표현이 첫 번째 비유에서는 사용되었지만, 두 번째 비유에서는 발견되지 않는다고 말이다. 사실, 진주와 관련해서는 "감춰졌다"는 언급이 전혀 없다. 상인이 이 매우 값진 진주를 발견한 것은 진주를 구매하는 과정에서 생긴 일이다. 그 상인에 앞서 다른 사람들도 그 진주를 보았을 수 있다. 만일 그가 그 진주를 사지 않았다면, 다른 사람들이 그 진주를 보고 그것을 살 기회가 있었을 것이다. 또한 마태에게는 천국이 "감춰지지" 않았다는 사실도 유념해야 한다. 그 나라가 감춰졌다면 그것은 천국 자체에 내재되어 있는 본래적인 특성 때문이 아니라, 오히려 회개하지 않고 그 나라를 받아들이려고 하지 않는 사람들에게 그 까닭이 있다. 이와 마찬가지로 하나님 나라를 발견한 **기쁨**을 강조한 것은 첫 번째 비유에서만 발견된다.

그러므로 제안된 세 가지 강조점은 쌍둥이 비유에 공통으로 나타나는 것이 아니라 어느 한 비유에서만 분명히 나타난다는 것을 알게 된다. 하지만

---

17 Kingsbury, *The Parables of Jesus in Matthew 13*, 113-114.

이 두 쌍둥이 비유가 공통으로 강조하는 주제라면 두 비유에 다 등장해야 할 것이다. 이 비유들의 요점이 각각의 비유에 표현될 것이라고 믿는 것이 이치에 맞을 듯하기 때문이다.

두 비유에서 비유의 "장면"을 구성하는 공통적인 요소가 적어도 두 개 발견된다. 그중 하나는 값진 것(보화든지 진주든지)이 발견된다는 것과 사람들이 이 값진 것을 얻기 위해 자기 소유를 다 팔았다는 것이다. 두 비유의 요점은 바로 이 두 공통 요소에서 찾아야 한다는 것이 분명할 것 같다. 그런데 예수님은 천국의 **가치**를 강조하시는가? 아니면 천국에 들어가기 위해 치러야 하는 **희생**을 강조하시는가? 이 두 비유에서는 전자(가치)보다 후자(희생)가 강조되고 있다고 결론 내릴 만한 몇 가지 이유가 있다.

첫째, 하나님 나라의 가치가 예수님과 그분의 비유를 듣던 청중 모두에게 주어졌다. 하나님의 나라가 귀한 실체라고 말하는 것은 거의 동의어 반복이다. 예수님의 말씀을 듣던 청중은 모두 틀림없이 이렇게 말했을 것이다. "하나님의 나라에서 떡을 먹는 자는 복되도다!"(Luke 14:15; 참조. MARK 10:28-30). 그러므로 하나님 나라의 비할 바 없는 가치를 강조하는 것은 불필요하다는 생각이 든다.[18] 둘째, 두 비유 모두 마지막 부분에서 자기 소유를 다 팔아서 보화를 샀다는 사실을 강조한다. 이 두 비유에서 주로 강조되는 것이 바로 이 두 주인공의 행동이다. 두 사람 모두 비슷하게 반응했다. 보화/진주를 소유하기 위해 그들은 가진 것을 다 팔았다. 이 점은 예수님이 그분을 따르기 위해서는(참조. MATT 8:19-22; 10:37-38 등등) 비용을 계산하라고 가르치신 것(Luke 14:28-33)과도 일치한다. 감추인 보화 비유 시작 부분(44a-b절)에 있는

---

18 Dodd, *The Parables of the Kingdom*, 86; Linnemann, *Parables of Jesus*, 99, note g.

과거 시제(실제로는 부정과거)가 마지막 부분에서는 현재 시제(44c절)로 바뀐 것에도 주목해야 한다. 이것은 비용을 강조하는 비유의 결론 부분에 주의를 환기시키기 때문이다.[19]

린네만은 그들의 결단이 희생이 아니라는 이유로 "희생"(sacrifice)이란 용어가 요점을 묘사하기에 빈약한 선택이라고 반박했다.[20] 평생 한 번밖에 얻을 기회가 없을 보화/진주를 사는 것은 전혀 희생이 아니라는 것이다. 가장 가치 있는 것을 얻기 위해 비교적 가치 없는 것을 포기하는 것은 희생이 아니라는 것이 그 이유다. 린네만의 주의사항은 새겨들을 만하다. 만일 "희생"이라는 용어를 엄숙하고 어렵고 마지못해 하는 영웅적인 결정으로 이해한다면, 우리는 실제로 비유를 잘못 읽고 있는 것이다. 앞에서 우리는 밭에 감추인 보화 비유와 진주 비유의 요점이 하나님 나라에 참여한 기쁨에 있는 것이 아니라고 암시하기는 했지만, 그럼에도 그 사람이 자기 소유를 다 판 것은 "기뻐서"(from joy) 한 일이다.

그러므로 예수님은 이 두 비유에서 하나님 나라를 소유하기 위한 결단을 "기쁜 희생"(joyous sacrifice)이라고 묘사하려 하셨다는 것이 분명하다. 하나님 나라를 소유하는 사람에게 그런 기쁨이 임한다. 반면에, 젊은 부자 관원의 경우처럼 하나님 나라를 소유하기 위해 자기 소유를 다 팔지 않는 사람에게는 근심과 슬픔이 임한다. "그 사람은 재물이 많은 고로 이 말씀으로 인하여 슬픈 기색을 띠고 근심하며 가니라"(Mark 10:22). 첫 번째 삶의 정황에서 비유의 요점은 이미 도드가 잘 서술한 바 있다.

---

19 Kingsbury, *The Parables of Jesus in Matthew 13*, 116.
20 Linnemann, *Parables of Jesus*, 100.

하지만 예수님이 그분의 사역에서 하나님 나라의 도래를 보셨다는 근본적인 원리를 염두에 두면서, 우리는 이렇게 진술할 수 있을 것이다. 당신은 하나님 나라가 최고의 선(善)이라는 사실을 인정한다. 하나님의 나라는 지금 여기서 그 나라를 소유하는 당신의 능력 안에 있다. 만일 보화를 발견한 사람과 진주 장사처럼 당신이 "나를 따르라!"라는 말씀에 주의를 기울인다면 말이다.[21]

예수님의 사역으로 하나님의 나라가 실제로 임했다. 이 사실에 비추어 볼 때, 이 엄청난 보화를 소유하기 위해서는 누구든지 그가 가진 모든 것을 희생해야 한다.

3) 복음서 저자의 비유 해석

마태복음 13:1-35에 등장하는 비유들은 군중에게 주신 비유인 반면에, 13:36-52에 등장하는 가라지 비유와 집주인 비유는 제자들을 향한 비유임이 분명하다.

이에 예수께서 무리를 떠나사 집에 들어가시니 제자들이 나아와 이르되, "밭의 가라지 비유를 우리에게 설명하여 주소서." (Matt 13:36)

예수께서 이르시되, "그러므로 천국의 제자 된 서기관마다 마치 새것과 옛것을 그 곳간에서 내오는 집주인과 같으니라." (MATT 13:52)

---

21 Dodd, *The Parables of the Kingdom*, 87.

분명히 예레미아스는 이 두 비유를 첫 번째 삶의 정황에서 제자들을 겨냥한 것으로 이해한다. 예레미아스는 이 두 비유를 "시간의 도전"(the Challenge of the Hour)이라고 제목을 붙인 앞 단락에 포함시키지 않고, "실현된 제자도"(Realized Discipleship)라고 제목을 붙인 단락에 포함시켰다. 하지만 예수님 당대의 상황에서 이 비유들은 지속적인 신실함을 촉구하기보다는 결단을 촉구하는 것에 더 어울렸다. 이렇게 결론 내린 것은 비유들에 묘사된 결단의 단호함에 그 주된 이유가 있다. 하나님 나라의 위대한 가치는 절대적인 결단을 요구한다. 이 요구는 다른 곳에서 "회개하라", 예수님을 "따르라", "믿으라", "십자가를 지라", "예수님을 시인하라", "그의 말씀을 지키라", "멍에를 메라", "자기 목숨을 버려라", "가족을 미워하라" 등으로 표현되었다.[22] 본문에서는 이러한 촉구가 비유적으로 "소유를 다 파는 것"으로 묘사되었다. 결단하라는 요구가 이렇게 급박한 것은 확실히 제자들보다는 예수님의 말씀을 들은 군중과 같은 일반 청중에게 더 잘 맞는다. 그러므로 첫 번째 삶의 정황에서 예수님의 목적은 군중에게 그분이 지금 시작하신 하나님 나라에 들어오라고 구체적으로 촉구하는 것에 있었던 것 같다.

하지만 마태는 군중을 대상으로 복음서를 쓰고 있었던 것이 아니며, 이 쌍둥이 비유를 유대인 출신의 그리스도인 독자들에게 적용하려고 했다. 마태의 손에서 이 두 비유는 복음 전도의 기능을 하기보다 권면하는 기능을 수행했다.[23] 그렇다면 마태는 이 두 비유를 그의 그리스도인 청중에게 적용하면서 비유의 강조점을 희생의 가치에서 천국의 위대한 가치로 바꾸었을까? 마

---

22 Stein, *The Method and Message of Jesus' Teachings*, 96.
23 Kingsbury, *The Parables of Jesus in Matthew 13*, 116.

태는 전승 자료를 이용해서 히브리서 저자와 비슷한 내용을 강조한 것일까? 마태복음과 히브리서에는 일부 의미심장한 유사점들이 있다. 두 성경 모두 "새 언약"(히 12:24)을 구약 언약의 성취(Matt 5:17)로 이해하고, 이 새 언약을 더 나은 의를 가져오는(Matt 5:20) 더 좋은 언약(히 7:22)으로 보고 있다. 히브리서 저자가 주장하는 주된 강조점은 새 언약의 "가치"에 있다. 히브리서 저자는 독자들에게 그들이 가지고 있는 "새로운" 믿음의 기반이 되는 계시(히 1:1-4:13)와 대제사장(히 4:14-7:28)과 제사(히 8:1-10:18)의 탁월성 때문에 그들이 처음 믿을 때 헌신한 것에 끝까지 신실하라고 권한다.

마태도 이 두 비유를 사용하면서 이와 비슷한 방식으로 진행하고 있는가? 마태는 천국의 위대한 가치를 확신하고 있었기 때문에 이런 말을 하지 않을 수가 없었다. 결국, 천국은 보화와 대단한 가치를 지닌 진주에 비유되었다! 세 번째 삶의 정황에서 이 두 비유가 가지게 된 주요 강조점은 첫 번째 삶의 정황에서 가졌던 것과 비슷하다. 마태가 생각하기에, 계속해서 강조되는 것은 두 비유의 "희생" 측면이다. 마태는 이 비유들을 통해서 독자들에게 천국을 발견하고 천국에 헌신한 이후에도 계속 신실하게 헌신해야 한다고 충고한다. 마태는 독자들에게 본질적으로 "우리가 믿는 도리의 소망을 움직이지 말며 굳게 잡고"(히 10:23), "항상 복종하여 두렵고 떨림으로 너희 구원을 이루라"(빌 2:12), "네가 죽도록 충성하라"(계 2:10)라고 권하고 있다. 마태는 일단 천국을 "발견했다"면 "발견한 것"을 굳게 지키라고 독자들에게 강력히 권고한다.

그렇다면 마태에게 감추인 보화 비유와 진주 비유의 정점은 우리가 "전적인 헌신"이라고 명명하기를 선호하는 희생 또는 전적인 드림(total investment)에 있을 것이다(참조. 5:29-30; 8:22; 10:34-39; 18:8-9; 19:12, 21, 29).[24]

2. 결단에 관한 다른 비유

1) 불의한 청지기 비유(Luke 16:1-8)

이처럼 하나님 나라의 도래에 비춰 근본적인 결단이 필요함을 강조하는 또 다른 비유는 불의한 청지기 비유다.

(예수께서) 또한 제자들에게 이르시되, "어떤 부자에게 청지기가 있는데 그가 주인의 소유를 낭비한다는 말이 그 주인에게 들린지라. 주인이 그를 불러 이르되, '내가 네게 대하여 들은 이 말이 어찌 됨이냐? 네가 보던 일을 셈하라. 청지기 직무를 계속하지 못하리라.' 하니, 청지기가 속으로 이르되, '주인이 내 직분을 빼앗으니 내가 무엇을 할까? 땅을 파자니 힘이 없고, 빌어먹자니 부끄럽구나. 내가 할 일을 알았도다. 이렇게 하면 직분을 빼앗긴 후에 사람들이 나를 자기 집으로 영접하리라.' 하고, 주인에게 빚진 자를 일일이 불러다가 먼저 온 자에게 이르되, '네가 내 주인에게 얼마나 빚졌느냐?' 말하되, '기름 백 말이니이다.' 이르되, '여기 네 증서를 가지고 빨리 앉아 오십이라 쓰라.' 하고, 또 다른 이에게 이르되, '너는 얼마나 빚졌느냐?' 이르되, '밀 백 석이니이다.' 이르되, '여기 네 증서를 가지고 팔십이라 쓰라.' 하였는지라. 주인

---

24 Ibid., 115.

이 이 옳지 않은 청지기가 일을 지혜 있게 하였으므로 칭찬하였으니, 이 세대의 아들들이 자기 시대에 있어서는 빛의 아들들보다 더 지혜로움이니라."
(Luke 16:1-8)

이 비유의 진정성은 거의 논쟁거리가 되지 않는다. 비유의 난해함이 진정성을 보장하기 때문이다. 난해하기로 악명 높은 이 비유의 요점을 이해하려고 할 때, 해석자는 수많은 심각한 문제에 직면한다. 그중 몇 가지를 소개하면 다음과 같다.

① 이 비유가 실제로 끝나는 구절은 어디인가?
② 왜 그 청지기는 "옳지 않은"(정직하지 못한, dishonest) 청지기라고 불렸는가?
③ 주인의 행동은 납득할 만한가?
④ 예수님은 어떤 부류의 청중에게 이 비유를 말씀하셨는가?

이 질문들에 대답할 수 있어야 비로소 우리는 이 비유의 요점을 알아낼 수 있을 것이다.

① 이 비유가 실제로 끝나는 구절은 어디인가?
이 질문과 관련된 또 다른 질문은 8a절에 언급된 "주인"이 누구인지에 대한 질문이다. 이 주인이 3절과 5절의 "주인"과 같은 사람인가? 아니면 예수님 자신인가? 8a절의 주인(주님)이 예수님이라면, 이 비유는 7절에서 끝난다고 하는 것이 적절하다. 그러나 만일 8절의 주인이 3절과 5절에 등장하는 주인과 같은 사람이라면, 이 비유는 8a절이나 8b절, 또는 9절에서 끝난다.

Luke 18:6이 8a절과 병행구라는 의견이 종종 제안되곤 하는데, 18:6에서 불의한 재판장 비유의 끝에 언급된 "주"(주님, the Lord)[25]라는 표현은 예수님을 지칭하는 것이 분명하다. 여기서 Luke 12:36-37, LUKE 12:41-46과 비교해 볼 수도 있을 것이다. 이 두 본문에서 "주" 또는 "주님"이라는 표현이 41-42절에서는 예수님을 지칭하지만, 36-37절에서는 하나님을 의미한다. 그리고 Luke 13:23, 25-26에서 한 구절에서는 "주"가 다시 예수님을 지칭하고 (23절), 다른 두 구절(25-26절)에서는 집주인을 의미한다. 그런데 지금 예로 든 모든 경우에서는 이 비유들이 어디에서 끝나는지, 그리고 "주" 또는 "주인"이라는 단어가 각각 누구를 지칭하는지 헛갈리지 않는다. 더욱이 Luke 18:1-8에서 비유 자체에는 "주인"(또는 "주님")이라는 단어가 등장하지 않는다. 그리고 문맥에 비춰 볼 때 비유는 18:5에서 끝난 것이 분명하다. 그래서 두 본문 사이의 유비는 정확하지 않다.

그럼에도 Luke 16:8의 "주인"이 3절과 5절의 "주인"과 같은 사람이라고 해석해야 하는 이유가 적어도 세 개 있다. 첫째로, 이 이야기에는 "주인"과 "주님"을 구별하려는 시도가 없다는 점이다! 8절에서 사용한 "주인"이라는 단어를, 3절과 5절의 "주인"과 구별할 만한 합당한 이유가 없다면, 우리는 이 본문의 "주인"이라는 단어가 다 동일한 인물을 가리킨다고 추정해야 한다. 이것이 본문에 있는 용어의 의미를 이해하려는 정상적인 절차다. 세 번째로 사용된 "주인"이라는 용어와 처음 두 용례들 간에 명백한 구별이 없다면, 우리는 이 용어들이 동일한 인물을 가리킨다고 추측해야 한다.

---

25 동일한 그리스어 단어(*ho kyrios*)가 Luke 16:8에서는 "주인"을, 18:6에서는 "주님"을 지칭하는 데 사용되었다는 사실을 유념해야 한다.

둘째로, 16:9에서 3인칭이 1인칭("내가 너희에게 말하노니")으로 바뀐 것은 8절의 "주인"과는 다른 주어로의 변경을 암시한다. 간접화법에서 직접화법으로 바뀐 사례를 지적함으로써[26] 이 논의를 약화시키려는 시도는 설득력이 없다. 일반적으로 8절과 9절에서 발견되는 변화들은 실제로 화자(話者)가 달라짐을 나타내며(예컨대, Luke 18:9-13과 18:14), 이 경우에 이러한 일반적인 규칙을 거부할 이유가 없다.

마지막으로, 만일 8a절의 "주인"이 예수님이라면, 이 비유는 돌연히, 그리고 결론다운 결론 없이 7절에서 끝난다.[27] 이 비유의 결론으로 8a절이 필요하다!

위의 주장들에 비춰 볼 때, 8a절의 "주인"은 3절과 5절의 주인과 같은 사람이며, 8a절은 원래 이 비유에 포함되었다는 것이 분명해 보인다.[28] 그리고 대부분의 학자들이 주장하듯이, 8b-13절은 예수님이 실제로 하신 말씀을 누가가 배열한 것이며, 누가는 그의 독자들에게 비유 해석을 제공하기 위해 이 본문을 사용한 것 같다. 이 문제에 대해서는 나중에 좀 더 자세히 설명하겠다.

② 왜 그 청지기는 "옳지 않은"(정직하지 못한) 청지기라고 불렸는가?

우리가 다뤄야 하는 두 번째 질문은 청지기의 행동에 관한 것이다. 8a절에

---

26 I. H. Marshall, "Luke XVI, 8-Who Commended the Unjust Steward?" *JTS*, Vol. 19 (1968), 617-619과 *The Gospel of Luke*, 619-620을 보라.
27 J. Fitzmyer, "The Story of the Dishonest Manager (Lk. 16:1-13)," *Theological Studies*, Vol. 25 (1964), 27을 보라.
28 대부분의 현대 영어 역본들은 이렇게 결론을 맺는다. 개정표준역(RSV)은 3, 5, 8절의 *bo kyrios*를 "주인"으로 번역하고 8절의 *bo kyrios*가 예수님을 가리키지 않음을 분명히 알려 준다. 이것은 NEB, NIV, JB, NASB에도 해당한다.

서 청지기는 "옳지 않은(정직하지 못한) 청지기"로 언급되었다. 청지기가 옳지 않은 것은 5-7절에 기록된 행동, 즉 빚을 줄여 준 것 때문인가? 아니면, 그 이전에 한 행동 때문인가? Luke 18:6의 "불의한 재판장"은 그의 이전 행동 때문에 이런 식으로 언급되었으며, 우리가 다루고 있는 비유 1, 2절에는 이 청지기가 주인의 소유물을 낭비한다는 이유로 청지기직을 셈하라는 말을 들었다는 내용이 있다. 청지기는 주인에게 직무 정지를 당하고, 이러한 "해고"는 정당했다(6절의 "빨리"라는 단어는 청지기에게 행동할 시간이 별로 없다는 것과 주인은 그를 해고할 만한 정당한 근거가 있음을 암시한다)는 것이 분명한 반면에, 청지기를 해고하려는 이유가 청지기가 일을 서투르게 했기 때문인지 아니면 그가 옳지 않았기(정직하지 못했기) 때문인지는 분명하지 않다. 둘 중 어느 것이라도 그를 해고할 근거가 될 수 있었고, 두 가지 문제가 다 있었을 수 있다. 하지만 1-2절에 청지기에 대해 묘사된 내용("그가 주인의 소유를 낭비한다") 을 근거로, 그를 "불의한"(정직하지 못한, dishonest) 사람이라고 단정하기는 매우 어렵다.

청지기가 행했다고 5-7절에 기록된 일이 정확히 무슨 일인지를 두고 상당히 많은 논란이 있었다. 전통적인 해석은 청지기가 주인에게 빚진 자들의 환심을 사기 위해 그들의 빚을 조작했고, 이는 그가 주인에게 해고당했을 때 채무자들이 그에게 빚진 은혜를 "징수하기" 위한 행동이라는 것이다. 자기의 미래를 지키기 위해 청지기가 실제로 주인을 속였다는 것이다. 다른 해석들은 다음과 같다.

첫째, 청지기는 주인이 원금에 따라 징수하고 있던 이자를 없애 준 것뿐이다. 청지기의 이 행동은 엄밀히 말해서 합법적이었다. 당대에 이자를 받는 일이 비록 흔한 일이기는 했지만, 토라는 이를 법적으로 금하고 있었기 때문

이다. 그래서 청지기는 채무자들에게 호의를 얻었다.[29]

둘째, 청지기는 자신이 개인적으로 얻을 이익이나 수수료를 장부에서 지운 것뿐이다.[30] 이렇게 함으로써 주인은 하나도 손해를 보지 않았으며, 청지기는 채무자들에게서 호감을 얻게 되었다. 이 견해를 지지할 수 없는 결정적인 이유는 이와 관련된 재정 사항 때문이다. 예레미아스에 의하면, 두 개 증서에서 감해 준 액수가 각각 약 500데나리온이다.[31] 5절에서 빚진 자를 "일 일이" 불렀다고 했고, 7절에서는 또 "다른 이에게"(두 사람 중 남은 한 사람이 아니라) 그렇게 했다고 한 것으로 봐서는 채무자들이 두 명 이상 관여되었다는 것이 드러난다. 채무자들에게 호의를 얻을 생각으로, 청지기가 자기가 받을 수수료를 포기하는 것이 어떻게 해서 수수료를 챙기는 것보다 더 미래를 준비하는 데 좋은 방법이 될 수 있겠는가? 채무자 두 명이 청지기에 지불할 수수료만 해도 1천 데나리온인데 말이다. 이 문제와 관련하여 유념해야 할 것이 있다. Matt 20:2에 따르면, 1데나리온은 하루 품삯이다. 그러므로 채무자 두 사람만 해도 청지기에게 3년 치 품삯을 빚진 것이다! 만일 장부에서 지운 돈이 정말로 청지기가 받아야 할 수수료였다면, 이 수수료를 포기한 청지기의 행동과 3절에 언급된 것처럼 그가 공황 상태에 빠진 것은 설명하기 어렵다. 이러한 설명은 청지기가 자기의 지위를 잃음으로써 자기가 받아야 할 모든 수수료를 몰수당하게 된다는 사실이 입증될 때에만 가능하다.

케네스 베일리는 이 해석에 또 다른 결정적인 비판을 가했다. 베일리에 따

29　J. D. M. Derrett, "Fresh Light on St. Luke XVI. 1. The Parable of the Unjust Steward," *NTS*, Vol. 7 (1961), 198-219.
30　Fitzmyer, "The Story of the Dishonest Manager (Lk. 16:1-13)," 23-42.
31　Jeremias, *The Parables of Jesus*, 181.

르면, 청지기가 받을 수수료는 주인의 장부에 기록되는 것이 아니라, 뒷거래로 이루어지기 때문이다.[32] 그리고 청지기는 채무자들에게 직접 **주인의 장부**를 변경하게 했다. 그러므로 채무자들이 진 빚은 주인에게만 진 것이지, 주인과 청지기 두 사람에게 진 것이 아니다. 5절과 7절에 언급된 "네가 **내 주인**에게 얼마나 빚졌느냐?"라는 질문을 주목하라(나의 강조).

셋째, 청지기는 채무자들이 그와 주인을 호의적으로 대하도록 빚을 깎아 준 것이고, 주인은 채무자들에게 나쁜 평판을 얻을까 걱정해서 그들이 바꾸어 놓은 금액을 철회하지 않았을 것이다.[33] 일반적으로, 이러한 해석 역시 받아들이기 힘든 쪽으로 무게가 실린다. 그 해석이 너무도 복잡하다는 데 그 까닭이 있다. 이러한 해석을 완성하는 데 필요한 모든 추가적인 정보를 예수님의 비유를 들은 청중이 채워 넣을 수 있으리라고 기대할 수 있었을까? 그랬을 것 같지는 않다. 독자들이 요점에 도달하기에 필요한 모든 것이 비유의 현재 형태에 포함되어 있다고 보는 것이 이치에 맞을 것 같다. 누가나 예수님은 청중이 그렇게 많은 추가 정보를 가지고 있으리라고는 생각하지 않았을 것이다. 이 견해를 인정할 수 없는 가장 결정적인 논거는 이 견해가 4절("이렇게 하면 직분을 빼앗긴 후에 사람들이 나를 자기 집으로 영접하리라")에서 청지기가 서술한 자기 행동의 이유와 상충된다는 데 있다!

청지기의 행동을 합법화하려는 시도에 반대하려고 할 때 중요하게 고려할 사항은 8절에 있는 "옳지 않은 청지기"라는 언급이다. 청지기는 1절

---

32 Kenneth Ewing Bailey, *Poet and Peasant: A Literary Cultural Approach to the Parables in Luke* (Wm. B. Eerdmans Publishing Co., 1976), 89-91. 『중동의 눈으로 본 예수님의 비유』, 이레서원.
33 Ibid., 95-102.

과 2절에서 "옳지 않은"(혹은 부정직한) 청지기로 언급되지 않았다. 청지기는 단지 서투르거나 조심성 없는 사람이었을 수 있다. "어쨌든 청지기가 '불의'(injustice)하다고 할 만한 내용이 충분히 제시되지 않았기 때문에 8절은 청지기에 관해 이미 알려진 성품을 다시 언급하는 것일 수 있다."[34] 또한 8a절 "옳지 않은"(dishonest)에 소유격이 사용된 것은 사실상 8절에서는 불필요하다는 지적도 있다. 어떤 청지기를 말하는 것인지 이미 분명하게 알고 있기 때문이다. 그러나 만일 3-7절에 있는 내용이 이 비유의 핵심 인물인 청지기의 "옳지 않음"이라는 특정 자질을 드러내는 데 도움이 된다면, 그러한 묘사는 필요하다. 결론적으로, 만일 "옳지 않은"이라는 단어가 3-7절에 기록된 청지기의 여러 행위들을 언급하는 것이 아니라면, 8절의 "옳지 않은"이라는 단어는 생략될 수도 있었고 아마도 생략했을 것이라고 결론 내리는 것이 이치에 맞을 것이다. 3-7절과 상관이 없다면 청지기를 "불의하다"고 묘사하는 것은 전적으로 불필요한 일이기 때문이다. 그러므로 8절에서 그를 "옳지 않다"라고 한 것은 청지기가 받고 있는 여러 혐의 때문이기보다는 이후에 그가 한 행동을 설명하기 위함이다. 결과적으로, 청지기가 왜 "옳지 않은" 청지기로 불렸는지에 대한 전통적인 해석이 가장 추천할 만한 해석이다.

③ 주인의 행동은 납득할 만한가?

불의한 청지기 비유 해석에 관련된 세 번째 문제는 청지기의 행동에 보인 주인의 반응이다. 주인의 반응을 이해하기 어렵다는 것은 너무도 분명하다.

---

34 L. John Topel, "On the Injustice of the Unjust Steward: Luke 16:1-13," *CBQ*, Vol. 37 (1975), 218, n. 13.

자기를 속인 사람을 어떻게 칭찬할 수 있는가? 주인은 옳지 않은 일을 칭찬하는 것처럼 보인다. 주인의 반응이 완전히 예상 밖이며 예사롭지 않다는 것은 누가 보더라도 분명하다. 그렇다고 해서 주인의 반응이 전혀 상상할 수 없었던 일일까? 쓴웃음을 지으며 "약삭빠른 불한당아! 너는 항상 비상시를 대비하는구나! 또 일을 저질렀네. 이 꾀바르고 수단 좋은 악당 같으니라고. 썩 꺼져! 다시는 우리 집 문 앞에 얼씬거리지도 마라!"[35]라고 말하는 동양의 통치자를 상상할 수는 없을까?

이렇게 반응하는 일이 흔치 않으리라는 것은 말할 필요도 없다. 하지만 예수님의 비유들은 흔치 않은 행동의 예들로 가득하다. 이야기꾼이신 예수님의 천재성을 특징짓는 것이 바로 이런 비범하고 예기치 못한 행동이다. 주인의 행동은 흔치 않은 경우이지만, 이 비유를 듣는 군중은 비유에 묘사된 행동을 받아들일 수 있었다.

④ **예수님은 어떤 부류의 청중에게 이 비유를 말씀하셨는가?**

언뜻 이 문제는 명백하고 단순해 보인다. Luke 16:1은 이 비유를 제자들에게 말씀하신 것으로 언급한다. 하지만 Luke 15:1-2과 16:14뿐만 아니라 이 비유의 요지도, 바리새인들 역시 이 비유의 청중임을 암시하는 것 같다. 15:1-2에 의하면, 바리새인들과 서기관들이 잃어버린 양 비유와 잃은 동전 비유와 은혜로운 아버지 비유의 청중이다. Luke 16:14에 의하면, 바리새인들은 "이 모든 것", 즉 Luke 16:1-13의 내용을 들은 것 같다. 한편, 우리는 이

---

35 참조. Manson, *The Sayings of Jesus*, 292. 맨슨은 주인이 이런 식으로 말하고 있다고 이해한다. "이것은 사기야. 그런데 아주 기발한 사기란 말이지. 청지기 놈은 악당인데, 놀랍도록 꾀바른 악당이고."

모든 자료를 누가가 배열했고, 누가는 바리새인들과 서기관들처럼 적대적인 군중에게 예수님이 말씀하셨던 자료들을 찾아 그 자료들을 예수님의 제자들에게도 적용하려고 했을 수도 있음을 인정해야 한다. 옳지 않은 청지기 비유도 이러한 사례일지 모른다. 예레미아스는 이렇게 진술한다.

> 8a절에 제시되었듯이, 만일 불의한 청지기 비유가 위기에 처했을 때 단호한 행동을 취하라는 촉구라면, 이 비유는 제자들에게 말씀하신 것이 아니라 "회심하지 않은 사람들", 머뭇거리는 사람들, 주저하는 사람들, 군중에게 주시는 비유일 것이다. 그들은 위기가 임박했다는 말씀을 들어야 한다. 그들은 미래에 모든 것을 걸고 용감하게, 지혜롭게, 단호하게 대처해야 한다.[36]

그렇다면 예수님의 삶의 정황에서 이 비유의 요점은 무엇일까? 예수님의 생각을 이해하는 열쇠는 8a절에 있다. 8a절을 예수님 자신의 비유 해석(이 경우 본문의 "주인"은 예수님을 지칭함)을 의미하는 것으로 생각하든지, 아니면 단지 비유 자체에 속한 것으로 이해하든지 간에 8a절이 이 비유 해석의 열쇠라는 것은 사실이다. 이 비유의 강조점이 비유의 끝부분에 나온다는 것은 확실하다. 옳지 않은 청지기는 칭찬을 받았다! 그런데 무엇 때문에 칭찬을 받았을까? 그의 불의함 때문에 칭찬을 받은 것이 아님은 분명하다. 그는 "빈틈없음"(prudence) 또는 영리함 때문에 칭찬을 받았다.[37] 이 빈틈없음에는 반드시 정직함이나 경건함이 요구되는 것은 아니다. 빈틈없음은 "자기 보호

---

36 Jeremias, *The Parables of Jesus*, 47.
37 칭찬의 근거를 제시하는 8절의 호티(*hoti*)를 주목하라.

를 위한, 도덕과는 상관없는 영리함이나 재간"이다.[38] 이러한 사실은 MATT 7:24; 10:16; Matt 25:2; 롬 11:25; 12:16과 같은 본문에 이 용어가 사용된 방식에서 분명히 드러난다. 불의한 청지기 비유에 등장하는 청지기는 장차 마주하게 될, 주인에게서 받을 판결에 대비하는 교활한 영리함이 있었다. 청지기는 자신이 직면한 위기 상황을 생각하면서 미래를 대비하기 위해 지혜롭게 행동했다. 그는 청지기직을 잃게 될 경우 그가 행한 행동으로 인해 사람들이 그를 그들의 집으로 영접하게 할 정도로(4절), 빈틈없고 민첩했다.

예수님은 이 비유로써 청중에게 빈틈없기를 요구하신다. 예수님은 하나님의 나라가 임했고 그 나라와 함께 "심령이 가난한 사람들"에게 복이 임하고, "스스로 의롭다고 생각하는 사람들"에게 심판이 임했다고 선언하셨다. "이미 도끼가 나무뿌리에 놓였으니 좋은 열매 맺지 아니하는 나무마다 찍혀 불에 던져지리라"(LUKE 3:9). 임박했으며 이미 동터오고 있는 이 심판을 생각할 때 청중은 옳지 않은 청지기처럼 빈틈없어야 하며 지금 대비해야 한다. "지금 행동하라. 그래야 너희는 영원한 처소로 들어갈 수 있다." 예레미아스는 이 비유의 요점을 다음과 같이 잘 요약했다.

이 청지기는 자기를 파멸시키려고 위협하는 재난을 목전에 두고 있으며 너희는 이 청지기와 동일한 상황에 있다. 그러나 너희를 위협하고 있으며 실제로 너희가 이미 처해 있는 위기는 어느 것과도 비교할 수 없을 정도로 참혹하다. 이 사람은 … [지혜로웠다](8절). 다시 말해서, 그는 상황의 심각성을 인식했다. 그는 이 모든 상황을 그대로 내버려 두지 않았다. 그가 염치없이 행

---

38 TDNT, Vol. Ⅶ, 484. Bailey, *Poet and Peasant*, 105-106도 보라.

동했다는 것은 의심의 여지가 없다. … 예수님이 그의 행동을 두둔하지는 않으셨다. 비록 우리가 여기서 이 문제에 관심을 기울이지는 않았지만 말이다. 하지만 청지기는 자신을 위해 새 생활을 준비한다는 일념으로 용감하고 단호하며 지혜롭게 행동했다. 너희에게도 시대의 도전은 빈틈없음(prudence)을 요구한다. 모든 것이 위태롭다.[39]

누가는 편집 과정에서 예수님의 이 요점을 취하여 누가 자신의 독자에게 적용한다. 예수님을 따르는 자들은 지혜롭게 행동해야 한다. 불의한 청지기 비유에 증서, 빚, 돈이 관여되어 있기에, 이 비유 다음에 누가는 돈을 다루는 문제와 관련된 예수님의 다양한 말씀들을 덧붙이고(9-13절), 예수님을 따르는 사람들에게 물질적인 행복과 관련하여 지혜롭게 행동하라고 요구한다. 이것이 누가가 선호하는 주제라는 사실은 이 비유 다음에 이어지는 부자와 나사로 비유(Luke 16:19-31), LUKE 12:32-34, 누가복음과 사도행전의 부(富)에 관한 총체적인 교훈에서 분명히 입증된다.[40] 그러나 다시 말하거니와, 우리는 누가가 편집 과정에서 예수님의 요점을 잘못 해석했다고 이해하기보다는, 여기서는 이 요점(즉, "하나님 나라를 위해 자신을 준비함에 있어서 빈틈없어야 한다.")을 부와 관련하여 당대의 교회 상황에 적용했다고 이해해야 한다.

---

39 Jeremias, *The Parables of Jesus*, 182.
40 이 문제에 대해서는 Topel, "On the Injustice of the Unjust Steward: Luke 16:1-3," 221과 이 책의 134쪽을 보라.

2) 망대 비유와 전쟁 비유(Luke 14:28-32)

결단을 요구하는 하나님 나라를 주제로 하는 비유 두 개를 더 살펴보려고 한다.

너희 중의 누가 망대를 세우고자 할진대 자기의 가진 것이 준공하기까지에 족할는지 먼저 앉아 그 비용을 계산하지 아니하겠느냐? 그렇게 아니하여 그 기초만 쌓고 능히 이루지 못하면 보는 자가 다 비웃어 이르되, "이 사람이 공사를 시작하고 능히 이루지 못하였다." 하리라. 또 어떤 임금이 다른 임금과 싸우러 갈 때에 먼저 앉아 일만 명으로써 저 이만 명을 거느리고 오는 자를 대적할 수 있을까 헤아리지 아니하겠느냐? 만일 못할 터이면 그가 아직 멀리 있을 때에 사신을 보내어 화친을 청할지니라. (Luke 14:28-32)

누가복음에서 이 두 비유는 군중에게 제자가 되는 조건을 교훈하는 문맥에 자리한다(14:26-27, 33). 이렇게 배치한 것이 누가라는 사실은 26-27절이 MATT 10:37-38에서도 발견되는 Q 자료인 반면에, 두 비유 자체는 누가복음에서만 발견되는 누가만의 독특한 자료(즉, L)라는 것에서 알 수 있다. 이 결론은 도마복음을 발견함으로 더 확실해졌다. 도마복음 어록 55에 Luke 14:26-27에 상응하는 본문이 있는데, 이 본문은 두 비유와 따로 떨어져 있다.[41]

---

41 이외에도 Luke 14:26-33 배치를 누가가 한 것이라는 주장의 두 가지 근거는 Peter G. Jarvis, "The Tower-builder and the King Going to War," *ET*, Vol. 77 (1966), 196에 있다. 야르비스(Jarvis)는 이 두 비유가 Luke 14:26-27과 33절의 연속적인 흐름을 방해한다고 지적하고, 예

Luke 14:25-33 배열은 누가의 작업으로 돌린다고 해도, 누가가 이 두 비유를 사용한 방식과 해석한 내용은 근본적으로 예수님과 동일하다. 예수님은 그분의 제자가 되고 싶은 사람들을 말리시는 것처럼 보일 때도 있었지만(참조. MATT 8:18-20), 예수님이 막으신 것은 예수님을 따르는 것 자체가 아니라 "계산도 하지 않고" 예수님을 따르려는 것이었다. 하나님은 모든 사람에게 하나님 나라를 은혜롭게 주신다. 하나님 나라에서 배제되는 이유는 그 나라에 "들어가기가" 어려워서가 아니라 은혜로운 초대를 의도적으로 저버리기 때문이다(참조. LUKE 14:15-24). 하지만 하나님의 은혜는 "값싼 은혜"가 아니다. 그 은혜는 순수하고 단순하지만, 우리는 자신의 삶에서 은혜의 통치에 헌신해야 한다. 하나님의 은혜는 손을 펴서 내밀어야만 받을 수 있다. 손을 펴 내밀기 위해서는 그 은혜를 받는 데 방해될 만한 모든 것을 포기해야 한다. 예수님은 이러한 포기를 회개라고 칭하신다.

예수님은 망대 비유와 전쟁 비유에서 청중에게 하나님 나라의 은혜를 받기 전에 이러한 회개에 필요한 것이 무엇인지를 생각해 보라고 말씀하셨다. 자신이 기꺼이 회개하고 있는지에 대해 우선적으로 깊이 생각하지도 않고 하나님 나라에 들어가려는 것은 어리석고 악한 일이기 때문이다. "손에 쟁기를 잡고 뒤를 돌아보는 자는 하나님의 나라에 합당하지 아니하니라"(Luke 9:62). (여기서도 히브리서 6:4-6의 진술과 비교하라!). 하나님께서 그에게까지 하나님 나라를 주시는 그 은혜로운 제의를 받기 위해 모든 것을 기꺼이 포기할

레미아스의 "The Parables of Jesus," 106을 인용해서 이 두 비유가 (자기희생을 요점으로 하는) 14:26-27, 33과는 다른 (자기 점검/시험) 요점을 제시한다고 주장한다. 하지만 두 비유의 요점이 앞뒤 문맥과 다르다는 주장은 논리가 빈약해 보인다. 두 비유에서 "비용을 계산함"이 강조된 것은 "자기희생"과 밀접한 관련이 있기 때문이다.

것인지 먼저 "비용을 계산해야"한다. 다시 말해서, 심사숙고해야 한다.

결단을 요구하는 주제를 다루는 다른 비유들은 나열만 하겠다. 고소한 사람과의 화해를 가르치는 비유(LUKE 12:58-59), 예복을 입지 않은 손님 비유(Matt 22:11-14), 지혜로운 건축자와 어리석은 건축자 비유(MATT 7:24-27), 토양 비유(MARK 4:3-9) 등이다. 마지막으로 언급한 토양 비유는 제자들에게 하나님의 나라가 실제로 임했으며, "온갖 실패와 반대에도 불구하고, 처음에는 가망이 없었지만 결국에는 하나님께서 약속하셨던 승리의 종말을 이루어 내신다."라는 격려와 확신을 주는 비유로 해석되곤 한다.[42] 그러나 이 비유에 대한 성경 자체의 해석(MARK 4:14-20)을 거부하는 이러한 해석에 의문을 제기할 만한 몇 가지 이유가 있다.

첫째로, 토양 비유에서 처음 세 유형의 토양을 설명하려고 할애한 지면의 양(3-7절)을 그냥 지나칠 수는 없다. 좋은 토양에 단 한 절만 할애한 것과 대조적으로 나머지 세 토양에는 다섯 절이 할애되었다. 이것은 단순히 무대 상황이나 비유의 요점에 대한 "지엽적인 묘사"에 집중하기 위한 분량치고는 일반적이지 않은 양인 것 같다. 더욱이 처음 세 토양을 하나하나 설명하는 절의 평균 길이가 좋은 토양을 묘사하는 절보다 더 길다는 사실도 주목해야 한다. 둘째로, 추수가 지닌 종말론적인 특성 문제는 후대에 많은 논쟁의 대상이 되었다. 만일 추수가 밭의 토양보다 씨앗과 관련이 있다면, 추수는 절대로 놀라운 일이 아니다. 씨앗 하나가 30배, 60배, 100배의 결실을 맺는 것은 얼마든지 가능한 일이기 때문이다.[43] 셋째로, 이 비유의 전통적인 해석을

---

42 Jeremias, *The Parables of Jesus*, 150.
43 Linnemann, "*Parables of Jesus*," 117과 181 n. 13. 특히 Philip Barton Payne, "The Authenticity of the Parable of the Sower and Its Interpretation," in *Gospel Perspectives*,

선호하는 또 다른 근거는 이 해석이 여러 부류의 사람들이 섞여 있는 당대 청중의 상황(MARK 4:1-2, 9, 10)과 성경 자체의 해석에도 적합하다는 데 있다. 마지막으로, 이 비유의 끝부분 강조점을 지나치게 강조하는 것은 아닌지 질문해 보아야 한다. 나는 만일 이 비유에 등장하는 토양의 순서를 바꾼다면 비유의 요점 역시 그만큼 실제로 바뀔 것인지 의문을 제기할 수밖에 없다. 만일 이 비유에서 좋은 토양이 먼저 언급된다면, 이야기를 재미있게 하기 위한 장치는 대부분 없어질 것이다. 그러면 이야기의 요점이 달라질까? 아마 그렇지 않을 것이다! 이 모든 사실에 비춰 볼 때, 토양 비유는 하나님 나라에 관한 예수님의 메시지를 바르게 받아들여야 할 필요가 있다는 가르침, 다시 말해서 예수님의 말씀을 듣고 믿음을 가질 것에 대한 가르침(MATT 7:24-27)으로 이해해야 하고, 그래서 이 비유에는 "씨 뿌리는 자 비유"보다는 "토양 비유"라고 제목을 붙여야 할 것이다.

3. 결론

이 장에서 우리는 하나님의 나라가 사실상 임했다는 예수님의 선포와 하나님 나라의 도래가 결단을 요구한다는 가르침이 서로 밀접한 관계에 있는 교훈임을 증명하려 했다. 여호수아와 그 이후 등장한 선지자들이 이스라엘 백성에게 "오늘날 너희가 섬길 자를 택하라"(수 24:15)라고 촉구했듯이, 예수님은 청중에게 결단을 촉구하셨다. 언뜻 보면 이 결단은 단순히 하나님을 섬

---

ed. by France and Wenham, Vol. I, 181-186을 보라.

길 것인지 아니면 하나님을 버릴 것인지를 결정해야 한다는 것으로 보일 때가 있다(참조. LUKE 12:58-59; MATT 7:24-27). 그러나 결단을 요구하는 비유들을 이런 식으로 해석하는 것은 그 비유들의 종말론적인 근거와 단절시키는 것이다. 새로운 무언가가 발생했다. 하나님의 나라가 임했다. 그러므로 이제는 전에 없었던 부르심을 받아들여야 한다. 하나님 나라의 보화, 값을 매길 수 없는 진주가 이제 당신의 소유가 될 수 있다. 어리석은 자가 되지 말라. **지혜로운 자가 되어라!**(Be prudent!) 하나님의 은혜로운 선물을 받는 데 장애가 되는 것이 있다면, 어떤 것이라도 기쁨으로 내버리라. 지금이 바로 그때다! 왜 아직도 머뭇거리는가?

제9장
비유에 묘사된 하나님

하나님의 나라가 임했다. 그리고 그와 더불어 결단을 촉구하신다. 하지만 사람들에게 결단을 촉구하는 하나님은 어떤 분이신가? 그분은 거룩함과 영광 중에 계시면서 심판과 진노를 내리시는 하나님이신가? 자신의 영광과 의로움 때문에 의롭지 못한 사람들에게 저주를 내리는 하나님이신가? 물론 하나님이 거룩하시고 공의로우시며 반드시 세상을 심판하신다는 것은 예수님의 말씀을 듣는 청중이 다 받아들인 자명한 진리였다. 우리는 일부 비유가 심판의 메시지를 담고 있음을 살펴볼 것이다. 그렇지만 우리 하나님이 신원하시는 날은 여전히 미래에 있다. 지금은 주의 은혜의 해다.[1] 지금은 회개의 때이다. 그리고 예수님이 청중에게 회개를 촉구하신다는 바로 이 사실이 하나님의 은혜와 자비를 계시한다. 하나님이 사람에게 회개의 기회를 주시거

1　Luke 4:18-19에서 예수님이 이사야 61:1-2 인용으로 마무리하신다는 것에 주목하라.

나 사람의 회개를 받아들여야 할 의무는 없기 때문이다. 예수님의 다른 가르침에서뿐만 아니라 여러 비유들에서 하나님의 은혜로우심은 계속해서 계시된다.

1. 은혜로운 아버지 비유(Luke 15:11-32)

하나님의 은혜롭고 자비로운 성품을 알 수 있는 여러 비유 가운데 한 가지는 은혜로운 아버지 비유다.

또 이르시되, "어떤 사람에게 두 아들이 있는데 그 둘째가 아버지에게 말하되, '아버지여 재산 중에서 내게 돌아올 분깃을 내게 주소서.' 하는지라. 아버지가 그 살림을 각각 나눠 주었더니, 그 후 며칠이 안 되어 둘째 아들이 재물을 다 모아 가지고 먼 나라에 가 거기서 허랑방탕하여 그 재산을 낭비하더니, 다 없앤 후 그 나라에 크게 흉년이 들어 그가 비로소 궁핍한지라. 가서 그 나라 백성 중 한 사람에게 붙여 사니 그가 그를 들로 보내어 돼지를 치게 하였는데, 그가 돼지 먹는 쥐엄 열매로 배를 채우고자 하되 주는 자가 없는지라. 이에 스스로 돌이켜 이르되, '내 아버지에게는 양식이 풍족한 품꾼이 얼마나 많은가. 나는 여기서 주려 죽는구나! 내가 일어나 아버지께 가서 이르기를, 아버지, 내가 하늘과 아버지께 죄를 지었사오니 지금부터는 아버지의 아들이라 일컬음을 감당하지 못하겠나이다. 나를 품꾼의 하나로 보소서 하리라.' 하고, 이에 일어나서 아버지께로 돌아가니라. 아직도 거리가 먼데 아버지가 그를 보고 측은히 여겨 달려가 목을 안고 입을 맞추니, 아들이 이르되, '아버지,

내가 하늘과 아버지께 죄를 지었사오니 지금부터는 아버지의 아들이라 일컬음을 감당하지 못하겠나이다.' 하나, 아버지는 종들에게 이르되, '제일 좋은 옷을 내어다가 입히고 손에 가락지를 끼우고 발에 신을 신기라. 그리고 살진 송아지를 끌어다가 잡으라. 우리가 먹고 즐기자. 이 내 아들은 죽었다가 다시 살아났으며 내가 잃었다가 다시 얻었노라.' 하니, 그들이 즐거워하더라."
"맏아들은 밭에 있다가 돌아와 집에 가까이 왔을 때에 풍악과 춤추는 소리를 듣고 한 종을 불러, '이 무슨 일인가?' 물은대, 대답하되, '당신의 동생이 돌아왔으매 당신의 아버지가 건강한 그를 다시 맞아들이게 됨으로 인하여 살진 송아지를 잡았나이다.' 하니, 그가 노하여 들어가고자 하지 아니하거늘, 아버지가 나와서 권한대 아버지께 대답하여 이르되, '내가 여러 해 아버지를 섬겨 명을 어김이 없거늘 내게는 염소 새끼라도 주어 나와 내 벗으로 즐기게 하신 일이 없더니, 아버지의 살림을 창녀들과 함께 삼켜 버린 이 아들이 돌아오매 이를 위하여 살진 송아지를 잡으셨나이다.' 아버지가 이르되, '얘, 너는 항상 나와 함께 있으니 내 것이 다 네 것이로되, 이 네 동생은 죽었다가 살아났으며, 내가 잃었다가 얻었기로 우리가 즐거워하고 기뻐하는 것이 마땅하다.' 하니라." (Luke 15:11-32)

이 본문을 연구하면서 맨 처음에 제기해야 할 질문은 우리가 여기서 하나의 비유를 다루는 것인지 아니면 두 개의 비유를 다루는 것인지 하는 것이다. 이 비유가 15:25에서 자연스럽게 구분된다는 것은 분명하다. 그렇다면 이 본문은 별도의 비유 두 개로 구성되었는가? 탕자에 관한 비유와 탕자의 형에 관한 비유를 누가가 처음으로 합쳐 놓았는가? 아니면, 누가가 전승에서 발견한 원래의 비유에 대한 해석으로서 둘째 부분(25-32절)을 새롭게 만들어서 붙였는가?² 혹은, 두 비유로 구성된 된 전체 본문이 전승에 의한 것이고 예수님 자신이 원래 이렇게 말씀하셨는가? 자세히 살펴보면 Luke 15:11-32은 적어도 두 가지 이유에서 독립된 비유 두 개를 합친 것이 아니라는 사실이 드러난다.

첫 번째 이유는 15:11-24만으로도 온전한 이야기를 구성할 수 있지만(그래서 이 비유에는 우리에게 친숙한 "탕자 비유"라는 제목이 있다), 25-32절은 독립적일 수가 없고 이 단락을 이해하기 위해서는 15:11-24과 같은 단락이 필요하다는 데 있다. 두 번째 이유는 11-24절에 두 아들이 언급되었는데, 만일 25-32절이 원래의 비유에 속하지 않는다면, 한 아들만 언급했어도 되기 때문이다.³

더 최근에는 이 비유의 후반부(25-32절)가 누가의 전적인 창작인지를 둘러싼 질문이 제기되었다. 이러한 논제를 지지하는 주요 근거는 언어학적인 것이다. 잭 샌더스(Jack T. Sanders)에 의하면, 비유의 전반부(15:11-24)에는 누가가 사용하지 않는 문법과 어휘가 많이 나타나는 반면에, 후반부(15:25-32)에는 "분명히 누가의 용어와 의미들이 집중적으로 많이 사용"되었다.⁴ 이 비평은 많은 학자들의 공격을 받았으며,⁵ "15:11-32을 누가가 창작했다는 주장

---

2 이것은 잭 샌더스의 견해다. Jack T. Sanders, "Tradition and Redaction in Luke XV 11-32," *NTS*. Vol. 15 (1968), 433-438.
3 Linnemann, *Parables of Jesus*, 152, n. 20.
4 Sanders. "Tradition and Redaction in Luke XV 11-32," 435. 샌더스가 제시한 또 다른 주장은 공관복음 전승에는 참으로 진정성이 보장된 두 부분으로 된 비유가 존재하지 않는다는 것이다. 하지만 Luke 16:19-31의 후반부에 진정성이 없다는 것은 확정된 사실이 아니다.
5 Joachim Jeremias, "Tradition und Redaktion im Lukas 15," *ZNW*. Vol. 62 (1971), 172-189; John J. O'Rourke, "Some Notes on Luke XV. 11-32," *NTS*. Vol. 18 (1971), 431-433; 그리고 특별히 Charles E. Carlston, "Reminiscence and Redaction in Luke 15:11-32," *JBL*. Vol. 94 (1975), 368-390을 보라.

을 반대하는 논거는 상당히 결정적인 것으로 보인다."[6]라고 결론 내리는 것이 이치에 맞을 것 같다.

그리고 이 비유에서 형은 바리새인들과 서기관들을 의미하는데, 이 비유에서 형을 다루는 방식이 놀라울 정도로 부드럽고 점잖다는 사실에도 주목해야 한다. 심지어 형은 회개한 동생보다 더 특권을 지닌 위치에 있는 것으로 묘사된다. 만일 비유의 후반부가 누가의 창작이라면, 형은 확실히 다른 방식으로 묘사되었을 것이다. 그 당시 이스라엘 사람들은 복음을 배척했지만, 이방인 세계에는 이 복음이 전해졌기 때문이다. 누가가 비유의 이 부분을 창작했다면, 아마도 이 비유에 대한 많은 해석이 형을 잃어버린 자이며 회개와 죄 사함이 필요한 사람으로 취급한 것처럼, 누가도 이 형을 그런 식으로 다루었을 것이 분명하다. 그런데 비유에서 형을 온건한 방식으로 묘사한 것은 누가의 삶의 정황보다는 예수님의 삶의 정황에 더 적합하다.[7] 세리와 죄인들과 함께 식사하시는 것의 정당성을 입증하시는 중에, 예수님은 잃은 양 비유와 잃은 동전 비유를 말씀하심으로 하나님께서 잃은 자들을 기쁘게 받으신다는 것을 보이신 반면에, 이 비유에서는 그분을 대적하는 자들이 사랑이 없고 마음이 완악함을 보여 주려 하셨다.

탕자 비유의 역사적인 정황을 탐구하기 전에 반드시 다루어야 할 두 번째 문제는 이 비유가 알레고리인지와 관련이 있다. 탕자 비유의 주요 등장인물들의 태도에서 바리새인/서기관, 세리/죄인, 그리고 하나님의 다양한 특징들을 볼 수 있고 또 반드시 보아야 한다는 사실은 분명하다. 비유에 등장하

---

6 Charles E. Carlston, "Reminiscence and Redaction," 383. 물론 이 말이 누가가 그의 필요와 목적에 따라 비유 편집 작업을 하지 않았다는 의미는 아니다.
7 Ibid., 387-388.

는 형에게서 "이 사람이 죄인을 영접하고 음식을 같이 먹는다"(15:2)라고 원망하던 바리새인들과 서기관들의 전형을 보지 않을 수 없다. 그리고 확실한 것은 큰 사랑과 자비의 아버지는 예수님이 선포하신 하나님의 사랑과 자비를 묘사한다는 점이다. 탕자 역시 하나님을 거역해 심각한 죄를 짓고 자주 이방인들에게 붙어살던(참조, 15:15) 세리와 죄인들을 떠오르게 한다.

하지만 이 모든 유비가 존재한다고 해도 누가복음 15:11-32은 이야기식 비유이지 알레고리가 아니라는 것이 분명하다. 비유에 등장하는 아버지가 하나님의 품성을 표현하는 것은 분명하지만,[8] 그 아버지는 하나님과 명백히 구별되기도 한다. 이 점은 18절과 21절에서 탕자가 "아버지, 내가 하늘(즉, 하나님)과 아버지께 죄를 지었사오니"라고 말할 때 분명하게 드러난다. 이와 마찬가지로 이 비유는 알레고리화의 오랜 역사가 있기는 하지만, 비유의 세부 내용들은 그에 부합하는 본질적인 상징적 의미가 없기 때문에, 이 비유는 분명히 알레고리가 아니다. 그러므로 탕자 비유는 기본적인 비교점을 가지고 있는 비유다. 아버지와 작은아들과 형이, 자비로운 마음으로 세리와 죄인들에게 다가가심으로써 바리새인들과 서기관들을 자극하고 깜짝 놀라게 하시는 예수님의 하나님을 제시하거나 특성화한다는 사실로 인해 이 비유가 알레고리가 되는 것은 아니다. 우리는 여전히 단 하나의 기본적인 비교점만을 다루고 있기 때문이다.[9]

---

8   특별히 Luke 15:29에서 맏아들이 "보소서, 내가 여러 해 아버지를 섬겨 명을 어김이 없거늘"이라고 진술한 것에 주목하라.
9   참조. Linnemann, *Parables of Jesus*, 74. 린네만은 "이 비유는 오랫동안 그 자체로 중요성을 지닌 순수한 내러티브로 존재해 왔다. 어느 곳에서도 '그림 부분'과 '실체 부분'이 똑같은 알레고리가 되지 않았다."라고 주장한다.

1) 비유의 역사적 정황

앞에서 관찰했듯이 탕자 비유는 아버지와 두 아들에 관한 이야기다. 결혼을 하지 않은 것으로 보이기 때문에 아마도 열일곱 살쯤 되었을[10] 둘째 아들은 아버지에게 "내게 돌아올 분깃"을 요구한다(15:12). 정관사("그") 사용은 그가 언젠가 상속받을 것이라고 기대한 어떤 구체적인 유산을 언급하고 있음을 시사한다. 율법(신 21:17)에 의하면, 아버지가 돌아가실 때 맏아들은 아버지 유산의 삼분의 이를 상속받고, 둘째 아들은 유산의 삼분의 일을 받는다. 그러나 아버지가 돌아가시기 전에 둘째 아들이 유산의 삼분의 일을 다 받을 가능성은 그리 높지 않다. 둘째 아들이 땅은 전혀 받지 못했고 아버지가 처분할 수 있는 일부 재산만 받았다는 의견이 제기되기도 했다.[11] 그러나 유산을 나눠 주는 것을 묘사하는 비유의 용어들("아버지가 그 살림을 각각 나눠 주었더니 … 둘째 아들이 재산을 다 모아 가지고…")에 의거해 볼 때, 아버지는 처분 가능한 재산뿐 아니라 토지도 두 아들에게 각각 나눠 준 것으로 보인다. 가족 중 다른 식구들, 특히 결혼하지 않은 딸들을 부양하는 일과 관련된 앞날의 필요성 때문에, 아버지는 둘째 아들이 아버지가 돌아가실 때 받게 될 거라고 예상한 재산의 삼분의 일을 다 주지는 않았을 것이다. 결과적으로 둘째 아들이 받은 재산은 유산의 9분의 2가 조금 넘었을 것이라는 의견이 있다.

누가복음 15:12에 분명하게 언급되었듯이, 이때 맏아들도 자기 몫을 받았다. 하지만 아마도 아버지는 죽을 때까지 재산의 용익권(用益權)을 유지함으

---

10   J. Duncan M. Derrett, "Law in the New Testament: The Parable of the Prodigal Son," *NTS*. Vol. 14 (1967), 60, n. 3.
11   Linnemann, *Parables of Jesus*, 74-75.

로써 자신을 보호했을 것이다. 탈무드에는 재산이 "오늘부터, 그러나 내가 죽은 이후에"[12] 아들(들)에게 주어진다는 내용이 기록되어 있다. 지금 형이 재산을 받았지만, 여전히 아버지가 그 용익권을 보유했다고 할 수 있다. 그래서 아버지는 맏아들에게 "내 것이 다 네 것"(15:31)이라고 말할 수 있었다. 아버지가 남은 생애 동안 자기 재산을 편하게 사용했지만, 그 재산이 법적으로는 맏아들에게 속했다는 점에서 말이다. 적어도 부분적으로는 이미 유산을 받았지만 나중에 더 이상 물려받을 것이 없는 작은아들이 앞으로 언젠가 그 재산을 요구하지 못하도록 아버지가 맏아들의 상속권을 보호하기 위해 이렇게 행동했을 것이라는 사실에는 의심의 여지가 없다.

작은아들이 유산을 미리 요구한 이유가 비유에 구체적으로 진술되지는 않았지만,[13] 학자들이 몇 가지 이유를 추정했다. 이런 소원을 말한 작은아들이 버릇이 없거나 악한 것은 아니며, 돈을 벌려고 유럽이나 아시아를 떠나 미국으로 가는 현대 젊은이들의 경우와 유사하다고 주장하는 사람들이 있다. 유대 지역에서는 기회가 제한되어 있고 유대 땅의 인구가 50만 명인 것과 비교하면 디아스포라(팔레스타인을 떠나 도처에 흩어져 사는 유대인들-역주)의 수는 400만 명이 넘었기에, 작은아들은 "젊은이여, 서부로 가라. 서부로!"[14]라는 유혹의 소리를 좇아 돈을 벌려고 했을 뿐이라는 것이다. 그러나 베일리(Bailey)는 중동의 여러 문화권 사람들에게 이 비유를 들려주었는데 이 비유를 들은 사람들은 하나같이 작은아들이 아버지를 미워했으며 아버지가 죽

12　b. Baba Metzia 19a (Soncino Press, 119). Derrett, "Law in the New Testament: The Parable of the Prodigal Son," 62-63에 논의된 것도 보라.

13　"주소서"라는 명령형을 둘째 아들의 요구로 해석해서는 안 된다. 아들에게는 그런 요구를 할 만한 구실이 없기 때문이다. 이 명령형은 청원이나 간청으로 이해하는 것이 최상이다.

14　Linnemann, *Parables of Jesus*, 60을 보라.

기를 원한 것이라고 결론 내렸다고 지적한다.[15] 또한 베일리는 중동 문헌에서 과거든 현재든, 작은아들이 건강이 좋은 아버지에게 유산을 요구하는 예가 없다는 사실도 지적한다. 그렇다면, 작은아들이 단지 돈을 벌기 원했을 뿐이고 아버지를 모독한 것은 결코 아니라는 주장은 정당하지 않은 것 같다.

본문 자체도 그 아들이 자기에게 돌아올 유산을 요구한 동기가 고상하지 않았다는 인상을 주는데, 13절을 보면 작은아들이 투자를 잘못했거나 절도를 당해 그의 돈을 잃은 것이 아니라는 사실을 알 수 있기 때문이다. 13절은 "그가 되는 대로 살아 그의 재산을 허비했다."라고 기록한다. 그러므로 본문은 "탕자가 술과 여자와 오락"을 즐기다가 재산을 허비했다는 전통적인 견해(참조, 30절)를 암시한다. 아버지의 인품(배은망덕한 아들에게 유산을 줘서 허비하게 한 아버지가 어리석은 것이 아닐까?)을 변호하기 위해 작은아들의 행동을 고상한 것으로 포장하려는 몇 가지 시도들은 불필요하다. 아버지의 행동이 어리석을 정도로 너그럽다는 것과 모든 경우에 따를 만한 지혜의 본을 제시하는 것이 아니라는 사실은 너무도 분명하다. 하지만 지금 우리가 비유를 다루면서, 비유의 세부 내용 하나하나에 집착해서는 안 된다는 사실을 반드시 기억해야 한다!

작은아들은 흥청대다가 이내 재산을 허비했으며, 자신이 어리석게 행동했다는 것을 깨달았을 때에는 이미 늦었다. 때마침 그 땅에 흉년이 닥쳤다. 죄의 심연에 빠져 있는 탕자는 "가서 그 나라 백성 중 한 사람에게 붙어" 살고 돼지를 침으로써 그가 지은 여러 죄에 배교의 죄를 추가한다(여기서 이방인 즉 로마를 위해 봉사하는 세리와의 유비를 주목하라). 돼지 치는 일과 관련해, 탈무드

---

15 Bailey, *Poet and Peasant*, 163-164.

에 이런 내용이 있다. "돼지 치는 사람은 저주를 받을 것이다!"[16] 죄인에 대한 하나님의 위대한 사랑의 한 예로 예수님이 말씀하시는 탕자의 이러한 상황은 1세기 유대교에서 타락이 어떤 것인지를 가장 효과적으로 묘사한다. 이야기가 계속된다. "그가 돼지 먹는 쥐엄 열매로 배를 채우고자 하되 주는 자가 없는지라"(15:16). 배고픈 처지에 있는 탕자는 저주받은 동물인 돼지와 함께 먹으려 하고 돼지가 먹는 것을 먹으려 하지만, 여전히 굶주리는 것으로 묘사된다.[17]

바로 이 단계에서 탕자는 "스스로 돌이켰다(정신이 들었다, came to himself)." 예레미아스는 그다음 내용이 회개가 의미하는 바를 생생하게 묘사한다고 지적한다.[18] 탕자는 무엇보다도 자신의 죄를 인식했는데, 죄를 인식한 순서뿐만 아니라 그 죄의 이중적인 특성도 주목해야 한다. "내가 하늘과 아버지께 죄를 얻었사오니." 탕자는 "하늘과 … 그의 아버지 목전에서 죄를 범했다. 더 정확히 말해서, 다섯 번째 계명에 불순종했으며, 동시에 하나님과 아버지 모두에게 상처를 주었다."[19] 탕자는 방탕한 생활로 죄를 지었다. 그는

---

16 b. Baba Kamma 82b (Soncino Press, 470).
17 돼지가 먹는 쥐엄 열매로 탕자가 배를 채우려고 했음에도 그가 왜 굶주렸는지에 대해서는 만족할 만한 대답이 제시된 적이 없다. 예레미아스는 쥐엄 열매가 매우 역겨워서 탕자가 먹지 않았다고 제안했지만(*The Parables of Jesus*, 129), 이 설명은 어색하다. 쥐엄 열매는 식용 가능한 열매이고 더구나 기아 상태에 있는 경우라면 누구라도 그 열매를 먹는 일에 까다롭게 굴 이유가 없기 때문이다. 린네만은 탕자가 허기를 채우기 위해 쥐엄 열매 먹는 것을 주인이 허락하지 않았기 때문이라고 제안한다(*Parables of Jesus*, 151, n. 11). 이 제안과 관련해서는, 일을 하고 있는데도 굶주리고 있다는 것이 이상하지는 않은지 질문해 보아야 한다. 베일리는 이 비유에 언급된 쥐엄 열매가 먹을 수 있는 카라토니아 실리쿠아(*Caratonia siliqua*) 과(科)에 속한 열매가 아니라, 쓰고 영양분이 없는 야생 쥐엄 열매라고 주장한다(*Poet and Peasant*, 171-173). 현재까지는 이 문제에 대해 진정으로 만족할 만한 설명은 없는 듯하다.
18 Jeremias, *New Testament Theology*, 152-153.
19 Derrett, "Law in the New Testament: The Parable of the Prodigal Son," 65. 데레트는 둘째 아들의 죄가 그의 방탕함 때문이 아니라 그가 방탕함으로써 아버지를 더 이상 돌볼 방법이

전심으로 하나님을 사랑하지 않았으며 이웃(이 경우에는 아버지)을 자기 몸과 같이 사랑하지 않았기 때문이다(Mark 12:29-31). 그런 다음에 탕자는 현재의 상황에서 돌아서서 (아버지의 은혜롭고 사랑이 넘치는 성품을 기억했기에) 희망을 가지고 아버지께로 돌아간다. "내가 일어나 아버지께 가서"(15:18).

아들을 맞이하는 아버지의 행동에서 우리는 예수님이 이 장면을 예술적으로 묘사하고 계신다는 것에 주목해야 한다. 탕자가 미리 준비한 말을 다 전하기도 전에 "아버지가 그를 보고 측은히 여겨 달려가 목을 안고 입을 맞추"었다(15:20). 동양인 아버지가 이런 식으로 아들에게 달려가는 것은 극히 드물고 품위 없는 행동으로 여겨졌다.[20] 예수님이 이 비유에서 그리려고 하신 하나님의 사랑이 바로 이와 같은 것이었다. 계속해서 아버지의 다른 행동들이 이어진다. 그 행동들은 예수님 당대의 문화에서는 알레고리적으로 제시된 것은 아니었지만, 이는 아버지가 탕자를 완전히 받아들이는 행동이었다. 아버지는 화해의 입맞춤을 하고(참조. 삼하 14:33), 아들에게 제일 좋은 옷을 입히고, 반지(아마도 인장반지)를 끼워 주고, 그의 발에 신을 신겼다. 이 모든 것은 아버지가 탕자를 아들로 완전히 받아들이고 탕자에게 권위를 부여했음을 나타낸다.[21] 그런 다음에 잔치가 이어진다. 그 잔치의 기쁨은 비유에서 동의대구법으로 두 번 반복된다. "이 내 아들은 죽었다가 다시 살아났으며 내가 잃었다가 다시 얻었노라"(15:24, 32). 아버지는 이 공개적인 행동으로

없어졌다는 데 있다고 지적한다. 이러한 사실은 둘째 아들이 창녀와 어울린 것보다 더 심각한 문제이며, 예수님의 청중은 이를 큰 죄로 인식했으리라고 밝힌다.

20 베일리는 탕자의 아버지가 달려가는 행동이 얼마나 수치스러운 것으로 여겨졌는지를 보여 주는 근동의 여러 사례를 제시한다(*Poet and Peasant*, 18이하). 최근에도 근동에서는 "길을 너무 빠르게 걸어 내려간다"는 이유로 목사가 교회에서 해고되었다는 예를 제시한다.

21 참조. 창 41:42; 에 3:10; 8:8; 마카비 상 6:15; Josephus, *Antiquities*, 12.360.

탕자가 아버지의 명예를 떨어뜨렸다고 탕자에게 매우 적대적일 가족들과 마을 사람들에게까지 자기는 아들의 과거를 잊고 용서했다고 드러내 보인다. 탕자는 그의 아들이고, 아버지의 명예와 보호가 그에게 주어진다.

그러나 비유는 이 시점에서 끝나지 않는다. 탕자의 형이 있다! 다시 예수님의 예술적 감각에 주목할 필요가 있다. 아버지와 탕자 사이에 화해가 이루어지고 잔치가 시작되는 동안 맏아들의 부재는 잘 연출된 것이다. 15:27, 29에 아버지를 향한 맏아들의 결례가 묘사되었듯이, 형이 상황을 알고 나서 잔치에 참여하기를 거절한 것은 예수님의 대적들의 태도를 솜씨 있게 묘사한다(참조. LUKE 14:15-24). 비유가 진행되는 동안 상대방을 부르는 웬만한 칭호들이 이 시점에 이르기까지 다 사용되었다. 그러므로 맏아들이 자기 아버지를 부르는 칭호가 나타나지 않는다는 점은 대단히 주목할 만하다. 아버지의 명령에 충실했다는 맏아들의 주장에도 불구하고(15:29) 맏아들은 아버지께 합당한 사랑과 존경을 드리지 않는다. 그는 아버지보다 아버지의 명령에 더 관심이 있었다! 예수님이 맏아들을 이렇게 묘사하실 때 당대 사람들의 종교적인 열심을 염두에 두셨다는 것이 확실하다. 그들은 하나님의 법이라고 생각하는 것을 일점일획이라도 다 지켰지만(이것은 오늘날도 마찬가지이다), 그들의 마음은 하나님에게서 멀리 떠나 있었다.

마지막으로 우리는 형이 동생을 "(당신의) 이 아들"이라고 지칭하는 점도 주목해야 한다(15:30). 탕자가 형의 이복동생이라고 주장하는 것은 15:32에 비춰 볼 때 분명히 문제의 핵심에서 벗어난다. 형은 탕자를 자기 형제로 인정하지 않으려 할 뿐이다. 동족 유대인인 세리들과 죄인들을 절대 형제로 받아들이려 하지 않는 바리새인들과 서기관들, 곧 예수님의 대적자들의 태도

를 예수님은 아주 훌륭하게 포착하셨고 잘 그려 내셨다.[22]

그런데 동생을 받아들이는 데 있어 형의 문제는 무엇이었을까? 형이 동생을 받아들일 경우 그가 장차 받게 될 유산을 동생이 빼앗아 갈까 봐 걱정했다고 제안하는 사람들이 있다.[23] 그러나 이것이 진짜 문제일 리는 없다. 법적으로 재산은 형에게만 귀속되고(15:31), 비유에서는 이것이 문제의 쟁점으로 제시되지 않기 때문이다. 탕자 비유를 이렇게 해석할 수 없는 가장 설득력 있는 증거는 비유의 "그림 부분"(맏아들의 적대감)과 "실체 부분"(예수님과 함께 식사하는 세리와 죄인들을 향한 서기관과 바리새인의 적대감)이 상응하지 않는다는 사실이다. 이것은 금전적인 문제와 전혀 상관이 없기 때문이다. 적어도 부분적으로는 탕자를 받아들이는 것 자체가 형에게는 문제였던 것으로 보인다. 이것은 15:30a에 언급된 "(당신의) 이 아들"이라는 말로 형이 형제관계를 거부하는 모습에서 드러나는 것 같다. 바리새인들과 서기관들은 죄인이 회개할 수 있다는 사실을 받아들였으므로, 아버지가 집에 돌아온 탕자를 받아들인 것보다 더 화가 나는 일은 탕자가 다시 받아들여진 방식이었다!

형이 생각하기에 마땅히 술 취하지 않음, 참회, 후회, 애통함, 부끄러움, 베옷, 재 등이 있어야 할 곳에 잔치가 벌어지고 사람들이 즐기고 있었다. 이것이 바로 형을 화나게 만든 일이었다! 만일 세리와 죄인이 하나님의 나라에 들어가야 한다면, 그들은 죄의 심각함에 합당하도록 참회하고 애통해하고 후회해야만 한다! 형은 이런 것을 요구하는 것이 의로운 것이라고 판단한

---

22 Luke 10:37에 등장하는 율법교사는 사마리아인이 실제로 이웃이라는 것을 증명하고 율법을 성취한 사람이라는 사실을 인정하기를 거절한다. 그 대신에 율법교사는 사마리아인을 "자비를 베푼 자"라고 언급한다.

23 Derrett, "Law in the New Testament: The Parable of the Prodigal Son," 67.

것이 분명하다. 형이 생각하기에, 그의 "동생"은 아버지를 모욕했고 통탄할 정도로 부끄럽게 했다. 형은 실제로 공의와 정의에 대해 매우 고귀한 견해를 가지고 있었다. 하지만 자비에 대해서는 거의 이해하지 못했다. 궁극적으로 그는 아버지가 은혜로우시고 자비로우시다는 사실을 못마땅하게 생각했다(참조. Matt 20:15).

2) 첫 번째 삶의 정황에서의 비유의 요점

이 비유의 요점을 찾으려 할 때 즉각 전면에 부각될 만한 것은 예수님이 이 비유를 통해서 하나님의 사랑이 위대하시다는 것과 죄를 기꺼이 용서해 주심을 입증하려 하셨다는 것이다. 교회 역사 내내 이 비유는 하나님의 사랑과 죄 용서를 요점으로 가르치는 것으로 해석되어 왔으며, 우리는 이제 이 비유가 하나님의 은혜로우심을 정말 생생하게 묘사하고 있다는 사실을 보게 될 것이다. 만일 이 비유가 원래 15:24에서 끝났다면, 우리는 예수님의 삶의 정황에서 이 비유의 요점은 하나님의 사랑과 자비, 그리고 죄 용서함을 받은 죄인을 기뻐하심에 있다고 결론 내릴 수 있다. 이것은 "죄인 한 사람이 회개하면 하나님의 사자들 앞에 기쁨"이 된다(15:10; 참조. 15:7)는 앞선 두 비유의 주제와도 잘 어울린다.

그런데 탕자 비유는 두 부분으로 이루어져 있고 작은아들, 맏아들, 아버지라는 세 명의 인물이 등장한다. 이 사람들 중에서 비유의 전반부와 후반부 모두에서 중요한 위치를 차지하는 유일한 인물은 아버지다. 그러므로 탕자나 맏아들보다 아버지가 주인공이다. 그렇다면 이 비유를 "탕자 비유"라고 명명한다면 제목을 잘못 붙인 것이다. "탕자 비유"라는 제목은 주인공인 아버지에게 초점을 맞추지 않고 비유의 후반부를 무시하기 때문이다. 이보다 훨씬 나은 제목은 "은혜로운 아버지 비유"일 것이다.

예수님의 삶의 정황에서 이 비유의 요점을 찾으려 할 때, 우리는 예수님이 이 비유를 말씀하신 대상이 누구인지를 밝혀야 한다. Luke 15:1-2에 의하면, 이 비유는 예수님께 왜 세리와 죄인들과 함께 식사를 하는지 묻는 바리새인들과 서기관들에게 예수님이 대답하면서 주신 비유다. 이 두 절은 이후에 이어지는 세 비유의 도입으로 누가가 기록했다는 것이 분명하다고 생각된다.[24] 그럼에도 불구하고 탕자 비유의 후반부에 비춰 볼 때, 누가복음 15:1-2은 이 비유가 원래 베풀어졌던 당대의 상황을 정확하게 묘사하고 있다고 결론을 내리는 것이 이치에 맞을 듯하다. 바로 비유의 이 후반부에서 예수님이 강조하시는 주제를 찾을 수 있다. 끝에 강조점을 두는 규칙에 따라, 우리는 아버지와 작은아들의 첫 번째 대면보다 아버지와 맏아들의 마지막 대면에 관심의 초점을 맞추어야 한다. 이 비유에서 예수님은 기본적으로 "탕자들"에게 하나님이 그들을 사랑하시며 그분이 은혜로운 분이시라는 사실을 확신시키려 하지 않으신다. 비유가 분명히 이 사실을 가르치는 것은 확실하지만 말이다. 오히려 예수님은 바리새인들과 서기관들 앞에서 탕자들에게 구원을 베푸시는 하나님의 은혜로우심을 변호하고 예수님의 사역을 반대하는 그들의 잘못을 지적하려 하신다.[25]

24　Marshall, *The Gospel of Luke*, 598-599를 보라.
25　이 비유에 등장하는 형 역시 잃어버린 자로 보려는 다양한 시도들은 비유의 세부 내용을 지나치게 설명하려는 것으로 생각된다. Luke 15:1-2에 묘사된 태도를 고수한 바리새인들과 서기관들이 잃어버린 자들이라는 것은 말할 필요도 없지만, 이 비유에서 예수님은 그분을 비난하는 사람들이 잃어버린 바 된 사람들이라는 것을 알리기보다는 자신이 세리와 죄인들과 교제하는 것을 변호하는 데 이 비유를 말씀하신 의도가 있다.

탕자 비유는 … 가난한 사람들에게 복음을 선포하는 것이 주요 목적이 아니고 복음을 비판하는 사람들에게 답변하면서 복음을 변호하는 것이 주요 목적이다. 예수님의 정당한 해명은 하나님의 무한한 사랑에 근거한다.[26]

그러므로 첫 번째 삶의 정황에 비춰 볼 때, 예수님이 소외된 사람들에게 하나님 나라를 주시는 것을 부정적으로 생각하는 청중을 향해 그들의 태도가 책망받아 마땅하다는 것을 말씀하고 계심이 분명하다. 그렇다면 '예수님의 비유에 나타난 하나님'과 관련된 장에서 우리가 이 비유를 다루는 까닭은 무엇인가? 이유는 분명하다. 이 비유에서 예수님이 주로 강조하시는 바가 하나님의 사랑이 어떤 것인지를 묘사하는 것을 목표로 하지 않는다는 것은 사실이지만, 하나님의 선하심을 묘사하는 것이 이 비유에 필수적이라는 사실에는 여전히 변함이 없기 때문이다. 비유에서 아버지의 행동으로 묘사된 하나님의 성품이 예수님의 요점에 필수적이다. 정확히 말해서 예수님을 비난했던 사람들이 미처 생각하지 못했던 것이 바로 하나님의 이런 모습이다. 그러므로 하나님이 어떤 분이신지를 묘사하기 위해 이 비유를 사용하는

---

[26] Jeremias, *The Parables of Jesus*, 131. 또한 예수님이 바리새인들과 서기관들이 어떻게 반응하기를 기대하셨는지에 대한 데레트의 멋진 요약을 참조하라. "너희는 탕자가 악한 사람이며, 그의 회개가 받아들여졌다는 것에 동의했다. 아버지가 탕자를 가정의 일원으로 다시 받아들일 권한이 있다는 사실에도 동의했다. 그리고 너희는 이런 일이 계약에 의해 유산을 받게 될 사람들에게 손실을 주지 않고 행해질 수 있다는 것에 만족을 표했다. 그것 때문에 너희는 맏아들의 주장이 (분명하게 드러났듯이) 잘못되었다는 것과, 그러므로 경건함과는 전혀 무관해 보이는 사람들이 너희처럼 성부 하나님의 은총을 받을 자격이 있다는 것을 인정하지 않았는가? 만일 너희가 이 사실에 여전히 의혹을 품고 있다면, 너희를 누구와 비길 수 있을까? 너희는 가인과 아도니야와 엘리압과 요셉의 형들과 비길 수 있고, 미디안 사람들이나 그보다 더 사악한 에돔 사람들과 비길 수 있을 것이다."(Derrett, "Law in the New Testament: The Parable of the Prodigal Son," 72-73).

것은 세부 내용들을 강조하면서 실수를 범하는 것이 아니다! 비유의 요점은 비유에 등장하는 아버지의 행동으로 묘사된 하나님이 어떤 분이신지와 관련이 있으며, 이러한 하나님은 바리새인들과 서기관들에게는 걸려 넘어지게 하는 장애물이다.

탕자 비유는 하나님의 성품, 그분의 다함없는 사랑, 경계가 없는 사랑, 놀라운 은혜를 평이하고도 아름답게 가르친다. 예수님의 사역으로 하나님은 "의인"에게만 아니라 "소외된 자들"에게도 죄 사함과 용서를 주시는 은혜의 하나님으로 오셨다. 하나님의 나라가 임했고, 이 나라에 참여하도록 모든 사람이 초청을 받는다. 지금은 은혜 받을 만한 때이다(고후 6:2). 복음이 가난한 자들에게 전파되고, 사로잡힌 자들이 놓임을 얻고, 눈먼 자가 다시 보게 되고, 눌린 자가 자유를 얻는 주의 은혜의 해가 동텄다(Luke 4:18-19).

그런데 비유에 나타난 하나님은 의의 하나님이며 거룩하신 하나님이시기도 하다. 다음 장에서 보게 될 텐데, 심판이 다가오고 있다. 심판은 이미 지금 이 땅에 그 그림자가 드리워져 있다. 그러나 아직 시간이 있다. 하나님은 그분의 자비로써 모든 사람에게 구원을 제안하신다. 누구도 좌절할 필요가 없다. 세리와 죄인이라도 말이다!

3) 복음서 저자의 비유 해석

누가가 복음서에서 이 비유를 어떻게 사용했는지 이해하기 위해서는, 누가가 탕자 비유에 첨가했을지도 모르는 특별한 용어들이나 표현들을 분리하는 대신에 탕자 비유가 누가복음의 전체 구도에 얼마나 어울리는지를 관찰함으로써 더 큰 유익을 얻을 수 있다. 이 비유는 누가가 구원,[27] 특히 회개의 필요성을 강조한 것과 잘 어울리는 것이 분명하다. 누가의 어휘, 편집, 자료 선택 등에 이러한 강조점이 드러난다. 누가복음에는 "회개"(*metanoia*), "회개하다"(*metanoeō*), 그리고 "돌이키다/회개하다"(*epistrephō*)와 같은 용어들이 전부 열일곱 번 사용되었다. 반면에, 마태복음과 마가복음에서는 이 용어들이 각각 일곱 번, 그리고 네 번밖에 사용되지 않았다.[28] 누가복음에는 죄와 회개를 다루는 이야기가 일곱 개 들어 있으며, 그중 다섯은 누가복음에서만 발견된다(Luke 5:1-11; 7:36-50; 15:11-32; 19:1-10; 23:39-41; 그리고 LUKE 5:17-26; 22:31-34, 61). 더욱이 누가복음에는 "인자가 온 것은 잃어버린 자를 찾아 구원하려 함이니라"(19:10)라는 선언이 있고, 누가는 MARK 2:17("나는 의인을 부르러 온 것이 아니요 죄인을 부르러 왔노라")에 "회개시키러"라는 표현을 첨가한다(5:32).

앞에서 이야기한 내용에 따르면, 누가복음과 사도행전의 핵심적인 강조점은(핵심은 아니라고 해도) 회개하라는 요청과 모든 사람에게 구원을 주신다는 사실이다. 앞에서 우리는 누가가 사회에서 소외된 사람들, 즉 잃어버린 사람들에게로 확장되고 있는 하나님의 은혜를 강조하고 있다고 지적했다.[29] 은혜로운 아버지 비유는 이 주제에 잘 어울린다는 것이 확실하다.[30] 이 점에

---

27 I. Howard Marshall, *Luke: Historian and Theologian* (Zondervan Publishing House, 1971), 92. 『누가행전』, 엠마오. 마셜은 이렇게 주장한다. "구원 사상이 누가의 신학을 이해하는 열쇠를 제공한다는 것이 우리의 논제이다."
28 *Metanoia*(회개): 눅 3:3, 8; 5:32; 15:7; 24:47; 마 3:8, 11; 막 1:4, *metanoeō*(회개하다): 눅 10:13; 11:32; 13:3, 5; 15:7, 10; 16:30; 17:3-4; 마 3:2; 4:17; 11:20-21; 12:41; 막 1:15; 6:12; *epistrephō*(돌이키다): 눅 1:16-17; 22:32; 마 13:15; 막 4:12.
29 이 책의 132-134쪽을 보라.
30 Carlston, "Reminiscence and Redaction in Luke 15:11-32," 384-385. 칼스톤은 이 비유에 회개의 도덕적 차원에 대한 누가 특유의 강조점이 결여되었다고 주장한다. 이것은 사실일 수

있어 우리는 첫 번째 삶의 정황에서의 예수님의 관심사와 세 번째 삶의 정황에서의 누가의 관심사 간에 굉장한 유사점이 있음을 발견한다.

2. 하나님의 은혜로우심을 증명하는 다른 비유

은혜로운 아버지 비유와 상당히 비슷한 또 다른 비유는 포도원 품꾼 비유다. 이 비유는 은혜로운 고용주 비유라고 부르는 것이 더 적절하다.

은혜로운 고용주 비유(Matt 20:1-16)

천국은 마치 품꾼을 얻어 포도원에 들여보내려고 이른 아침에 나간 집주인과 같으니, 그가 하루 한 데나리온씩 품꾼들과 약속하여 포도원에 들여보내고, 또 제삼 시에 나가 보니 장터에 놀고 서 있는 사람들이 또 있는지라. 그들에게 이르되, "너희도 포도원에 들어가라. 내가 너희에게 상당하게 주리라." 하니, 그들이 가고, 제육 시와 제구 시에 또 나가 그와 같이 하고, 제십일 시에도 나가 보니 서 있는 사람들이 또 있는지라. 이르되, "너희는 어찌하여 종일토록 놀고 여기 서 있느냐?" 이르되, "우리를 품꾼으로 쓰는 이가 없음이

있으며, 이 비유의 전통적인 기원을 선호하는 편에서의 핵심 사항이다. 하지만 누가는 이 비유를 자신의 견해와 상충되는 것으로 여기지 않았을뿐더러, 만일 그랬더라면 이 비유를 생략했을 것이다. (사실 우리는 "누가가 이 비유를 포함시키려 하지 않았을 것이다."라고 말해야 한다. 왜냐하면 누가는 이 비유를 복음서에 포함하기로 의도적으로 선택했기 때문이다). 이 비유에서 발견되는 회개에 대한 전통적인 견해는 누가가 자주 강조하는 회개의 어떤 측면들을 묘사하지 않을지도 모른다. 그러나 충분히 겹치는 부분들이 많이 있다. 그래서 누가는 이 비유를 그의 복음서에 의도적으로 포함시키기로 결정했다.

니이다." 이르되, "너희도 포도원에 들어가라." 하니라. 저물매 포도원 주인이 청지기에게 이르되, "품꾼들을 불러 나중 온 자로부터 시작하여 먼저 온 자까지 삯을 주라." 하니, 제십일 시에 온 자들이 와서 한 데나리온씩을 받거늘, 먼저 온 자들이 와서 더 받을 줄 알았더니, 그들도 한 데나리온씩 받은지라. 받은 후 집주인을 원망하여 이르되, "나중 온 이 사람들은 한 시간밖에 일하지 아니하였거늘 그들을 종일 수고하며 더위를 견딘 우리와 같게 하였나이다." 주인이 그중의 한 사람에게 대답하여 이르되, "친구여 내가 네게 잘못한 것이 없노라. 네가 나와 한 데나리온의 약속을 하지 아니하였느냐? 네 것이나 가지고 가라. 나중 온 이 사람에게 너와 같이 주는 것이 내 뜻이니라. 내 것을 가지고 내 뜻대로 할 것이 아니냐? 내가 선하므로 네가 악하게 보느냐?" 이와 같이 나중 된 자로서 먼저 되고, 먼저 된 자로서 나중 되리라. (Matt 20:1-16)

이 비유에서 포도원 주인(집주인[householder], RSV)은 포도원에서 일할 일꾼들을 찾는다. 그는 아침 일찍(오전 6시) 일을 진행하면서, 열두 시간 동안 포도원에서 일할 사람들을 고용하고 한 데나리온을 품삯으로 주기로 계약한다. 그는 다시 제3시(오전 9시)와 제6시(정오), 제9시(오후 3시)와 제11시(오후 5시)에 사람들을 더 고용한다. 주인이 일꾼들을 고용하기 위해 자주 장터를 찾았다는 것은 주인에게 긴급한 사태가 발생했음을 나타내는 것이라고 제안되어 왔다. 그래서 포도 수확 일정이 촌각을 다툴 정도로 급박했고, 다음날이 바로 안식일이었다고까지 주장하는 학자들도 있다.[31] 하지만 이 비유

---

31 J. Duncan M. Derrett, "Workers in the Vineyard: A Parable of Jesus," *JJS*. Vol. 25 (1974),

에서 우리는 상황이 그렇게 긴급하다는 명확한 증거를 발견할 수 없다. 그러므로 촉박한 추수 상황을 가정해서 이 비유를 해석해서는 안 될 것이다.[32] 이렇게 해야 하는 것은 특히 고용주가 제11시에 포도원에 들어와서 1시간밖에 일하지 않은 품꾼들을 대우해 준 것은, 일손이 급할 때 그들이 고용주를 도와준 것에 대한 보상이 아니라 고용주의 관대함과 선한 행위로 이해되기 때문이다.

하루가 끝나자 율법에 따라(레 19:13; 신 24:14-15), 나중에 고용된 사람들부터 시작해서 맨 처음에 고용된 사람들까지 임금을 받는다. 가장 일찍 포도원에 와서 일한 사람들에게는 놀랍고 당황스러운 일이 일어났다. 모든 사람이 동일한 액수의 임금, 한 데나리온씩을 받았기 때문이다.[33] 그러자 처음에 와서 일찍부터 일한 사람들은 툴툴거렸으며 자신들이 맨 마지막에 들어온 사람들보다 더 힘들게, 그리고 더 오래 일했는데도 동일한 액수의 품삯을 받았다고 무례하게 항의했다(고용주를 지칭하는 존칭이 생략되었음에 주목하라).

사람들의 불만을 들은 고용주는 세 가지로 자신의 행동을 변호한다. (1) 그들에게 정의롭지 않게 행한 것이 없다. 그들은 계약한 대로 임금을 받았다 (13절).[34] (2) 고용주는 자신의 소유로 자신이 원하는 대로 행할 권리가 있는

88.
32 Linnemann. *Parables of Jesus*, 82-83.
33 한 데나리온이 넉넉한 임금(Linnemann. *Parables of Jesus*, 68)인지, 아니면 그저 공정한 임금 (Derrett, "Workers in the Vineyard," 68)인지는 확실하지 않다. 하지만 여기서 문제의 핵심은 한 데나리온이 적절한 임금이었느냐에 있지 않다. 한 시간밖에 일하지 않은 품꾼에게 한 데나리온은 사실 넉넉한 임금이었기 때문이다.
34 13b-c절이 맨 먼저 온 품꾼들, 즉 제삼 시에 포도원에 들어간 품꾼들과만 주인이 임금 계약을 체결했다고 언급한 점에 주목하라(13b절의 "잘못된 것"[wrong]은 4절의 "상당하게"[right]라는 말과 상응하고, 13c절의 "한 데나리온의 약속"은 2절의 "한 데나리온씩 … 약속하여"와 상응한다). 그러므로 여러 품꾼들을 고용하면서 각기 다른 임금 계약을 맺었다는 점은 강조하지 않는 것

데, 특히 자기 재산을 사용해서 아량을 베풀 때는 더 그렇다(14절). (3) 근본 문제는 그들이 부당한 대우를 받은 데 있는 것이 아니라 다른 사람들이 관대한 대우를 받은 것을 시기한(문자적으로는, 악한 눈을 가진) 데 있다. 그러고 나서 이 비유는 나중 된 자가 먼저 되고, 먼저 된 자가 나중 된다는 일반적인 잠언으로 마친다.

누구나 이 비유가 이야기된 방식의 예술성에 깊은 인상을 받지 않을 수 없다. 분명히 멋진 연출이다. 품꾼을 고용한 순서는 가장 일찍 온 사람부터 맨 나중에 온 사람 순으로 제시되었지만, 임금 지불은 역순이다. 그래서 가장 일찍 온 사람들 편에서는 기대감이 고조되었을 것이다.[35] 하루가 저물 때쯤 주인이 등장한 것 역시 범상하지 않다. 하루 일과가 끝났을 때 임금을 나눠 주는 것은 청지기의 일이었기 때문이다. 하지만 주인의 등장은 다음에 계속될 대화를 위해 필요하다. 마지막으로, 비유의 결론에서 3시, 6시, 9시에 들어온 일꾼들의 임금 지불은 언급되지 않았다. 그들의 경우는 비유의 요점에 중요하지 않기 때문이다.[36]

예수님의 모든 비유 중에서 이 비유는 현대 독자들에게 짜증나고 거슬리는 비유 중 하나일 것이다. 대개 독자들은 자신을 처음에 온 일꾼들과 동일시하고 그들에게 공감한다. 정의감에 의하면, 나중에 온 일꾼들보다 자기들

으로 보인다.

35 Derrett, "Workers in the Vineyard," 73-74. 데레트는 임금 지급 순서가 바뀐 것을 문학적으로 설명하기보다는 합리적으로 설명하고자 노력하고, 그 순서는 역사적으로 이치에 맞는 일이라고 결론짓는다. 하지만 Matt 20:1-16은 역사적 사건을 이야기하는 것이 아니라 비유다! 더욱이 이 비유에서는 순서의 역전이 요구되며, 그렇지 않았으면 맨 처음에 온 일꾼들이 불평하지 않았을 것이다.

36 이러한 사실만으로도 이레나이우스와 오리게네스의 해석과 같은 알레고리적 해석을 논박하기에 충분한 증거가 된다(이 책의 72-73쪽을 보라).

이 더 많은 임금을 받아야 한다는, 먼저 온 일꾼들의 주장을 지지해야 할 것 같기 때문이다. 이 비유를 이상적인 노사관계의 한 예로 사용해서는 안 된다는 것은 당연하다고 해도(노동조합 임원이 이와 같은 임금 협상에 동의할 수 있겠는가?), 이 비유는 사람들이 옳고 그름을 판단하는 일에 거침돌이 된다. 앞으로 보게 되겠지만, 이 모든 사실은 우리가 그리스도인으로서 예수님의 가르침을 우리의 마음과 정신과 혼을 다하여 따르려고 한다 해도 우리가 미처 인식하지 못하는 "바리새인다운 마음"이 우리 속에 여전히 있음을 암시한다.

그렇다면 이 비유의 요점은 무엇인가? 이 비유에서 구원사 기술(記述)을 보려는 초대 교회의 시도가 잘못이라는 것은 오늘날 분명해졌다. 그런데도 여전히 몇몇 다른 가능성들이 존재한다. 하나님은 주권을 가지고 계신 분이며 그분이 원하시는 것은 무엇이든지 하실 수 있다는 것이 이 비유의 요점인가?(15절) 이것은 이 본문에 있지도 않은 의미를 비유에 부여하는 것이 확실하다. 고용주가 맨 나중에 고용된 사람들에게 그들이 받아야 하는 임금보다 더 많은 금액을 "주권적으로" 줄 수 있는 것은 사실이지만, 맨 처음에 포도원에 들어와 일한 사람들에게 "주권적으로" 한 데나리온보다 덜 주거나 아예 주지 않을 수는 없기 때문이다.

이보다 더 가능성이 큰 해석은 이 비유에서 예수님은 구원이 은혜로만 가능하다는 사실을 입증하시려 했다는 것이다. 루터 이후 이 해석을 지지하는 사람들은 끊임없이 있었다.[37] 하지만 이 해석은 기본적인 종교개혁의 이슈

---

37 참조. Günther Bornkamm, *Jesus of Nazareth*, trans. by Irene and Fraser McLuskey (Harper & Brothers, 1960), 142. 『나사렛 예수』, 대한기독교서회. 보른캄은 "선한 행위에 대한 공로 사상과 하나님을 향한 인간의 권리 주장이 포도원 품꾼 비유에서 가장 분명하게 흔들리고 있으며 무너졌다."라고 주장한다.

를 비유에 덧입힌 것처럼 보일뿐더러, 맨 처음에 온 일꾼들이 일을 해서 그들의 데나리온(즉 "구원")을 벌었다는 사실을 고려하면 이 해석은 받아들일 수 없다. 그렇다면 우리는 오직 은혜로만 구원을 받는 사람들이 있고(제11시에 들어온 사람들), 계약에 근거하여 구원을 받는 사람들도 있으며(맨 처음에 온 사람들), 행위와 은혜의 다양한 조합으로 말미암아 구원을 얻는 사람들이 있다고(제3시, 제6시, 제9시에 들어온 사람들) 결론을 내려야 하는가? 이는 이 비유에 대한 정확한 해석이 아님은 분명하다.[38]

가능성 있는 또 다른 해석은 이 비유가 하나님의 자비를 입증하고 있다는 것이다. 실제로 이 비유가 하나님의 자비를 가르친다는 것은 확실하다. 하지만 은혜로운 아버지 비유(Luke 15:11-32)에서처럼 여기서 다시 하나님의 자비가 이 비유의 요점이라면 비유의 결론 부분은 불필요할 것이다.[39] 더욱이 맨 처음에 일하러 온 사람들이 불평했다는 내용은 필요가 없어질뿐더러 우리의 시선을 제11시에 일하러 온 사람들에게서 돌려 맨 처음에 일하러 온 사람들에게 집중하게 함으로써 비유의 요점을 딴 데로 돌리게 할 뿐이다. 마지막으로, 만일 하나님의 자비가 이 비유의 요점이라면, 품꾼들은 고용된 순서대로 품삯을 받았을 것이며, 그 결과 가난한 자들에 대한 자비의 행위가 비유의 결론 부분에 위치하게 되어 끝부분이 강조되었을 것이다. 끝에 강조점을 두는 규칙에 따르면, 주인과 맨 처음에 온 불평하는 품꾼 간의 상호작용에 이 비유의 요점이 있다는 암시를 받게 된다. 이 비유의 결론을 주목할

---

38 나는 앞에서 이 비유가 "믿음으로 말미암는 의" 교리를 가르치는 것이 아니라고 말했다. 그럼에도 불구하고 이 비유가 칭의론을 세우는 기본적인 기초 가운데 하나인 하나님의 은혜와 자비를 가르치고 있다는 것은 분명히 관찰된다.
39 Jeremias, *The Parables of Jesus*, 37

경우, 이 비유는 은혜로운 아버지 비유의 거의 완벽한 복사본이라는 것을 주목하지 않을 수 없다.

은혜로운 아버지 비유와 은혜로운 고용주 비유는, 신실한 사람들(맨 먼저 온 품꾼과 형)이 마지막에 온 일꾼/동생에게 복을 주시는 주인/아버지의 은혜와 선함에 툴툴거리고 화를 내는 장면으로 끝을 맺는다. 예수님의 삶의 정황에서 이 비유는, 가난한 사람들과 버림받은 사람들에게 하나님이 자비와 은혜를 베푸신다는 예수님의 말씀에 대적하는 사람들을 겨냥한 것이 거의 확실하다. 이 비유를 이런 식으로 해석해야 비로소 그림 부분(주인이 맨 나중에 온 일꾼들에게 은혜를 베푼다고 툴툴거리는, 맨 처음에 온 사람들의 불평)과 실체 부분(세리와 죄인들에게 그분의 나라를 주시는 하나님의 은혜에 툴툴거리는 바리새인과 서기관들의 불평)이 만족스럽게 어우러진다.

다시 우리는 이 비유에서 포도원 주인으로 그려진 하나님의 은혜로우신 성품이 묘사되었음을 본다. 하나님은 선하시다. 즉 그분은 너그러우시다(Matt 20:15). 하나님의 선하심과 은혜는 우리가 쉽게 인정할 수 없는 그런 것이다. 우리에게는 완전한 "선함"이 없기 때문에 우리는 이 비유를 불쾌하게 여긴다. 그리고 우리는 너무도 쉽게 우리 자신을 맨 처음에 온 품꾼들과 동일시한다. 하지만 만일 우리가 참으로 선하고 사랑이 있다면, 비록 우리가 맨 처음에 온 품꾼이라고 해도, 불평을 하기보다는 선한 사람들로서 "한 시간만 일한 저 사람들도 우리처럼 한 데나리온을 받다니, 정말 멋지지 않아요?"라고 반응하지 않을까? 그리고 우리는 그들과 함께 기뻐하지 않을까?

예레미아스는 예수님이 이 비유로써 바리새인들과 서기관들에게 그들의 비판이 얼마나 정당하지 않은지, 얼마나 증오에 찬 것인지, 얼마나 사랑이 없고 몰인정한지를 보여 주려 하셨다고 밝힌다.⁴⁰ 우리가 맨 처음에 온 품꾼들과 동일시됨으로써, 즉 우리가 예수님의 대적들과 동일시됨으로써 우리가 얼마나 근본적으로 사랑이 없고 몰인정한지가 드러나고 있음을 깨닫는 것은 두렵다. 우리의 사고방식은 더 "율법 아래"에 있고 우리가 인정하는 것보다 더 "은혜 아래"에 있지 않을 수도 있다. 하나님은 그분의 자녀들이 이해하기 어려울 정도로 선하시고 사랑이 넘치신다!

이 비유에서 반드시 다뤄야 할 마지막 쟁점은 "나중 된 자로서 먼저 되고 먼저 된 자로서 나중 되리라"라는 결론적인 진술이다. 신약학자들 사이에서는 이 구절이 원래는 비유에 속한 것이 아니었고 나중에 첨가된 결론이라는 데 대체로 의견이 일치한다.⁴¹ 그 말 자체는 예수님 말씀으로까지 소급되는 독립된 잠언일지도 모르지만(참조. LUKE 13:30; MARK 10:31), 이 구절을 이곳에 배치한 사람은 마태이다. "품꾼들을 불러 나중 온 자로부터 시작하여 먼저 온 자까지 삯을 주라"(Matt 20:8b)라는 구절 때문이다. 한편, 만일 이 잠언이 마태가 복음서를 기록하기 전에 이 자리에 있었다면, 그것은 마태가 그의 복음서에서 이 비유를 이곳에 배치한 이유를 설명해 준다. 마태가 젊은 부자 관원 이야기를 "그러나 먼저 된 자로서 나중 되고 나중 된 자로서 먼저 될 자가 많으니라"라는 말로 마무리한 이후(Matt 19:30) 비슷한 결론을 가진 이 비유(자비로운 고용주 비유)를 이곳에 덧붙였을 수도 있기 때문이다.⁴² 이 비유가

---

40 Ibid., 38.
41 예를 들어, ibid., 34-38, 110-111. 순전히 사본학적인 근거에서 볼 때, 흠정역(KJV)에서 발견되는 "청함을 받은 자는 많되 택함을 입은 자는 적으니라"라는 어구는 나중에 필사자가 첨가한 것이라서 현대 역본에서는 생략되었다.
42 물론 이것만이 마태가 이 비유를 젊은 부자 관원 이야기 다음에 배치한 유일한 이유는 아니다. 마태는 이 두 비유의 메시지의 유사성도 보았을 것이다.

16절에 암시된 것과 같은 지위나 특권의 역전을 언급하지 않는다는 사실에 근거할 때, 이 말씀이 비유의 결론으로 적절하다는 것은 거의 보편적으로 인정되지 않는다.[43] 하지만 어떤 의미에서는 이 결론도 이 비유에 "적합하다." 만일 이 비유의 삶의 정황이 실제로 예수님이 세리와 죄인들과 어울리시고 그들에게 하나님 나라를 주시는 것을 변호하고 계신 상황이라고 한다면, 어떤 의미에서 이 비유는 "나중 된 자로서 먼저 되고 먼저 된 자로서 나중 되리라"라는 것을 계시한다. 예수님이 이 비유를 말씀하신 맥락에서, 나중 된 자(세리와 죄인)가 실제로 먼저 되어 하나님 나라를 영접했으며, 반면에 먼저 된 자(종교적 엘리트인 바리새인들과 서기관들)가 하나님 나라를 영접하는 데 나중 되지 않았는가?

그러므로 비유를 마무리하는 잠언이 이 비유에 어울리지 않는다고 결론 내리는 것은 너무 성급하다. 그 결론적인 잠언이 비유의 이야기 자체에 어울리지 않는다는 것은 맞는 말이다. 하지만 예수님이 이 비유를 말씀하셨고 역할의 진정한 역전이 발생하고 있고 예수님이 다른 곳에서 이러한 역전을 분명하게 언급하신 더 광범위한 맥락에서는 이 비유가 매우 잘 들어맞는다 (Luke 7:29-30; Matt 21:31c).[44]

---

43 Jeremias, *The Parables of Jesus*, 37; C. L. Mitton, "The Workers in the Vineyard (Matthew 20:1-16)," *ET*. Vol. 77 (1966), 308.
44 이것이 사실이라면, 이 비유의 통일성과 진정성을 둘러싼 전체 질문은 재고해야 할 것 같다. 격언의 진정성을 공격하는 주요 반론 중 하나인, 그 격언이 비유의 의미와 상충된다는 주장은 더 이상 근거가 없기 때문이다. 사실 이 격언이야말로 예수님이 비유를 말씀하셨던 삶의 정황과 매우 잘 어울리는 듯 보인다.

3. 결론

은혜로운 아버지 비유와 자비로운 고용주 비유를 논의하면서 우리는 이 두 비유에 묘사된 하나님이 은혜롭고 자비로운 분이라는 사실을 보았다. 다른 비유에서도 우리는 하나님이 이런 분으로 묘사되고 있음을 본다. 그분은 자비하심으로 큰 죄를 사하시고 심지어 창녀의 죄도 용서하시는 분이다(Luke 7:41-43, 두 빚진 자 비유).[45] 하나님은 그저 그분에게 나아오는 사람들을 용서하시는 것으로 만족하시지 않고, 잃어버린 자들을 찾으심으로써 그분의 자비를 보여 주기도 하신다(LUKE 15:4-7, 잃은 양 비유). 하나님은 자랑하는 자들과 교만한 자들을 멸시하시는 반면에, 겸손히 하나님의 자비하심을 찾는 불의한 자들과 간음한 자들과 세리들을 의롭다 하신다(Luke 18:9-14, 바리새인과 세리 비유). 비유들에 묘사된 하나님은 참으로 은혜로운 분이시다! 아무리 악한 죄악의 밑바닥까지라도 하나님은 자비와 죄 사함으로 다가가신다. 아무도 절망할 필요가 없다. 세리와 탕자, 그리고 어떤 죄인이든 이 비유의 하나님께 돌아올 수 있다. 하나님은 그들이 돌아오기를 막연히 기다리시는 것이 아니라 친히 그들을 찾아 나서신다. 하늘의 사냥개(The Hound of Heaven)[46]는 잃어버린 자들에게 자비를 베푸시기 위해 그들을 찾으신다.

하지만 교회는 우리가 아무리 악한 죄를 짓는다고 해도 하나님께서 우리를 기다리시며 늘 우리를 영접해 주실 것이라는 사실을 항상 기억하라고 담

---

45 Luke 7:36-50에 등장하는 여인이 이러한 의미의 죄인이었을 개연성이 높다는 결론은 7:47-50 때문이다.
46 프랜시스 톰슨(Francis Thompson)의 시(詩) "The Hound of Heaven"에는 하나님 성품의 이러한 측면이 매우 잘 그려져 있다.

대히 가르치는가? 이것은 위험한 가르침이 아닐까? 그럴지도 모른다. 그러나 이것이 바로 믿음으로 의롭다 함을 얻는다는 신약 성경 전체의 가르침이다.[47] 비유의 하나님은 그분이 은혜로우시며 죄 용서하기를 기뻐하신다는 사실을 모두가 깨닫게 하시려 한다. 우리는 이 사실을 기억할 때에만 "이에 스스로 돌이켜"(Luke 15:17) 우리의 창조주께 돌아가 용서를 받을 수 있다.

> 그러나 주여, 주는 긍휼히 여기시며 은혜를 베푸시며,
> 노하기를 더디 하시며 인자와 진실이 풍성하신 하나님이시오니.
>
> (시 86:15)

---

47 여기서 바울이 전한 복음이 '참된 복음이라고 하기에는 너무도 선한' 은혜의 복음이라고 비난 받았다는 사실에 주목하라! 롬 3:5; 6:1, 14을 보라.

제10장

최후의 심판

하나님의 나라가 예수님의 사역으로 임했다. 이와 아울러, 결단하라는 요구가 제시된다. 은혜와 자비로써 하나님은 잃어버린 자들을 찾고 계시며 그들을 자녀로 삼기를 갈망하신다. 지금은 구원의 날이다! 지금은 모든 사람이 "여호와를 만날 만한 때에 찾으라 가까이 계실 때에 그를 부르라"라고 권면을 받는 은혜의 때인데(사 55:6), 이는 비유가 말하는, 앞으로 임할 또 다른 날이 남아 있기 때문이다. "그날에" 은혜의 하나님은 거룩함과 의로써 세상을 심판하실 것이다. 아래의 비유는 예수님이 묘사하신, 최후의 심판에 관한 본문이다.

1. 양과 염소 비유(Matt 25:31-46)

인자가 자기 영광으로 모든 천사와 함께 올 때에 자기 영광의 보좌에 앉으리니, 모든 민족을 그 앞에 모으고 각각 구분하기를 목자가 양과 염소를 구분하는 것같이 하여, 양은 그 오른편에 염소는 왼편에 두리라. 그때에 임금이 그 오른편에 있는 자들에게 이르시되, "내 아버지께 복 받을 자들이여, 나아와 창세로부터 너희를 위하여 예비된 나라를 상속받으라. 내가 주릴 때에 너희가 먹을 것을 주었고, 목마를 때에 마시게 하였고, 나그네 되었을 때에 영접하였고, 헐벗었을 때에 옷을 입혔고, 병들었을 때에 돌보았고, 옥에 갇혔을 때에 와서 보았느니라." 이에 의인들이 대답하여 이르되, "주여, 우리가 어느 때에 주께서 주리신 것을 보고 음식을 대접하였으며, 목마르신 것을 보고 마시게 하였나이까? 어느 때에 나그네 되신 것을 보고 영접하였으며, 헐벗으신 것을 보고 옷 입혔나이까? 어느 때에 병드신 것이나 옥에 갇히신 것을 보고 가서 뵈었나이까?" 하리니, 임금이 대답하여 이르시되, "내가 진실로 너희에게 이르노니, 너희가 여기 내 형제 중에 지극히 작은 자 하나에게 한 것이 곧 내게 한 것이니라." 하시고, 또 왼편에 있는 자들에게 이르시되, "저주를 받은 자들아 나를 떠나 마귀와 그 사자들을 위하여 예비된 영원한 불에 들어가라. 내가 주릴 때에 너희가 먹을 것을 주지 아니하였고, 목마를 때에 마시게 하지 아니하였고, 나그네 되었을 때에 영접하지 아니하였고, 헐벗었을 때에 옷 입히지 아니하였고, 병들었을 때와 옥에 갇혔을 때에 돌보지 아니하였느니라." 하시니, 그들도 대답하여 이르되, "주여, 우리가 어느 때에 주께서 주리신 것이나 목마르신 것이나 나그네 되신 것이나 헐벗으신 것이나 병드신 것이나 옥에 갇히신 것을 보고 공양하지 아니하더이까?" 이에 임금이 대답하여 이르시되, "내가 진실로 너희에게 이르노니, 이 지극히 작은 자 하나에게 하지 아니한 것이 곧 내게 하지 아니한 것이니라." 하시리니, 그들은 영벌에, 의인들은 영생에 들어가리라 하시니라. (Matt 25:31-46)

위의 본문을 "비유"라고 부르는 것이 적절할까? 엄밀히 말해서, 이 본문에서 유일하게 순수한 비유적 요소는 양과 염소를 나누는 목자 이야기가 있는 32-33절에만 있을 뿐이다. 하지만 본문 전체에는 상당히 많은 비유적인 용어가 있으며, 이 본문이 최후의 심판 장면에 대한 '그림을 보는 듯한 서술'(word picture)인 것은 확실하고,[1] 최후의 심판 주제를 다루는 대부분의 작품은 이 본문을 비유로 취급한다.[2] 그러므로 이런 이유들로 인해 우리는 이 본문 전체를 최후의 심판에 관한 "비유"로 생각하고 논의할 것이다.

우리가 다룰 본문은 처음부터 많은 의문을 제기한다. 그중에는 진정성과 관련된 질문들이 있다. "인자"에 대한 언급과 그 인자를 "임금(왕)"으로 묘사한 것은 정확한가? 본문 전체는 마태의 창작인가? 아니면 마태 이전에 만들어진 것인가? 또는 본문 전체는 대부분 진짜인가? 그 밖에 제기될 만한 핵심적인 질문은 이런 문제들일 것이다. 심판받는 사람들은 이방인들인가? 아니면, 이방인과 유대인들인가? 아니면, 그리스도인들과 비그리스도인들인가? 그리고 "여기 내 형제 중에 지극히 작은 자"라고 서술된 사람들은 일반적으로 곤궁에 처해 있는 사람들인가? 아니면, 기독교 공동체인가? 아니면,

---

1 이 용어는 맨슨의 책에서 빌려왔다. Manson, *The Sayings of Jesus*, 249.
2 Jeremias, *The Parables of Jesus*. Index, 206-210; Archibald M. Hunter, *Interpreting the Parables* (Westminster Press, 1961), 88-90, 122; 참조. 맨슨은 *The Teaching of Jesus*, 37쪽에서는 Matt 25:31-46을 비유라고 말했지만 67-68쪽 비유 목록에서는 이 비유를 제외했다.

기독교 선교사들인가? 마지막으로, 본문에 의하면 택함을 받은 사람들이 "양"과 "여기 내 형제 중에 지극히 작은 자"라는 두 부류로 나뉘어 있다는 점을 주목해야 한다. 이것을 어떻게 이해할 수 있을까? 이 장(章)에서 이 모든 질문을 한 번에 다 다루지는 않겠지만, 논의를 하는 과정에서 질문 하나하나를 살피게 될 것이다.

본문에 있는 "인자"라는 칭호의 진정성을 의심하는 주장의 가장 중요한 근거는 인자의 역할이 증언하기에서 심판하기로 바뀌었다는 것과 마태복음에서만 인자가 보좌에 앉아 있는 것으로 묘사되었다는 사실이다(참조. Matt 19:28). 보좌 위에 앉아 계신 인자에 대한 묘사가 마태의 고유 자료(M)나 마태 자신의 편집에서 나왔다는 것이 사실이기는 하지만, 인자를 심판자의 역할을 하는 분으로 묘사하는 일은 마태 이전부터 있었던 것이 분명하다. Luke 21:36에는 신자가 "인자 앞에 설" 수 있도록 깨어 있으라는 경고가 있으며, 여기서 인자는 심판자로 행동하고 계심이 분명하다(참조. MARK 8:38). 인자가 재림하실 때 세상에서 자기 백성을 모으심(구별하심)으로써 세상을 심판하신다는 것 또한 분명하다(MARK 13:27; MATT 24:27).

그러므로 Matt 25:31-32 이외에는 인자가 심판하시는 분으로 묘사되지 않았다고 주장하는 것은 옳지 않다. 더욱이 인자 칭호의 구약적 배경에 따르면 인자는 모든 백성과 나라들과 각 방언하는 자들에게 행하는 영원한 통치권을 부여받았다고 언급되었기 때문에(단 7:13-14), 인자의 역할에서 심판하는 기능을 과연 분리할 수 있을지 질문해야 한다. 에녹서에도 인자는 심판자 역할을 하는 것으로 묘사되었다.[3] 그러므로 인자가 심판을 행하는 분으로 묘

---

3 Enoch 46:4-5; 62:6-7. Enoch 37-71의 연대에 대해서는 논란이 많다. 하지만 Enoch 37-71의

사된 것의 진정성과 관련해서는 심각한 문제가 없는 것으로 생각된다. 심판하는 역할과 기능을 배제한 인자는 상상하기가 어렵다.

이와 비슷한 문제가 인자를 "임금(왕)"으로 묘사한 장면에서도 나타난다 (Matt 25:34, 40). 이러한 묘사는 마태 이전의 전승이나 예수님의 가르침과 상반된다는 주장이 계속 제기되어 왔다. 그러나 다시 인자 칭호의 구약적 배경에 주목할 필요가 있다. 다니엘 7:13-14에서는 인자가 "권세"를 받는다고 하고, 그의 "나라"가 언급되었다. "임금"이 되지 않았는데도 모든 백성과 민족과 언어들에게 권세를 행사하고 "나라"를 소유할 수 있을까? 다니엘 7:13-14에 언급된 인자가 왕이라는 것은 확실하다! 이와 마찬가지로 에녹서 62:5(참조. 51:3; 55:4)에 언급된 인자도 영광의 보좌에 앉아 계신 분으로 묘사되었다. 이 본문에서도 우리는 인자의 형상에서 일종의 왕의 모습을 본다. 보좌에 앉았다는 것을 그렇게 이해할 수밖에 없기 때문이다. LUKE 22:28-30도 이와 비슷하게 인자를 묘사한다.

Matt 25:31-46이 34절과 40절에서 "임금(왕)"이라는 용어를 사용하지 않았다 해도, "인자가 자기 영광으로 … 올 때에 자기 영광의 보좌에 앉으리니"라는 언급 때문에 인자를 왕이라고 추정해야 하는 것은 아닌가? 만일 34, 40절에 "'심판자'라는 단어가 있었다면, 아무도 놀라지 않았을 것이다. 그러나 '임금(왕)'이라는 용어를 못 본 척하는 것은 두 용어 사이의 차이점을 매우 잘못 생각하는 것이다."[4] 그러므로 인자를 왕("임금")의 역할을 하는 분으

저자가 누구며 또 그가 이것을 언제 썼든지 간에, 그 저자가 심판자로서의 인자에 대한 묘사를 마태복음에서 취했을 가능성은 희박하다!

4 David R. Catchpole, "The Poor on Earth and the Son of Man in Heaven. A Re-appraisal of Matthew xxv. 31-46," *BJRL*, Vol. 61 (1978), 384.

로 묘사한 것이 틀림없이 마태의 편집 작업의 결과일 것이라고 추측할 필요는 없다. 우리는 이 묘사에서 예수님이 친히 가르치신 교훈을 발견한다.[5]

Matt 25:31-46에서 인자를 심판자와 왕으로 묘사한 부분이 마태에게서 유래한 것이 아니라고 주장한다고 해서, 이 본문이 마태 편집 작업의 결과물이 아니라는 의미는 물론 아니다. 본문을 자세히 분석해 보면 수많은 곳에서 마태가 편집한 흔적이 분명히 드러난다. 31절에서 발견되는 인자에 대한 묘사는 마태복음 16:27과 19:28의 유사한 표현과 매우 밀접한 관련이 있으며, 그래서 마태가 자신의 용어를 사용해서 본문의 서론 부분을 다시 작업했을 것이라고 누구나 믿게 된다. 이것은 "내 아버지"(34절)와 같은 표현에도 해당된다. 마태는 "내 아버지"라는 표현을 열여섯 번 사용했지만, 누가는 네 번밖에 사용하지 않았고, 마가는 한 번도 사용하지 않았다. 그리고 마태가 빈번하게 사용하는 "그때에[then]"(31, 34, 37, 41, 44, 45절)라는 용어는 마태복음에 약 구십 번 등장하지만(그리스어 토테[tote]에 해당하는 이 단어는 한글성경에서 "… 때에"[31절], "그때에"[34절], "이에"[37, 45절], "또"[41절] 등으로 번역되었고, 44절에서는 생략되었다.-역주), 누가복음에는 열다섯 번, 마가복음에는 여섯 번밖에 등장하지 않는다.

이 본문의 심판 주제 역시 마태가 강조한 내용이다.[6] 이것이 마태가 편집 작업을 한 명백한 증거라는 사실을 들어 본문 전체의 진정성을 부정하는 학

---

5 Matt 25:31-46에 있는 이 묘사의 진정성을 옹호하는 강력한 주장을 찾으려면, Catchpole, "The Poor on Earth," 383-387을 보라.

6 Lamar Cope, "Matthew xxv. 31-46 'The Sheep and the Goats' Reinterpreted," NT, Vol. 11 (1969), 34. 코프(Cope)는 "마태가 미래 심판에 대한 결론적인 언급을 예수님의 강설을 결론짓기 위한 기술로 사용하며, 종종 자신만의 문체와 어휘를 보여 주는 방식으로 그렇게 한다."라고 지적한다. (Matt 7:21-27; 10:40-42; 13:49-50; 18:35; 25:31-46을 보라. 또한 Matt 3:12도 참조하라).

자들이 더러 있다.[7] 그러나 이와 같은 결론은 지나치게 부정적이라고 생각된다. "마태가 자신의 문체에 맞추려고 편집 작업을 했다는 증거가 있는 것은 사실이지만, 이 비유는 본질적으로 진정성이 있는"[8] 것으로 보인다. 마태 이전에 존재했던 본문의 핵심 내용이 32-33c절과 42-45절에 분명하게 드러나 있고,[9] 31절에 언급된 인자 칭호 역시 진정성이 있으며 이 칭호와 40절의 "임금"이라는 칭호 사이에 어떤 모순이 있다고 볼 이유는 없다. 31절의 "영광의 보좌"가 이미 인자의 왕권을 언급하고 있기 때문이다.

1) 비유의 역사적 정황

이 본문은 최후 심판을 그림처럼 생생하게 묘사한다. 이 장면이 예수님에게 새롭거나 독특하지는 않다. 이 장면에는 구약의 용어를 사용한 "주의 날"이 묘사되었기 때문이다.[10] 모든 민족이 인자 앞에 모였고, 심판이 내려진다(32절). 변호는 할 수 없기 때문에 재판 장면이라고 할 수 없다. 변명도 소용없다. 심판의 때다! 이제 판결만 남았다. 이 심판을 받기 위해 "모든 민족"이

---

7 Cope, "Matthew xxv. 31-46," 41-43. 코프는 마태가 이 본문을 창작했다고 주장한다. Bultmann, *The History of the Synoptic Tradition*, 124도 보라.
8 Hunter, *Interpreting the Parables*, 118. 이와 비슷한 견해에 대해서는 Jeremias, *The Parables of Jesus*, 208-209; J. A. T. Robinson, "The 'Parable' of the Sheep and the Goats," *NTS*, Vol. 2 (1955), 225, 236; Manson, *The Teaching of Jesus*, 249; Catchpole, "The Poor on Earth," 383-397; H. E. W. Turner, "The Parable of the Sheep and the Goats (Matthew 25:31-46)," *ET*, Vol. 77 (1966), 243-246을 보라.
9 Turner, "The Parable of the Sheep and the Goats," 243.
10 암 3:14; 5:18; 습 1:7-8; 욜 3:11-12를 보라. 구약 성경의 이 주제를 논한 Gerhard von Rad, *Old Testament*, trans. by D. M. G. Stalker (Harper & Row, 1965), Vol. Ⅱ, 119-125, 묵시문학의 이 주제를 논한 D. S. Russell, *The Method and Message of Jewish Apocalyptic*, OTL (Westminster Press, 1964), 94-96, 379-385를 보라.

모였다. 요엘 3:11-12, 에녹서 62-63장에서는 민족들 심판과 이스라엘 심판 간의 차이가 묘사되었다. Matt 25:31-46도 이와 비슷한 구별을 전제하고 있을까? 마태복음에는 "모든 민족"이란 어구가 다섯 번 나온다. 적어도 두 경우는 이 표현에 유대인과 이방인이 다 포함된 것이 분명하다. 마태복음 24:14에서는 복음이 "모든 민족에게 증언되기 위하여 온 세상에" 전파되어야 한다고 하는데, 이 진술에서 유대인을 배제하기는 어렵다. 그리고 마태복음 28:19에서 예수님은 지금 하늘과 땅의 모든 권세를 가지고 계시기 때문에 제자들에게 "가서 모든 민족을 제자로 삼으라"라고 사명을 주신다. 여기서도 "모든 민족"이라는 어구에서 유대인을 배제하고 읽기는 어렵다.[11] 마태복음 28:19는 Luke 24:47 후반부(그리고 사도행전 1:8)와 전적으로 일치한다. "모든 민족에게" 복음을 전파하라는 명령에 순종하는 것은 예루살렘에서 시작되어야 하기 때문이다. 마태는 심판 장면의 "모든 민족"이라는 표현에 유대인과 이방인을 다 포함시킨 것이 분명하다. 하지만 예수님도 그런 의미로 말씀하셨을까?

이 구절에서 예수님이 유대인을 배제하셨다고 생각할 이유는 없다. 분명히 예수님은 심판이 유대교에 다가오고 있다고 가르치셨기 때문이다. 예수님은 심판의 날과 관련해서 고라신과 벳새다에 경고하지 않으셨는가(MATT 11:21)? 그리고 Luke 6:24-26에 언급된 화(禍)들은 예수님의 동족인 유대인들에게 장차 임할 심판을 경고하는 것이 확실하다. 이와 마찬가지로 Mark 13장의 묵시 역시 이스라엘도 심판받을 것이라는 사실을 인식하지 않으면 제대로 이해할 수 없다. 예수님은 그분보다 먼저 활동했던 아모스 선지자와

---

11 마태복음의 이 표현을 논의한 Catchpole, "The Poor on Earth," 387-389를 보라.

세례 요한처럼 여호와의 날이 유대인과 이방인에게 어두움이요 빛이 아니며, 캄캄함이요 광명이 아니라고 경고하셨다(암 5:18-20). 그들이 회개하지 않는다면 말이다. 그러므로 예수님이 유대인을 제외한 채 모든 민족의 최후 심판을 묘사하고 있다고 상상하기는 어렵다. 궁극적으로 모든 인류는 두 범주로 나뉜다. 곧 (유대인이든 이방인이든) 하나님 나라의 자녀인 사람들과 (유대인이든 이방인이든) 하나님 나라의 자녀가 아닌 사람들이다.

최후의 심판 자체는 양과 염소를 나누는 목자 비유로 그려진다. 이는 팔레스타인에서는 친숙한 장면이다. 양과 염소가 섞여 있는 것은 흔한 일이기 때문이다. 양은 바깥 공기를 더 좋아해서 밤에도 목초지에 안전하게 놓아 둘 수 있는 반면에, 염소는 찬 기운에 예민해서 온기를 유지해 주어야 하고, 가능하면 우리 안에 넣어야 한다. 구약 성경에서 "양"이 하나님 백성을 뜻하는 은유로 자주 사용되었고, 양이 염소보다 귀한 동물로 인정받았기 때문에, 본문에서 "복 받을 자들"은 양으로 은유된 반면에, "저주받은 자들"은 "염소"로 은유되었다. 숫염소가 숫양보다 더 야생적이라는 점도 이 은유에 적절했을 것이다. 심판은 "복 받을 자들"을 오른편으로, 그리고 "저주를 받은 자들"을 왼편으로 분리하는 것으로 묘사된다. 구약 성경에서 "오른편"은 더 호감을 주고 선한 것과 연결되는 반면에, "왼편"은 부정적인 가치와 연결되기 때문이다.[12]

복을 받는 이유를 듣고 "양들"은 매우 놀랐다. 그들은 자신도 모르는 사이에 예수님의 형제들을 돌봄으로써 사실 예수님을 섬겼다. 이 돌봄은 주린 자를 먹임, 목마른 자에게 마실 것을 줌, 나그네를 영접함, 벗은 자를 입힘, 병

---

12 *TDNT*, Vol. 2, 37-40.

든 자를 돌아봄, 옥에 갇힌 자를 방문함과 같은 사랑의 여섯 행위로 기술되었다. 이러한 사랑의 행위는 본문에서 네 번 반복되고 있다는 사실로 그 중요성이 입증된다(35-36, 37-39, 42-43, 44절). 하지만 양들을 놀라게 한 것은, 임금이 말씀하듯이, 그들이 행한 사랑의 행위가 바로 임금에게 행한 것이었다는 사실이다! 놀란 양들이 어떻게 이런 일이 일어났는지 묻자(37-39절), 그들은 형제 중 지극히 작은 자 하나에게 이런 일을 한 것이 곧 예수님께 행한 것이라는 답변을 듣는다.

흥미롭게도, 오늘날 독자들은 "어떻게 그럴 수 있지?"라고 묻기 쉽지만, "양"이나 "염소"는 그런 질문은 하지 않는다. 그들은 이러한 공동체 개념이나 유대감 개념을 잘 알고 있었다.[13] 그들은 사절이나 대리인은 곧 그를 보낸 사람 그 자신이고,[14] 그래서 형제들을 대우하는 방식은 사실상 그들이 대표하는 왕을 대우하는 방식임을 알고 있었다. 예수님은 다른 곳에서도 이와 동일한 개념을 가르치신다.

너희를 영접하는 자는 나를 영접하는 것이요 나를 영접하는 자는 나를 보내신 이를 영접하는 것이니라. … 또 누구든지 제자의 이름으로 이 작은 자 중 하나에게 냉수 한 그릇이라도 주는 자는, 내가 진실로 너희에게 이르노니, 그 사람이 결단코 상을 잃지 아니하리라. (Matt 10:40, 42)[15]

---

13 여기서 의미하는 바는, 예수님의 설교를 들은 청중은 이 개념을 이해하고 있었기에 예수님이 그들에게 이것을 설명할 필요가 없었다는 것이다.
14 b. Kiddushin 41b (Soncino Press, 206); 43a (Soncino Press, 216); *TDNT*, Vol. 1, 45.
15 참조. 요 13:20; 2 Clement 17:5.

불행하게도, "저주를 받은 자들"은 형제들에게 이런 사랑의 행위를 행하지 않은 것이 바로 왕에게 이런 행위를 하지 않은 것과 같은 뜻임을 깨닫는다.[16] 저주를 받은 자들이 정죄를 받은 이유는 그들이 거대한 악을 행했기 때문이 아니라 마땅히 해야 할 사랑의 행위를 실천하지 않았기 때문이다. 부자와 나사로 비유(Luke 16:19-31)도 이러한 원리를 보여 주는 좋은 예다. 부자가 나사로에게 직접 해를 끼치지는 않았다. 부자의 죄는 나사로에게 적극적으로 선을 행하지 않은 것이다! 예수님이 보시기에 토비트 4:15("네가 싫어하는 것을 다른 사람에게 행하지 말라")의 부정적인 황금률로는 충분하지 않았다. 우리는 이웃을 자기 몸과 같이 사랑해야 한다. 여기에는 사랑의 행함이 따라야 한다. 좋은 나무가 좋은 열매를 맺으며(MATT 7:17), 심판 날에 누가 양이고 염소인지는 그들이 행한 열매로 알 수 있다(MATT 7:20).

2) 첫 번째 삶의 정황에서의 비유의 요점

이 본문은 최후의 심판 날에 사람이 하나님 앞에 서는 것은 "행위"가 아니라 "믿음"에 의거하며 예수 이름을 믿음으로만 생명책에 기록된다는 성경의 가르침, 특히 바울의 가르침과 상충된다고 여기는 사람들이 많이 있다. 이 본문은 믿음으로 의롭다 함을 얻는다는 종교개혁의 강조점과 상충되는가? 여기서 "일을 아니할지라도 경건하지 아니한 자를 의롭다 하시는 이를 믿는 자에게는 그의 믿음을 의로 여기시나니"(롬 4:5)라고 가르쳤던 바울

---

16 바울이 형제들 즉 교회를 핍박하러 가다가 다메섹 도상에서 부활하신 그리스도로부터 "사울아, 사울아, 네가 어찌하여 나를 핍박하느냐?"(행 9:4, 나의 강조)라는 음성을 들었을 때 이 사실을 어떻게 깨달았는지 주목하라.

조차 "그리스도 예수 안에서는 할례나 무할례나 효력이 없으되 사랑으로써 역사하는 믿음뿐이니라"(갈 5:6)라고, 그리고 "하나님 앞에서는 율법을 듣는 자가 의인이 아니요 오직 율법을 행하는 자라야 의롭다 하심을 얻으리니"(롬 2:13)라고 분명히 말하고 있다는 사실을 지적할 필요가 있다. 성경의 가르침은 분명하다. 우리는 믿음으로만 구원을 받는다. 그러나 구원하는 믿음은 결코 단독적으로 존재하지 않는다. 구원하는 믿음은 사랑으로써 역사하는 믿음이다.

바울은 유대교화하려는 사람들과 논쟁하면서, 다소간 행위로써 하나님에게 공로를 인정받을 수 있다는 생각을 배격하려고 은혜에 의하여 믿음으로 말미암아 구원을 얻는다는 것을 강조할 필요가 있었지만,[17] 예수님은 이 비유에서 그 사람에게 그와 같은 믿음이 있다는 것을 어떻게 알 수 있는지의 문제를 강조하셨다. 임금은 그들의 열매로써, 즉 사랑의 여섯 가지 행위가 있는지 없는지에 따라 누구에게 "사랑으로써 역사하는" 참된 "믿음"이 있는지를 판단하실 것이다.

이런 행위들 배후에 참된 믿음이 있다는 것(또는 이와 같은 사랑의 행위를 하지 않은 경우에는 믿음이 없다는 것)은 적어도 두 가지 이유에서 분명하다.

첫째, 이 사랑의 행위는 "형제들"에게 베풀어지는데, 여기에 묘사된 사랑의 행동을 볼 때 이 "형제들"은 그리스도인을 의미하는 것으로 이해하는 것이 좋고, 이들이 기독교 선교사일 가능성은 더 크다.[18] 또한 이는 대개 그리스도인이나 그리스도인 선교사들에게 반응하는 것과 기독교 메시지에 반응하

---

17 부분적으로는, 유사한 오류를 반박하기 위해 루터가 비슷한 내용을 강조했다는 점에 주목하라.
18 이 책의 242-247쪽을 보라.

는 것은 서로 같은 것이라는 사실도 드러낸다. Mark 9:41은 이 견해를 뒷받침하는데, 이 본문에서 예수님은 "누구든지 너희가 그리스도에게 속한 자라 하여 물 한 그릇이라도 주면 내가 진실로 너희에게 이르노니 그가 결코 상을 잃지 않으리라"라고 말씀하시기 때문이다.

둘째, 우리가 다루고 있는 양과 염소 비유에도, 예수님의 다른 가르침에도, 중간 입장은 없다는 사실을 유념해야 한다. 하나님의 나라를 상속받든지 아니면 영원한 불에 떨어지든지 둘 중 하나다. 중립적인 상태는 존재하지 않는다. 그렇지만 다른 사람들에게 행하거나 행하지 않은 사랑의 행위 수준이 그와 같은 절대적인 구분을 위한 분명한 근거를 제공하지는 않는다. 그러나 하나님 나라의 왕에 대한 믿음이나 헌신은 이러한 절대적인 구분을 위한 분명한 근거가 된다. 그리스도 편에 서든지 그리스도를 대적하든지 둘 중 하나다(Luke 11:23). 여기서는 받아들이느냐 거절하느냐가 절대적인 근거다. 그래서 이러한 사랑의 행위를 행하거나 행하지 않는 것 배후에는 믿음 또는 믿음 부재(不在)라는 궁극적인 원인이 자리하고 있다고 생각하는 것이 이치에 맞을 듯하다.[19] 만일 참된 믿음이라면, 그 믿음은 그 믿음으로 인한 사랑의 행위로써 드러날 수 있다.

이제 예수님의 삶의 정황에서 이 비유의 요점이 무엇이었는지에 대해 몇 가지 결론을 내릴 필요가 있다. 이 비유의 요점은 돌이킬 수 없는 최후의 심판이라는 주제에 초점이 맞춰져 있으며, 예수님의 청중은 이에 전적으로 동의했을 것이다. 대부분의 유대인들이 그와 같은 견해를 가졌다는 것은 로마

---

19 "믿음"이라는 말은 단지 지적인 신앙(*fides informis*), 즉 어떤 명제적 진리에 대한 지적인 동의가 아니라, 신뢰(*fiducia*), 즉 은혜에 근거하여 믿음으로 말미암아 모든 사람에게 죄 사함을 베푸시는 은혜의 하나님께 자신을 헌신하여 맡김을 의미한다.

서 3:5-8에 있는 바울의 논증에서 분명하게 드러난다. 여기서 바울은 하나님이 불의하시면 세상을 심판하실 수 없다(롬 3:6)고 지적하면서, 하나님이 불의하시다는 주장을 반박한다. 우리는 하나님이 장차 세상을 심판하실 것을 사실로 알고 있기에, 하나님은 반드시 의로우셔야 한다! 하지만 예수님과 그분의 대적들은 이 심판의 근거를 서로 다르게 생각하고 있었다. 일부 바리새인들이 율법주의적으로 이해했던 것처럼 심판의 근거는 율법을 충성스럽게 지키는 것에 있지 않고, "형제들"에게 자비를 행함(또는 행하지 않음)에 있다(Matt 25:40).

그렇다면 이 "형제들"은 누구일까? 또한 "민족들"과 "양"은 누구인가? 이 시점에서 독자는 복음서 저자의 삶의 정황이라는 문맥에서 이 본문을 논의하리라고 기대할 것이다. 그러나 마태는 물론이고 예수님도, 모든 민족들(유대인들과 이방인들)이 받을 최후의 심판은 그들이 예수님의 메시지를 전하는 예수님의 메신저들, 즉 "형제들"에게 보인 반응에 근거하는 것으로 여기신 듯 보인다. 이 반응은 그들이 예수 그리스도를 믿었는지의 측면에서 묘사되지 않고, 예수님의 메신저들에게 사랑을 행하는, 즉 삶을 변화시키는 믿음을 가지고 있는지로 묘사된다.

3) 복음서 저자의 비유 해석

마태복음 25:40의 "형제"가 누구를 뜻하는지에 대해서는 이미 언급했지만, 이 질문에 대한 토론은 이 시점까지 보류하고 있었다. 현재 본문에서 "형제"는 어떤 사람들인가? 예레미아스는 이 표현이 세상의 가난하고 궁핍한 사람들을 의미한다고 주장했다.[20] 그러나 이 표현이 주로 제자들을 가리킨다고 이해해야 할 이유는 많이 있다. 먼저 "형제"라는 용어 자체를 조사해야 한다. 이 용어가 일반적으로 그리스도인들을 지칭했다는 것은 분명하다.[21] 그래서 그렇게 생각하지 않을 충분한 이유가 없는 한, 마태와 그의 독자들은 아마도 이 명칭을 동료 그리스도인을 의미하는 것으로 이해했을 것이다. 마태복음에는 두 곳에서만 "내 형제"라는 표현이 나오는데 모두 동료 그리스도인, 특히 제자들을 의미한다. 이 두 본문은 다음과 같다.

> 손을 내밀어 제자들을 가리켜 이르시되, "나의 어머니와 나의 동생들을 보라. 누구든지 하늘에 계신 내 아버지의 뜻대로 하는 자가 내 형제요 자매요 어머니이니라." 하시더라. (Matt 12:49-50, 여기서 마태는 MARK 3:34-35을 사용한다).

> 그 여자들이 무서움과 큰 기쁨으로 빨리 무덤을 떠나 제자들에게 알리려고 달음질할새, 예수께서 그들을 만나 이르시되, "… 무서워하지 말라. 가서 내 형제들에게 갈릴리로 가라 하라. 거기서 나를 보리라." 하시니라. (Matt 28:8, 10)[22]

둘째로, Matt 25:40을 이해하기 위한 가장 좋은 본문은 Matt 10:40-42이라는 것을 주목할 필요가 있다.

---

20 Jeremias, *The Parables of Jesus*, 207.
21 *TDNT*, Vol. 1, 145-146.
22 Matt 23:8도 참조하라.

너희를 영접하는 자는 나를 영접하는 것이요, 나를 영접하는 자는 나를 보내신 이를 영접하는 것이니라. 선지자의 이름으로 선지자를 영접하는 자는 선지자의 상을 받을 것이요, 의인의 이름으로 의인을 영접하는 자는 의인의 상을 받을 것이요. 또 누구든지 제자의 이름으로 이 작은 자 중 하나에게 냉수 한 그릇이라도 주는 자는, 내가 진실로 너희에게 이르노니, 그 사람이 결단코 상을 잃지 아니하리라. (Matt 10:40-42)

이 본문과 우리가 다루는 비유 사이의 서로 비슷한 요소들을 주의 깊게 관찰해야 한다. "작은 자"(10:42)="지극히 작은 자"(25:40), "너희를 영접하는 자는 나를 영접하는 것이요"(10:40)="너희가 여기 내 형제 중에 지극히 작은 자 하나에게 한 것이 곧 내게 한 것이니라"(25:40), "냉수"(10:42)="목마를 때에 마시게 하였고"(25:35, 37) 등이다.[23]

마지막으로 지적할 것이 있다. 만일 "형제"를 세상의 가난하고 궁핍한 사람들로 해석한다면, 어떻게 그들을 심판을 받는 민족들과 구별할 수 있겠는가? 그러나 그들을 제자들과 선교사들로 해석하면, 이런 식으로 구분하는 것은 일리가 있다. 이것은 "구원받은 사람들"이 "양"과 "형제"라는 두 집단으로 이루어졌다고 묘사되었음을 의미하고, 구원받은 사람들을 이처럼 두 집단으로 나눈 것은 Matt 10:40-42에서 발견할 수 있다. 이 본문에는 "작은 자", 그리고 이 "작은 자"를 대접함으로 상을 받는 사람들이 있다. 그렇다면

---

23 마이클스(Michaels)는 이와 관련해서 고린도후서 11:23-29에 언급된, 바울이 사도로서 당했던 환난과 마태복음 본문의 사랑의 여섯 가지 행위 사이에서 흥미로운 병행구를 도출한다. J. Ramsay Michaels, "Apostolic Hardship and Righteous Gentiles A Study of Matthew 25:31-46," *JBL*, Vol. 84 (1965), 27-37.

"형제들"이라는 용어는 하나님 나라의 메시지를 선포하는 제자들이나 기독교 선교사들을 가리키는 것으로 이해하는 것이 가장 좋다. 그리고 "양"은 모든 민족 중에서 믿음으로 기독교 메시지에 응답하는 사람들을 뜻하며, 그들이 가지고 있는 "새 생명"(롬 6:4)은 사랑의 행위를 낳는다.

한편, "염소"는 민족들 중에서 믿음으로 응답하지 않고 사랑의 행위로 충만한 삶을 살지 않는 사람들이다. 사도행전의 빌립보 간수 이야기에는 양의 행동에 관한 좋은 예가 제시되어 있다. 빌립보 간수는 바울과 실라가 선포한 복음을 믿은 후에 그 믿음에 따라 두 사람에게 사랑을 실천했다(행 16:30-34). 반면에 마태는 10:14-15에서 부정적인 예를 제시한다. 예수님의 사역 기간에 예수님은 메신저들을 보내시며 그들을 영접하지도 않고 그들의 말에 귀를 기울이지 않는 사람들의 집이나 마을을 떠날 때는 발의 먼지를 떨어 버리라고 말씀하신다. 이 예가 바로 마태복음 안에서 발견된다는 사실을 기억할 필요가 있다. 그렇다면 이 비유는 기독교 선교사들(그리고 그들이 전하는 메시지)을 받아들이는 것이 마지막 날에 모든 민족이 심판받게 될 때의 결정적인 요인임을 가르친다고, 적어도 마태는 그렇게 생각한 듯하다.

유대인과 이방인에게도 이와 비슷하게 결정적인 문제는 그들이 예수님의 메시지를 듣고 무엇을 할 것인지에 달려 있으며, 이것은 예수님의 메시지를 전하는 메신저들을 그들이 어떻게 대우하는지로 가장 분명하게 나타날 것이다. 인자는 "하늘과 땅의 모든 권세"를 가지셨다(Matt 28:18). 그분은 왕이시다! 그분은 심판을 행하실 것이다. 그분이 주시는 죄 사함의 은혜를 거절한 "염소들"에게는 재앙이 임할 것이다. 그러나 그분의 은혜를 받아들인 "양들"에게는 영생이 임할 것이다.

이제 틀림없이 이런 질문이 제기될 것이다. 마태의 본문을 이런 식으로 해석한 것이 예수님의 해석과 본질적으로 동일한지, 아니면 그 해석이 예수님의 가르침과 상반되는 것은 아닌지 말이다. "형제"가 제자들이나 기독교 선교사들을 의미한다는 견해를 반대하는 사람들은 이 해석이 "아주 먼 나라까지 세계 선교가 이루어질 것을 상정하는 것인데, 이것은 예수님의 전망과는 부합하지 않는 개념"이기 때문이라고 말한다.[24] 그러나 이 반론과 관련해서 제기해야 할 쟁점은 무수히 많다. 그중 하나는 역사적 예수가 이방인들 중에서 그런 유형의 선교를 상상하지 않았다고 우리가 어떻게 확신할 수 있는가 하는 것이다. 이러한 견해를 지지하면서 Matt 10:5-6을 언급한다면, 예수께서 다른 때, 그리고 다른 본문에서는 비유대인의 땅에 가셔서 설교하셨다는 사실을 지적할 필요가 있다(참조. MARK 7:24-9:1; Luke 9:51-56).

이 질문과 특별히 관련이 있는 것 중 하나는 세 복음서에 제자들이 하나님 나라 복음을 전파하라고 보냄을 받은 여러 실례들이 기록되었다는 사실이다. MARK 6:6-11에는 예수님이 제자들을 보내시며 설교하라고 하신(그리스어로 "아포스텔레인[apostellein]") 부활절 이전의 전승이 있다. 그리고 만일 제자들에게 먹을 것과 마실 것을 주지 않고 제자들을 영접하지 않는 사람들에게는 분명히 심판이 임할 것이라는 내용이 담겨 있다. 예수님의 삶의 정황에 그와 같은 선교적인 교훈에 잘 어울리는 분명한 사례가 있다.[25] LUKE 10:1-12에는 예수님이 70명을 보내시는 이야기가 있다. 여기서 우리는 메신저들을 영접하고 그들에게 먹을 것과 마실 것을 주는 사람들이 분명히 "평안"의

---

24 Jeremias, *The Parables of Jesus*, 207.
25 이 문제와 관련하여 쉬르만의 중요한 논문을 참조하라. Heinz Schürmann, "Die vorösterlichen Anfänge der Logientradition. Versuch eines formgeschichtlichen Zugangs zum Leben Jesu," in *Der historicshe Jesus und der kerygmatische Christus*, ed. by Helmut Ristow and Karl Matthiae (Berlin: Evangelische Verlagsanstalt, 1961), 342-370.

복을 받는다는 것을 발견한다(6절). 반면에 그들을 영접하지 않는 자들은 발의 먼지를 떨어 버리는 것과 같은 선교사들의 비유적인 행동으로써 심판이 그들을 기다리고 있다는 경고를 받는다(11절). 최후 심판 때에는 소돔과 같은 악한 도시가 예수님의 선교사들을 거부한 동네보다 더 견디기 쉬울 것이다(12절).

그 당시 교회가 진행하고 있던 선교 사역을 지지하기 위해 누가는 자기가 이용할 수 있는 전승을 이렇게 편집했을 수 있다. 이와 비슷한 방식으로 마태도 Matt 25:31-46과 관련하여 동일한 작업을 했을 개연성이 있다. 그러나 이 두 전승 모두 초대 교회의 새로운 창작물이라고 추측할 필요는 없다. 예수님이 복음을 전하기 위해 제자들을 보내지 않으셨다고 믿는 일이 더 어렵다. 그리고 이것이 바로 예수님이 열두 제자를 택하신 목적이었다고 MARK 3:14에 분명하게 진술되었다. 또한 예수님은 메신저를 영접하는 것은 사실 그 사람이 대신하고 있는 분을 영접하는 것이라고 인정하셨으며, 그래서 Matt 10:40("너희를 영접하는 자는 나를 영접하는 것이요", 참조. Mark 9:37; Luke 10:16; 요 12:44; 13:20)은 Matt 25:35-36, 40, 42-43에서 발견되는 사상들이 예수님의 선교와 잘 어울린다는 것을 내비친다. 그러므로 마태가 Matt 25:31-46을 편집해서 다시 작업했다는 것을 인정해야 하겠지만, 첫 번째 삶의 정황에서의 비유 요점과 세 번째 삶의 정황에서의 비유 요점 사이에 본질적인 차이가 있으리라고 생각할 필요는 없다.

2. 최후 심판에 관한 다른 비유들

이외에도 심판 주제를 다루는 비유로 알곡과 가라지 비유와 그물 비유가 있으며, 이 두 비유는 많은 논쟁의 대상이다.

1) 그물 비유(Matt 13:47-50)

또 천국은 마치 바다에 치고 각종 물고기를 모으는 그물과 같으니, 그물에 가득하매 물가로 끌어내고 앉아서, 좋은 것은 그릇에 담고 못된 것은 내버리느니라. 세상 끝에도 이러하리라. 천사들이 와서 의인 중에서 악인을 갈라내어 풀무 불에 던져 넣으리니, 거기서 울며 이를 갈리라. (Matt 13:47-50)

이 비유에서 하나님 나라는 각종 물고기(먹기에 좋은 물고기와 먹기에 나쁜 물고기)를 잡는 커다란 그물에 비유된 것이 아니라, 비유에 묘사된 대로 그물을 던지고, 물고기를 잡고, 잡은 물고기를 분류하는 활동 전체에 비유되었다.[26] 이 비유에 묘사된 것은 물고기를 잡으려고 바다(갈릴리 호수인 것이 분명함)에 넓게 쳐 놓은 큰 후릿그물(예인망) 장면이다.[27] 이런 식의 물고기잡이는 여러 방법으로 행했을 것이다. 배 두 척 사이에 그물을 펼쳐 놓고 해변까지 배를 저어 가는 방법이 있다. 그럴 경우 그물에서 찌가 달린 쪽은 물에 떠오르게

---

26 Jeremias, *The Parables of Jesus*, 225.
27 매커보이(McEvoy)는 이와 같은 그물의 길이는 약 400-500미터, 폭은 3미터라고 지적한다. John A. McEvoy, "Realized Eschatology and the Kingdom Parables," *CBQ*, Vol. 9 (1947), 343.

하고 한쪽은 무겁게 해서 바닥에 가라앉게 해 놓고 해변 쪽으로 바닥을 훑어 간다. 때로는 배 한 척만 사용하는 경우도 있다. 그물을 바다에 펴서 던지고 나서는 해변에 있는 사람들이 그물을 끌어 잡아당기기도 하고, 그물의 한쪽 끝을 해변에 매어 놓고 배를 타고 바다를 반원형으로 돌아 바닥을 훑어 올 수도 있다. 그물을 해변으로 훑어 온 뒤에는 좋은 물고기(의식적으로 정결한 물고기)는 그릇에 담고, 나쁜 고기(의식적으로 불결한, 그래서 먹는 것이 금지된 물고기)는 해변에 던져 썩게 놔둔다.

비유의 묘사 부분 다음에, 좋은 물고기와 나쁜 물고기를 분리한다는 것은 의인과 악인을 구별하고 악인을 "풀무 불에" 던져 넣는 최후의 심판과 같다는 해석이 제시된다. 세 복음서에서 발견되는 다른 비유 해석의 경우와 마찬가지로, 이 해석의 진정성은 도전을 받아왔고 받아들여지지 않았다. 때로는 모든 비유가 자명해서 해석이 필요하지 않다는 이유에 의거하여 선험적으로 해석이 거부되기도 한다.[28] 이러한 전제에 오류가 있음은 오늘날 더 잘 인정되고 있다.[29] 더욱이 세 복음서에 있는 아주 많은 비유들을 예수님이 직접 해석하셨다는 사실 때문에,[30] 비유를 해석할 필요가 없고 그러하기에 비유 해석을 거부한다는 주장에 대해서는 더 신중해야 한다. 간혹 비유에 대한 어떤 규범적인 해석이 진정성이 없을 가능성이나 개연성이 있다고 주장할 수

---

28 헌터는 "우리는 예수님이 그의 비유들을 해석할 필요가 없으셨다고 판단한다."라고 진술한다. Hunter, *Interpreting the Parables*, 50, n. 1. 최근 몇몇 학자들의 입장에 의하면, 비유의 자율성과 다면성(polyvalence) 때문에 예수께서는 그 비유를 해석하지 않으셨는데, 비유를 해석하고 나면 비유의 결론은 더 이상 독자들에게 맡겨진 것(open-ended)이 아니기 때문이다.

29 Raymond E. Brown, "Parable and Allegory Reconsidered," in his *New Testament Essays* (Doubleday & Co., 1968), 321-333.

30 Payne, "The Authenticity of the Parable of the Sower and Its Interpretation," in *Gospel Perspectives*, ed. by France and Wenham, Vol. I, 17-172.

도 있겠지만, 모든 해석마다 진정성이 없을 개연성은 비교적 적다.

만일 어떤 비유 해석이 예수님의 삶의 정황에 어울린다면, 다른 곳에서 자료를 찾을 필요가 없다. 게다가 부활 이전의 상황보다도 부활 이후의 상황에 어울리는 해석이라 해도 굳이 복음서 저자나 초대 교회의 창작이라고 평가할 필요도 없다. 오히려 이러한 해석들은 교회의 새로운 삶의 정황에 맞추기 위해 주님의 해석을 수정한 것일 가능성이 크다.

이 비유에 대한 해석을 살펴보면서, 우리는 왜 현재의 해석을 예수님의 해석이라기보다는 복음서 저자의 해석일 수 있다고 하는지에 대해 몇 가지 이유를 발견할 수 있다. 첫 번째 이유는 49절이 세상에 대한 최후 심판을 묘사한 것이 아니라 교회에 대한 심판을 묘사한 것이며, 이것은 부활 이후의 정황을 상정할 수밖에 없다는 것이다. 그러나 "의인 중에서[문자적으로는 '의인들이 있는 중앙으로부터']"라는 표현 자체를 다 반드시 신앙을 고백하는 교회에 대한 심판을 묘사하는 것으로 이해할 수만은 없다. 이 표현은 세상에서 의인들 중에서 악인들을 갈라내는 것으로 이해할 수 있다. 마태복음의 현재 위치에서 이 비유는 제자들에게 주신 비유다(Matt 13:36을 보라).[31] 하지만 그렇다고 해서 마태의 상황에서조차 이 비유를 교회에 대한 심판으로만 제한해야 한다고 말하는 것은 너무 멀리 나아간 듯하다.

종종 비유에 묘사된 심판을 교회에 한정하기 위해 사용하는 근거는 바다의 모든 물고기가 그물에 걸려든 것이 아니라 일부분만이 걸려들었다는 사실이다. 하지만 확실히 이것은 어떤 비유에 너무 많은 것을 요구하는 것이

---

31 Kingsbury, *The Parables of Jesus in Matthew 13*, 118-123. 내가 보기에는, 이 비유에 대한 킹스베리의 해석은 세 번째 삶의 정황을 다룰 때도 지나치게 알레고리적인 경향이 종종 있는 것 같다.

다. 예수님은 여러 차례 보편적인 진리를 묘사하려고 제한된 유비를 사용하셨다. 예를 들어, 하나님 나라는 **소량**의 누룩으로, **한** 알의 겨자씨로, **한** 농부의 밭에 뿌려진 씨로, **열** 처녀 등으로 비유되었다.

비유 해석의 진정성을 부정하면서 제기한 두 번째 근거는 그 해석이 비유의 의미와 상충된다는 것이다.[32] 그러나 해석과 비유의 의미가 상충된다면 그것은 그 해석이 비유의 기본적인 의미에 대한 특정한 가설적인 재구성과 상충된다는 의미에서 그러하다! 이 비유 해석의 불확실성을 선호하는 가장 강력한 근거는 비유(47-50절)에서 발견되는 어휘와 관련이 있다. "세상 끝"(49절)이라는 표현은 Matt 13:39, 40; 24:3; 28:20을 제외하고는 신약 성경 어느 곳에서도 발견되지 않는다.[33] "풀무 불"(50절)이라는 표현 역시 그와 동일한 표현이 Matt 13:42에서만 발견된다는 점에서 마태에게 한정된 용어다. 50b절("거기서 울며 이를 갈리라") 역시 마태의 독특한 표현이 분명하다. 이 표현이 Matt 8:12; 13:42; 22:13; 24:51; 25:30에 등장하기 때문이다. 이 모든 사실에 비춰 볼 때, 그물 비유 해석은 예수님의 본래 해석을 확장한 것이든지, 아니면 복음서 저자(마태)가 그 비유에 권위를 부여한 해석일 것 같다.

그렇다면 예수님에게 이 비유는 무슨 의미였을까? 알곡과 가라지 비유처럼 그물 비유는 최후 심판을 다룬다. 은혜가 심판에 길을 내주는 날이 오고 있다. 그날에는 의인과 악인 사이에 최종적인, 그리고 완전한 분리가 발생할 것이다. 그러나 지금은 시간이 있다. 그러므로 회개해야 한다. 하나님 나라가 부분적으로만 임했을 뿐이며, 하나님께서 가장 적합한 때에 최후의 심판

---

32 Jeremias, *The Parables of Jesus*, 85.
33 히브리서 9:26은 "끝"(close, *synteleia*)이라는 단어가 나오는 또 다른 유일한 본문이지만, 히브리서에서는 이 단어가 "세상(세대)의 끝"(close of the ages)으로 표현되었다.

을 수행하시기 위해 오시기를 기다려야 하기에[34] 제자들에게 인내가 필요하다는 사실을 각인시키기 위해 예수님께서 이 비유를 제자들에게 말씀하신 것이었는지는 입증할 수가 없다. 분명한 것은 예수님께서 최후 심판을 경고하셨다는 것과 청중에게 최후 심판을 대비하라고 강력히 권고하셨다는 사실이다.

2) 알곡과 가라지 비유(Matt 13:24-30, 36-43)

이것은 최후의 심판을 다루는 또 다른 비유다.

천국은 좋은 씨를 제 밭에 뿌린 사람과 같으니, 사람들이 잘 때에 그 원수가 와서 곡식 가운데 가라지를 덧뿌리고 갔더니, 싹이 나고 결실할 때에 가라지도 보이거늘, 집주인의 종들이 와서 말하되, "주여, 밭에 좋은 씨를 뿌리지 아니하였나이까? 그런데 가라지가 어디서 생겼나이까?" 주인이 이르되, "원수가 이렇게 하였구나." 종들이 말하되, "그러면 우리가 가서 이것을 뽑기를 원하시나이까?" 주인이 이르되, "가만두라. 가라지를 뽑다가 곡식까지 뽑을까 염려하노라. 둘 다 추수 때까지 함께 자라게 두라. 추수 때에 내가 추수꾼들에게 말하기를, '가라지는 먼저 거두어 불사르게 단으로 묶고, 곡식은 모아 내 곳간에 넣으라.' 하리라." (Matt 13:24-30)

이 비유에는 덧붙여진 해석이 있다.

---

34 Jeremias, *The Parables of Jesus*, 85.

이에 예수께서 무리를 떠나사 집에 들어가시니, 제자들이 나아와 이르되, "밭의 가라지의 비유를 우리에게 설명하여 주소서." 대답하여 이르시되, "좋은 씨를 뿌리는 이는 인자요, 밭은 세상이요, 좋은 씨는 천국의 아들들이요, 가라지는 악한 자의 아들들이요, 가라지를 뿌린 원수는 마귀요, 추수 때는 세상 끝이요, 추수꾼은 천사들이니, 그런즉 가라지를 거두어 불에 사르는 것같이 세상 끝에도 그러하리라. 인자가 그 천사들을 보내리니, 그들이 그 나라에서 모든 넘어지게 하는 것과 또 불법을 행하는 자들을 거두어 내어 풀무 불에 던져 넣으리니, 거기서 울며 이를 갈게 되리라. 그때에 의인들은 자기 아버지 나라에서 해와 같이 빛나리라. 귀 있는 자는 들으라." (Matt 13:36-43)

이 비유의 진정성과 특히 비유 해석은 많은 토론의 대상이 되었다. 대다수의 학자들은 이 비유 해석이 근본적으로 마태의 창작물이라는 입장을 지지하고, 많은 사람들은 이 본문에 대한 예레미아스의 분석으로 인해 "알곡과 가라지 비유 해석을 마태 자신의 작품이라고 결론 내릴 수밖에 없다."[35]라고 생각한다. 이외에도 비유 해석에서 마태 이전의 전승 단계(layer)를 찾으려는 사람들도 있다.[36] 그러나 본질적으로 이 비유 해석은 일차적으로 마태의 작품인 것으로 여전히 간주되고 있다.

이 비유와 관련해서, 비유의 진정성 역시 격렬한 토론의 대상이다. 개중에는 24b-26절을 진정성 문제의 핵심이라고 보는 사람들이 있는가 하면,[37]

---

35 Ibid., 84-85. 예레미아스는 81쪽에서부터 이 본문을 논의하기 시작한다.
36 크로산은 37-39절(밭은 "세상"이니)과 41-43절(밭은 "천국," 즉 교회니)의 모순은 마태가 밭을 교회로 해석하면서 밭을 세상으로 해석한 마태 이전의 전승과 모순을 일으킨 것에 기인한다고 주장한다. Crossan, "The Seed Parables of Jesus," *JBL*, Vol. 92 (1973), 260-261.
37 Kingsbury, *The Parables of Jesus in Matthew 13*, 65.

24b, 26b, 30b절이 주요 문제를 구성한다고 주장하는 사람들도 있으며,[38] 반면에, 전체 비유의 본질적인 진정성을 옹호하는 사람들도 있다.[39] 이 비유가 도마복음 57에서 형식상 마태복음의 비유와 매우 비슷한 형태로 등장하고,[40] 비유 안에 본질적인 내적인 긴장이나 모순이 없기 때문에, 기본적으로 이 비유는 진정성이 있는 것으로 취급하는 것이 최상인 것 같다. 이와 아울러 이 비유에서 발견되는 마태의 용어를 보면서, 마태가 비유를 광범위하게 개정했다고 생각하기보다는, 마태의 용어로써 예수님의 가르침을 편집하며 어구를 바꿔 썼다고 인정하는 것이 맞을 것 같다.[41]

그렇다면 예수님의 삶의 정황에서 알곡과 가라지 비유의 요점은 무엇일까? 알곡과 가라지 비유에 묘사된 장면은 쉽게 그려 볼 수 있는 내용이다. 하나님의 나라는 이런 장면과 같다. 한 사람(주인)이 자기 밭에 (틀림없이 종들을 시켜서) 씨를 뿌렸다. 그 후 곧바로 원수가 같은 밭에 씨(가라지/독보리[학명: 로리움 트레뮬렌툼, *Lolium tremulentum*])를 뿌렸다. 두 씨앗 모두 싹이 돋았고 잡초가 곡식보다 더 크게 자라기 시작하자, 종들이 이 사실을 주인에게 알렸다. 밀과 잡초는 겉으로 보기에 너무나 비슷했기 때문에 주인은 알곡과 가라지를 너무 이른 시기에 나누려다가 알곡 중에서 일부가 뽑혀 망가지지 않도록 종들에게 그 둘이 나뉘는 추수 때까지 기다리라고 말한다. 추수 때에는 이러한 분리가 일어날 것이다. 처음 단계에서는 매우 비슷해 보였던 알곡과

---

38 David R. Catchpole, "John the Baptist, Jesus and the Parable of the Tares," *SJT*, Vol. 31 (1978), 369.
39 Jeremias, *The Parables of Jesus*, 224-225.
40 도마복음에는 마태복음과 마찬가지로 밤에 몰래 와서 가라지를 덧뿌리고 간 원수가 언급되었다. 그러므로 본 비유의 이러한 면을 배제한 캐치폴(Catchpole)의 입장은 옹호할 수 없을 것 같다.
41 Boucher, *The Mysterious Parable*, 39-40.

가라지가 추수 때에는 상당히 다른 모습으로 변해, 훨씬 쉽게 구별될 수 있다. 그런 다음에 소중한 알곡은 주인의 곳간에 저장되고, 가라지는 불사르기 위해 단으로 묶일 것이다(틀림없이 난방이나 요리용 땔감으로 사용할 것이다. MATT 6:30).

알곡과 가라지 비유도 최종적인 구별이 이루어지는 심판 장면을 묘사한다. 그러므로 이 비유는 주제 면에서 그물 비유와 밀접한 관련이 있다.[42] 그러나 30절에 "추수꾼들"이라는 말이 덧붙여짐으로써 첨가 요소가 그 비유에 덧붙여진다. 근본적으로 이 이미지의 본질적인 진정성을 부인할 필요는 없다. 비록 이와 같은 구체적인 용어가 사용되지 않았지만, 도마복음에서도 "종들"과 "추수꾼들"이 구별되었기 때문이다.

그 사람은 그들(종들)에게 잡초를 뽑지 말라고 했다. 주인은 종들에게 이렇게 말했다. 너희가(문자적으로는, 우리가) 가서 잡초를 뽑다가 그와 함께 알곡도 뽑게 되지 않을까 염려된다. 추수할 날에 잡초가 드러날 것이다. 잡초는 뽑혀 태워질 것이다.[43]

위의 번역에서 종들(너희)이 잡초를 추수하는 일에 가담하지 않았다는 암시가 있다는 점을 주목할 필요가 있다. "잡초는 뽑혀 태워질 것이다."라는 수동태 문장은 다른 사람들이 추수할 것을 암시한다. 그러므로 마태복음 비유에서 "뿌리는 자"와 "추수하는 자"를 구분한 것은 진정성도 있고 실제로

---

42 Kingsbury, *The Parables of Jesus in Matthew 13*, 117-18에 반대함.
43 그리스어 단어들이 생략된 *Synopsis Quattuor Evangliorum* (Stuttgart: Deutsche Bibelsfiftung, 1978)에서 인용한 도마복음 57.

의미심장하다고 주장할 만한 좋은 근거가 있다. 예레미아스는 이 비유가 그물 비유와 마찬가지로 예수님께서 청중에게 심판의 마지막 때가 임하지 않았다는 점에서 인내의 필요성을 각인시키려 하신 것이라고 주장했다.[44] 예수님의 삶의 정황에서 이와 같은 가르침의 필요성은 몇 가지 이유로 아주 분명히 드러났다.

첫째, 열심당원들과 일부 사람들은 참을성 없이 가라지와 알곡을 즉시 나누기를 원했다. 이들에게 알곡과 가라지를 나눈다는 것은 "로마제국의 멸망"을 의미했다. 바리새인들 역시, 악한 자들에 대한 심판이 이루어지지 않았는데도 예수님이 하나님 나라가 임했다고 가르치시자 그분을 비난했다.[45] 쿰란 공동체는 그들 방식대로 불의한 자들로부터 따로 떨어져 나와 광야에서 메시아의 도래를 준비하는 공동체를 세우고 공동체에서 "가라지"라는 가라지는 다 제거함으로써 이러한 분리를 추구했다. 제자들도 이와 비슷한 바람을 가지고 있었을 것이다. 요한과 야고보는 하늘에서 불이 내려 "가라지"인 사마리아 성을 불태우기를 바랐다(Luke 9:51-56을 보라). 예수께서는 심판이 다가오고 있다고 가르치셨다. 장차 최종적인 분리가 있을 것이다. 그러나 이러한 분리는 제자들의 과제가 아니었다. "추수꾼들"이 올 것이며, 그들이 가라지로부터 알곡을 구별해 낼 것이다. 이것이 예수님이 의도한 해석이었다는 것은 통상적으로 종들이 하던 추수를 추수꾼들이 행했다는 사실로 뚜렷이 드러난다.[46]

---

44 Jeremias, *The Parables of Jesus*, 85.
45 Hunter, *Interpreting the Parables*, 46.
46 여기에 알레고리적 해석을 하고 싶게 만들 뿐 아니라 알레고리적 해석을 요구할 수도 있는 상세한 내용이 있다.

토론을 위해, 만일 알곡과 가라지 비유 해석이 기본적으로 마태의 해석이라고 상정한다면,[47] 이 비유에 대한 마태의 해석에서 우리가 얻을 수 있는 교훈은 무엇인가?[48] 여기서 핵심 문제는 마태에게 있어 추수의 대상인 "밭"이 "세상"을 의미하는지, 아니면 "(하나님) 나라," 즉 교회를 의미하는지와 관련이 있을 것이다. "밭"이 "세상"이라면, 그 장면은 모든 민족에 대한 최후 심판을 수반한다. "밭"이 "(하나님) 나라"라면, 마태는 교회도 심판을 받을 것이며 교회의 현재 정결하지 않은 특성이 바로잡히게 될 것이라는 생각에 이 비유를 적용한 것이다. 내가 생각하기에, "밭"이 하나님 나라를 의미한다는 가능성은, 만일 그것이 사실이라면, 마태가 예수님의 말씀에 대한 영감을 받은 해석자로서 이 비유를 당대의 "가견교회"(可見敎會)의 상황에 적용했고 이러한 복음서 저자의 관심 분야에서 비유를 권위 있게 해석했음을 의미한다.

마태가 말하려고 했던 것이 무엇인지를 정확히 아는 데 문제가 되는 것은 38절에서 "밭"이 "세상"으로 정의되었다는 것과 만일 누구라도 41절에 언급된 "그 나라에서"라는 어구가 교회를 의미한다고 주장한다면, 여기에 분명한 모순이 있다는 것이다. 이 문제를 설명할 수 있는 방법이 적어도 세 개

---

47 그러나 이 해석의 본질이 예수님에게 소급된다는 견해를 피력하는, Brown, "Parable and Allegory Reconsidered," 326을 보라.
48 킹스베리는 이 비유 해석이 "겉보기에만 그럴 뿐, 실제로는 알곡과 가라지 비유에 대한 설명이 아니다."라고 주장하고자 한다. Kingsbury, *The Parables of Jesus in Matthew 13*, 66. 하지만 이 점에서 그가 틀렸다는 것은 확실하다. 그리고 이것으로 인해 비유(해석이 아니라)가 마태에게는 "믿지 않는 이스라엘이 하나님 나라에서 공식적으로 쫓겨난다는 사실을 상기시킴으로써 교회가 그들에게 지금 심판을 선언해서는 안 된다."(75)라는 사실을 의미했다는 킹스베리의 견해는 설득력이 없다. 이 비유에 대한 마태의 이해를 이와 같이 해석하는 것은 마태가 마태복음 13:36-43에 있는 비유 해석을 작성하지 않았거나 그가 사실은 그 해석을 이 비유의 해석으로 생각하지 않았다는 경우에만 가능하다! 하지만 Matt 13:36은 마태가 그다음에 이어지는 본문을 사실상 알곡과 가라지 비유의 해석으로 생각했음이 확실하다는 사실을 보여 준다.

가 있는데, 이는 받아들일 만하다.

첫 번째 가능한 설명은 "밭"을 "세상"으로 언급한 것은 마태가 사용했던 마태 이전의 자료에 있던 것이며, 마태는 이것을 교회를 의미하는 것으로 잘못 해석했다는 것이다.

두 번째 가능한 설명은 마태가 전체 해석의 당사자이며, 38절과 41절 사이에 일관성이 없을 뿐이라는 것이다. 첫 번째 설명에서나 두 번째 설명에서나 우리는 마태가 이러한 일관성 없음을 몰랐든지, 아니면 이 사실을 알았지만 이러한 일관성 없음을 해결하는 데 관심이 없었다고 추측할 수 있다.

세 번째 가능한 설명은 가장 호소력 있는 것으로서, 가능하다면 38절과 41절을 "조화"시킬 수 있는지를 알아보려는 시도이다.[49] 이것은 가능하지 않을 수도 있지만, 적어도 시도는 해 보아야 한다. 인자가 그의 영광 중에 재림하실 때 실제로 어떤 일이 발생할까? 인자가 재림하실 때 "세상 나라가 우리 주와 그의 그리스도의 나라가 되어"(계 11:15)라는 말씀이 있지 않는가? 인자가 오시면, 그분은 권세를 받으신다(단 7:14). 그래서 "세상"은 악한 자의 권세에서 해방되고 인자의 나라가 된다. 이때 인자는 "그의 나라에서 불법을 행하는 자들을 거두어 낼" 것이다. 이 표현은 불의한 자들은 하나님 나라에 들어가지 못한다는 의미다. 이 표현을 이런 식으로 이해하는 것은 MATT 8:11-12의 지지를 받는다. 이 본문에서 예수님은 동서로부터 많은 사람들이 와서 아브라함과 이삭과 야곱과 함께 천국에 앉을 것이지만, "그 나라의

---

[49] 나는 일부 신학자들 사이에서 "조화를 이루다, 조화시키다"(harmonize)라는 용어가 부정적인 의미로 이해되고 있다는 것을 알게 되었다. 하지만 나는 합리적이고 지적인 사람의 글이나 가르침이라면 언제나 일관성을 추구하는 것이 상식이라고 믿는다. 종종 이러한 것이 가능하지 않은 이유는 합리적이고 지적인 사람들이라도 때로 일관성 있게 행동하지 않기 때문이다. 하지만 다른 명백한 증거가 없다면, 우리는 늘 신중하게 일관성을 상정해야 한다.

본 자손들은 바깥 어두운 데 쫓겨나 거기서 울며 이를 갈게 되리라"라고 말씀하신다.

"쫓겨날 것이라"는 그리스어 단어는 역사와 언약에 의해 "천국의 자손들"이 되었던 유대인들이 천국에 들어가지 못할 것임을 암시한다. 이것은 한 번 들어갔다가 거절당한다는 의미가 아니다. 그러므로 악인이 "그의 나라에서" 거두어 내어지리라는 언급은 그들이 천국에 들어가지 못할 것이라는 의미다.[50]

여기서 한 걸음 더 나아가, 41절의 "나라"라는 표현이 교회를 가리킨다는 견해 역시 문제가 없는 것은 아니라는 점을 지적할 필요가 있다. 마태복음에 있는 예수님의 말씀들 중에서 이 둘이 분명하게 함께 연결된 곳이 없기 때문이다.[51] 그러므로 마태가 이처럼 천국과 교회를 일대일로 연결했거나 연결할 수 있었을 것이라고 확신 있게 말할 수는 없을 것 같다.

그렇다면 41절의 "그 나라"를 교회와 동일시하지 않는 것이 최상일 것 같다. 오히려 우리는 이 표현에서 인자가 재림하실 때 발생할 천국의 완성을 보아야 한다. 그러므로 "나라에서 거두어 낸다"는 말은 이제 충만하고 완전하게 임하는 새 시대에서 불의한 자들을 쫓아낸다는 것을 의미할 것이다. 인자의 재림(parousia)으로 말미암아 이러한 나라가 임할 때(참조. MATT 6:10), 인자의 뜻을 행하는 의인들은 천국에 들어갈 것이다(Matt 7:21). 하지만 그날에 많은 사람들이 "거두어 내질" 것, 즉 쫓겨날 것이다(MATT 7:22-23). 세례

---

50 George Eldon Ladd, *Jesus and the Kingdom* (Harper & Row, 1964), 230.
51 Ibid., 229를 보라.

요한이 앞서 말했듯이, 인자는 "손에 키를 들고 … 알곡은 모아 곳간에 들이고 쭉정이는 꺼지지 않는 불에 태우"실 것이다"(MATT 3:12).[52] 하나님의 선하심과 은혜를 오해해서는 안 된다. 어느 누구라도 하나님의 "인자하심과 용납하심과 길이 참으심이 풍성함을 멸시"해서는 안 된다(롬 2:4). 이 모든 본문들은 우리가 회개하도록 하려는 데 그 목적이 있다! 불의한 자들은 영원히 불의한 자로 있고, 의인들은 그들의 의를 인정받을 날이 올 것이다.

3. 결론

우리는 1-5장에서 도출해 낸 다양한 해석 원리들(6장에서는 이 방법론의 한 예를 제시한다)을 마지막 네 장(章)에서 예수님의 비유들에 적용해 보았다. 예수님의 비유에는 수많은 다양한 주제와 강조점이 들어 있다. 우리는 그중에서 네 가지 주제를 살펴보았다.

7장에서는 예수님의 사역으로 하나님의 나라가 실제로 도래했다는 좋은 소식이 비유 안에 들어 있다는 것에 주목했다. 오랫동안 기다려 온 날이 임했으며, 구약의 약속들이 성취되고 있었다. 하나님께서 그분의 백성을 찾아오셨다. 메시아의 잔치가 하나님의 백성 앞에 차려졌고, 모든 사람이 잔치 음식을 먹으러 오라는 초대를 받았다.

8장에서는 이 기쁜 소식과 함께 '결단하라'는 요청도 받았다는 것에 주목했다. 이 소식을 들은 사람마다 응답해야 한다. "지금은 은혜 받을 만한 때"

---

52 Catchpole, "John the Baptist," 569-570을 보라.

이기 때문이다(고후 6:2). 지체하는 것은 어리석은 일이다. 아무것도 얻지 못할뿐더러 오히려 모든 것을 잃을 수도 있기 때문이다. 비유에 나타난 하나님이 어떤 분이신지를 알게 되었는데, 왜 주저하는가?

   9장에서는 비유에 묘사된 하나님이 얼마나 은혜로우시며, 사랑이 많으시고, 인정이 많은 분이신지를 찾아보았다. 그분은 아무런 대가 없이 탕자들과 죄인들의 죄를 용서하셨다. 그분은 버림받은 사람들에게 잔치에 들어오라고 초대하셨다. 자신의 경건함과 교만을 자랑하는 자들만 이러한 하나님 때문에 실족한다!

   10장에서는 더 이상 기회가 없고 심판이 임하며, 인내가 끝나고 징벌이 임하는 날이 올 것이라는 사실도 알게 되었다. 비유에 묘사된 하나님은 은혜로우시며 인정이 많으실 뿐만 아니라 거룩하고 공의로운 하나님이시기도 하다! 이러한 성품에 걸맞게 하나님이 공의를 집행하는 날이 임할 것이다. 그 날에 양과 염소가 구분되고, 알곡과 겨가 구분되는 최종적인 분리가 있을 것이다. 실제로 이날은 무서운 날이 될 것이며, "슬피 울며 이를 갊이 있으리라." 그러나 큰 잔치에 들어오라는 초대는 지금도 여전히 열려 있다. "오소서. 모든 것이 준비되었나이다"(Luke 14:17).

성경 색인

구약 성경

창세기
41:42   210n21

출애굽기
16:12   143n5

레위기
11:9-12   59n7
19:13   59, 220

민수기
21:27   19n3
21:27-30   19

신명기
14:9-10   59n7
19:15   45
20:5-7   150
21:17   206
24:14-15   59, 220
28:37   19

여호수아
24:15   198

사사기
19:16-21   143n5

사무엘상
10:12   18
24:13   18

사무엘하
12:1-4   21, 53
12:7   49
14:1-11   21
14:33   210

열왕기상
9:7   19

역대하
7:20   19

에스라
4-6장   129

에스더
3:10   210n21
5:8   144
6:14   144
8:8   210n21

시편
44:14   19
49:4   20
69:11   19
78:2   19
86:15   228

잠언
1:6   20

전도서
1:17   17

이사야

5:1-7	21
6:9-10	38-40, 46, 47
6:10	40, 40n5, 41
14:3-4	18
35:5-6	104
55:6	229
61:1	104
61:1-2	200n1

에스겔

12:22-23	18
16:44	18
17:2-3	20
17:2-10	21
18:2-3	18
20:49-21:5	21
24:2-5	20

다니엘

7:13-14	232, 233
7:14	258

요엘

3:11-12	235n10, 236

아모스

3:14	235n10
5:18	235n10
5:18-20	237

하박국

2:6	19

스바냐

1:1-16	150
1:7-8	235n10

정경 외 문서

모세 승천기

10:1	165n34

에녹서

37-71장	232n3
46:4-5	232n3
51:3	233
55:4	233
60:7-8	146
62:5	233
62:6-7	232n3
62:14	146
62-63장	236

에스드라 2서/에스라 4서

2:38	146

희년서

11:11	56n2

마카비 상

6:15	210n21

솔로몬의 시편(Psalms of Solomon)

17:23-24	50n21

사해사본

1QS 1:10	131
1QSa 2:11-23	146

랍비 문학

b. Baba Kamma	
82b	209n16
b. Baba Metzia	
19a	207n12
b. Kiddushin	
41b	238n14
b. Sanhedrin	
153a	146
b. Shabbath	
7.2	56n3
73b	56n3
b. Taanith	
10a	157n24

창세기 미드라쉬

62:2	146

시락

47:11	17

토비트

4:15	239

신약 성경

마태복음

3:2	217n28
3:8	217n28
3:11	217n28
3:12	234n6, 260
4:17	151, 217n28
5:3	159
5:10	159
5:13	34
5:14	34
5:15	34
5:17	182
5:20	182
5:22	17
5:25-26	34
5:29-30	183
5:38-42	124n4
5:43	131
5:43-48	132
6:10	259
6:22-23	34
6:24	17, 34
6:28-30	62
6:30	255
6:33	177
7:3-5	34
7:6	34
7:7	177
7:9-11	24, 34
7:12	95
7:16-20	34
7:17	239
7:20	239
7:21	259
7:21-27	234n6
7:22-23	259
7:24	193
7:24-27	33, 62, 197, 198, 199
8:11	146, 151
8:11-12	258
8:12	251
8:18-20	196
8:19-22	178
8:22	183
9:12	33
9:15	33
9:16	30
9:16-17	22
9:17	33
9:37-38	34
10:5-6	246

10:14-15	245	13:41	257-259
10:16	193	13:41-43	253n36
10:25	17	13:42	251
10:34-39	183	13:44	31, 63, 70, 94, 169-183
10:37-38	178, 195		
10:40	238, 244, 247	13:45	171, 176
10:40-42	234n6, 243, 244	13:45-46	31, 95, 169-183
10:42	238, 244	13:47	171
11:4-6	104, 165n35	13:47-50	31, 58, 248-252
11:16-19	33	13:49	250, 251
11:19	104	13:49-50	234n6
11:20-21	217n28	13:50	251
11:21	236	13:52	31, 180
11:25-27	52	13:53	31
12:11	34	15:10-11	31
12:25-26	30	15:13	34
12:27	17	15:14	22, 31
12:29	33	15:15	31
12:41	217n28	15:26	34
12:43-45	34	16:2-3	34, 152
12:49-50	243	16:3-4	164n33
13:1-35	180	16:17	17
13:3-9	30	16:27	234
13:11	52n22	17:25-26	34
13:15	217n28	18:8-9	183
13:18-23	30	18:12-14	31
13:24	254	18:16	45
13:24-26	253	18:21-22	124n4
13:24-29	69	18:23-35	26, 32
13:24-30	28, 31, 252-260	18:24	64
13:26	254	18:35	234n6
13:30	254, 255	19:12	183
13:31-32	31	19:21	183
13:33	17, 24, 31, 50, 160-163, 167	19:28	232, 234
		19:29	183
13:34-35	31	19:30	225
13:36	51, 180, 250, 257n48	20:1-16	32, 59, 63, 70, 72, 83, 92n8, 149, 218-226
13:36-43	28, 31, 69, 252-260		
13:36-52	180	20:2	188
13:37-39	253n36	20:6	143n5
13:38	257, 258	20:8	225
13:39	251	20:12	143n5
13:40	251	20:13	220

20:14	221	25:35-36	238, 247
20:15	213, 222, 224	25:37	234, 244
20:16	226	25:37-39	238
21:28	24	25:40	233, 235, 242, 244, 247
21:28-31	25, 32	25:41	234
21:31	226	25:42-43	238, 247
21:33-43	31	25:42-45	235
22:1	31	25:44	234, 238
22:1-10	31, 32, 140, 147, 158n26	25:45	234
22:1-14	28	28:8	243
22:2	147, 147n12	28:10	243
22:2-3	143n6	28:18	245
22:11-14	31, 197	28:19	236
22:13	251	28:20	251
22:34-40	123		
23:8	243n22	**마가복음**	
23:13-36	50	1:4	217n28
23:25-26	34	1:15	48, 97, 217n28
23:29-36	43n9	2:16-17	104
24:3	251	2:17	33, 217
24:14	236	2:18-20	156-159, 158, 166
24:27	232	2:19-20	33
24:28	34	2:21	30, 159-160
24:32-33	31	2:21-22	22, 158, 167
24:43-44	31	2:22	33, 159-160
24:45-51	32, 100	3:14	247
24:51	251	3:17	17
25:1-13	25, 31, 32, 59, 95, 100, 144, 148	3:22	165
25:2	193	3:22-27	167
25:5	64	3:23-24	22
25:14-30	25, 31, 32, 92	3:23-26	30
25:19	109	3:23-27	163-166
25:25	15	3:27	33, 165
25:30	251	3:29	166
25:31	234, 235	3:34-35	243
25:31-32	232, 233	4:1-2	198
25:31-46	32, 230-247	4:2-9	30
25:32	235	4:2-20	56, 62
25:32-33	32n21, 231, 235	4:3-7	197
25:34	233, 234	4:3-9	28, 69, 197
25:35	244	4:9	114, 198
		4:10	198

4:10-12	37-54	12:1-12	43n9, 83n29
4:11	30n18, 52n22	12:9	155n23
4:11-12	46	12:12	53, 92
4:12	163, 217n28	12:18-27	49
4:13	37	12:28-31	123
4:13-20	28, 30, 69	12:28-34	123
4:14-20	197	12:29-31	210
4:21-22	30	13장	236
4:24-25	31	13:1-2	43n9
4:26-29	24, 31	13:27	232
4:30-32	23, 31, 50, 62, 72, 160-163, 167	13:28-29	24, 31
		13:28-30	100
4:33-34	115	13:34-37	32
4:34	30, 30n18, 31, 37	14:1-2	92
5:41	17	14:22-25	146
6:6-11	246	14:25	146, 158n26
6:12	217n28	14:36	17
7:1-13	50	14:49	45
7:14-15	31	14:55-59	51
7:14-17	22	14:58	50
7:14-18	51	15:2-3	16
7:14-22	115	15:34	17
7:17	31, 37, 49		
7:24-30	16	누가복음	
7:24-9:1	246	1:16-17	217n28
7:27	34	2:20	132
7:27-28	152	2:25-32	159
7:31-32	16	2:37	132
8:38	232	3:3	217n28
9:37	247	3:8	217n28
9:41	241	3:9	193
9:47	17	3:12	132
9:50	34	3:15	41
10:22	179	4:18	132
10:28-30	178	4:18-19	133, 200n1, 216
10:31	225	4:23	21, 31
11:1-13:37	43n9	4:25-26	132
11:15-19	50	5:1-11	217
11:17	155n23	5:17-26	217
11:27-33	50	5:27-32	132
12:1	57	5:30-32	132
12:1-11	27-28, 31, 57, 115n36, 145	5:31	33
		5:32	217, 217n28

5:34-35	33	10:16	247
5:36	30	10:25-28	122, 123, 127
5:36-38	22	10:25-29	123
5:37-38	34	10:25-37	126, 126n5, 132
6:20	132	10:27	123, 124, 127
6:24-26	236	10:29	122, 123, 124, 126, 127, 130
6:27-28	124n4, 125, 135	10:29-36	92n8
6:27-36	132, 134	10:29-37	15, 26
6:30	134	10:30-35	32, 58, 69
6:34	126	10:30-37	134
6:34-35	134	10:33	132
6:35	134	10:36	123, 124, 126, 126n5
6:35-36	125	10:36-37	122
6:36	134	10:37	25, 123, 212
6:39	22, 31	11:5	24
6:41-42	34	11:5-8	32
6:43-44	34	11:8	149
6:47-49	33	11:9	32
7:11-17	132	11:11	24
7:22	132, 154	11:11-13	34
7:29	132	11:17-18	30
7:29-30	134, 226	11:20	48, 160, 165
7:31-35	33	11:21-22	33
7:34	132	11:23	241
7:36-50	53, 126n5, 132, 134, 217, 227n45	11:24-26	34
		11:32	217n28
7:39	104	11:33	34
7:41-43	32, 227	11:34-36	34
7:42	126n5	11:39-41	34
7:47-50	227n45	12:13-21	134
8:4-8	30	12:16-21	26, 31
8:10	52n22	12:32-34	194
8:11-15	30	12:33-34	134
8:16-17	30	12:35-38	31, 32, 100
8:18	31	12:36-37	185
9:51-56	246, 256	12:39	31
9:62	196	12:41	31
10:1-12	246	12:41-46	185
10:2	34	12:41-48	134
10:6	247	12:42-46	32
10:11	247	12:54-56	34, 163-166
10:12	247	12:56	165
10:13	217n28		

12:58-59	34, 197, 199		191, 214
13:3	217n28	15:2	205
13:5	217n28	15:3	127
13:6-9	31	15:3-7	31
13:18-19	31	15:4	24
13:20-21	31	15:4-7	24, 103, 149,
13:23	185	15:7	132, 149, 213,
13:25-26	185		217n28
13:25-30	32	15:8-10	24, 32, 62, 103, 149
13:29	155n23	15:10	132, 149, 213,
13:30	225		217n28
13:34-35	43n9	15:11-24	203
14:5	34	15:11-32	25, 33, 71, 92, 149,
14:7-11	31		201-218, 217, 223
14:7-14	26, 146, 151, 153	15:12	206
14:12-14	126, 133, 144	15:13	208
14:13	132, 154	15:15	205
14:15	146, 147, 149, 178	15:16	209
14:15-24	31, 32, 133, 134,	15:17	228
	139-156, 146, 147,	15:18	205, 210
	150, 158n26, 166,	15:20	210
	196, 211	15:21	205
14:16	24, 143, 147n12	15:23	63
14:16-24	25	15:24	210, 213
14:17	143, 144, 151, 261	15:25	202
14:18	65, 144, 154	15:25-32	202, 203
14:20	148	15:27	211
14:21	132, 155, 156	15:29	205n8, 211
14:21-24	148	15:30	208, 211, 212
14:23	154	15:31	207, 212
14:24	143	15:32	210, 211
14:25-33	152, 196	16:1	24, 189, 191
14:26-27	195	16:1-2	187
14:26-33	195n41	16:1-8	25, 33, 64, 83, 92, 95,
14:28	15		183-194
14:28-30	34	16:1-9	134
14:28-32	195-198	16:1-13	191
14:28-33	178	16:2	96, 190
14:31-32	34	16:3	184-186
14:33	195	16:3-7	190
14:34-35	34	16:4	189, 193
15:1	132	16:5	184-186, 189
15:1-2	54, 104, 132, 149,	16:5-7	186-187

16:6	187	21:1-2	132
16:7	188, 189	21:1-4	134
16:8	96, 184-186, 189, 190, 192	21:29-31	31
		21:36	232
16:8-13	186	22:28-30	233
16:9	149, 186	22:30	146, 149
16:9-13	194	22:31-34	217
16:10-12	134	22:32	217n28
16:13	34, 134	22:61	217
16:14	191	23:27-31	43n9
16:16	48, 166	23:39-41	217
16:19-31	26, 33, 132, 134, 194, 203n5, 239	23:39-43	132
		24:47	236
16:30	217n28		
17:3-4	217n28	요한복음	
17:7-10	24, 33	1:42	17
17:16	132	4:9	129
17:20-21	48	4:20	130
17:37	34	4:20-23	155n23
18:1-8	31, 132, 185	5:25	81
18:2-8	25	7:26	41
18:5	185	8:48	128
18:6	185, 187	11:47-50	50
18:8	149	12:31	167
18:9-13	186	12:44	247
18:9-14	26, 31, 50, 58	13:20	238n15, 247
18:10-14	132		
18:12	157	사도행전	
18:13	132	1:8	132, 236
18:14	149, 186	5:37	58n6
18:18-30	134	8:1	132
18:22	132	8:5	132
19:1-10	134, 217	8:9	132
19:7	104, 132	8:14	132
19:8	132	9:4	239n16
19:10	133, 217	9:31	132
19:11	108	16:30-34	245
19:11-27	31, 31, 32, 115n36, 134	로마서	
19:12-27	108	2:4	260
19:41-44	43n9	2:13	240
20:9-17	31	3:5	228n47
20:46-47	132		

3:5-8	242
3:6	242
4:5	239
6:1	228n47
6:4	245
6:14	228n47
11:25	52n22, 193
11:25-32	52
12:16	193

고린도전서
2:16	156
4:1	52n22
11:23-26	146
13:2	52n22
14:2	52n22

고린도후서
4:7	172
5:17	160
6:2	151, 168, 216, 261
11:23-29	244n23

갈라디아서
5:6	240

빌립보서
2:12	182

데살로니가전서
5:23	72

디모데후서
2:25	41

히브리서
1:1-4:13	182
4:14-7:28	182
6:4-6	196
7:22	182
8:1-10:18	182
9:26	251
10:23	182
12:24	182

야고보서
5:4	59n8

베드로후서
3:3-4	108

요한계시록
2:10	182
11:15	258
19:9	146, 147n12

고대 저술가

암브로시우스(Ambrose)
Concerning Repentance
Book I, VII, 28	74n13
Book I, XI, 51-52	74n13

아리스토텔레스(Aristotle)
Rhetoric
2, 20, 2ff.	90n1

아우구스티누스(Augustine)
Quaestiones Evangeliorum
2. 19	75n14

De Genesi ad Litteram Imperfectus Liber
c.2, n. 5	76n16

De Utilitate Credendi
c.3	76n16

클레멘스(Clement of Alexandria)
Who Is the Rich Man That Shall Be Saved?
XXIX	72n8
2 Clement 17:5	238n15

크리소스토무스(Chrysostom)

Matt Hom

lxiv. 3	76n15
lxxviii	76n15

키케로(Cicero)

Orator

27.94	90n1

도마복음(GT)

8	31
9	30
20	31
21	31
26	34
32	34
33	34
34	31
35	33
45	34
47	30, 34
55	195
57	31, 254, 255n43
63	31
64	31, 32, 140, 143n6, 149
65	31
73	34
76	31, 169–170, 176
89	34
91	164n33
93	34
96	31
103	31
104	33
107	31
109	31, 169, 170

존 카시안(John Cassian)

Conlationes

XIV c. 8	76n16, 77n17

이레나이우스(Irenaeus)

Against Heresies

III. xvii. 3	70n5
IV. xxvi. 1	70n4
IV. xxxvi. 7	70n3

요세푸스(Josephus)

Antiquities

12. 360	210n21
17. 318	64n15
18. 30	130n7

Wars

II. viii. 1	58n6

오리게네스(Origen)

On First Principles

IV. i. 11–12	72n10
IV. ii. 4	72n10
IV. ii. 8	72n9

Commentary on Luke

10:30–35	73n11

테르툴리아누스(Tertullian)

On Purity

9	70n6

On Modesty

9	71n7

토마스 아퀴나스(Thomas Aquinas)

Catena Aurea

Luke 10:29–37	79n21

Summa Theologica

Part 1, Question 1, Article 10	78n20

베다(Venerable Bede)

Lucae Evangelium Expositio

lib. III	77n18

인명 색인

Ambrose(암브로시우스) 74, 75
Ambrozic, A. M.(암브로직) 46n15
Applebaum(애플바움) 57n4
Aquinas, Thomas(아퀴나스) 78, 79
Argyle, A. W.(아가일) 59n9
Aristotle(아리스토텔레스) 23, 89, 90n1
Augustine(아우구스티누스) 74, 75, 76n16, 79, 83, 85, 89

Bailey, Kenneth Ewing(베일리) 188, 193n38, 207, 208, 208n15, 209n17, 210n20
Baird, J. Arthur(베어드) 47
Ballard, Paul H.(밸러드) 150n16
Barr, James(바) 45n13
Basil(바실리우스) 75, 78
Benard of Clairvaux(베르나르도) 78
Black, Matthew(블랙) 46n16, 91n6
Bonaventure(보나벤투라) 78
Boobyer, G. H.(부바이어) 30n18
Bornkamm. Günther(보른캄) 222n37
Boucher, Madeline(부처) 91n6, 110n26, 112n31, 114n34, 118n40, 254n41
Brown, Raymond, E.(브라운) 47n17, 47n48, 91n6, 116n38, 249n29, 257n47
Bugge, Christian August(부게) 90
Bultmann, Rudolf(불트만) 90n4, 171n6, 235n7
Bunyan, John(번연) 26

Cadoux, A. T.(카두) 98
Calvin, John(칼뱅) 79-85, 96-97
Carlston, Charles E.(칼스톤) 58n5, 203n5, 204n6, 217n30
Cassian, John(카시안) 76n16, 77n17
Catchpole, David R.(캐치폴) 233n4, 234n5, 235n8, 236n11, 254n38, n40, 260n52
Chrysostom, John(크리소스토무스) 75, 78, 76n15
Cicero(키케로) 90n1
Clement of Alexandria(클레멘스) 71, 72n8, 238n15
Conzelmann, Hans(콘젤만) 105
Cope, Lamar(코프) 234n6, 235n7
Crossan, John Dominic(크로산) 26n13, 61n11, 110n26, 111n29, n30, 115n37, 253n36
Cyril(키릴로스) 78

Daube, David(다우베) 49n20
Derrett, J. Duncan M.(데레트) 58n5, 150n16, n17, 172, 173n10, 188n29, 206n10, 207n12, 209n19, 212n23, 201n26, 219n31, 220n33, 221n35
Dodd, C. M.(도드) 13, 29n16, 42n8, 57n4, 87, 98, 99n16, 121, 178n18, 180n21
Drury, John(드루리) 56n3, 57n4

Farrar, Frederick W.,(파라) 79n22
Fenton, John C.,(펜턴) 170n4
Fiebig, Paul(피빅) 90
Fitzmyer, J.(피츠마이어) 186n27, 188n30
Funk, Robert W.(펑크) 23n11, 110n26, 111n29

Glombitza, Otto(글롬비자)　175n15
Grant, Frederick C.(그랜트)　38n2
Gregory the Great(그레고리우스 1세)　78, 79

Hanson, R. P. C.(핸슨)　69n1, 72n9, 74n12
Hermaniuk, Maxime(헤르마니우크)　91n6
Hunter, Archibald M.(헌터)　62n14, 231n2, 235n8, 249n28, 256n45

Irenaeus(이레나이우스)　69-71, 75, 221n36
Isidore of Pelusium(이시도르)　75

Jarvis, Peter G.(야르비스)　195n1
Jeremias, Joachim(예레미아스)　13, 29n16, 40n5, 41n5, n6, 43n10, 45n14, 55n1, 56n3, 57n4, 58n5, 59n9, 61n12, 62n14, 101-102, 123, 124, 134n10, 143n7, 144, 145n9, 148, 152n21, 162n30, n31, 168n1, 170n4, 171n5, 173n10, 174, 181, 188, 192, 193, 197n42, 203n5, 209, 215n26, 223n39, 224, 226n43, 231n2, 235n8, 242, 246n24, 248n26, 251n32, 252n34, 253n35, 254n39, 256
Johnson, A. R.(존슨)　29n17
Jones, Geraint Vaughan(존스)　110n26, 131n9
Jordan, Clarence(조던)　135, 136n12
Josephus(요세푸스)　58, 64n15, 130n7, 210n21
Jülicher, Adolf(율리허)　87-97, 38n2, 67, 113
Jüngel, Eberhard(융엘)　113n33

Kaiser, Otto(카이저)　40n4
Kingsbury, Jack Dean(킹스베리)　173n11, 177n17, 179n19, 181n23, 250n31, 253n37, 255n42, 257n48

Kirkland, J. R.(커클랜드)　49n20

Ladd, George Eldon(래드)　259n50
Linnemann, Eta(린네만)　25n12, 64n16, 127n6, 130n8, 141n2, 144n8, 147-148, 151, 172n9, 173n11, 175n14, 176n16, 178n18, 179, 197n43, 203n3, 205n9, 206n11, 207n14, 220n32, n33
Luther, Martin(루터)　79-80, 81n24, 85, 240n17

Maccoby, Hyam(맥코비)　117n39
Manson, T. W.(맨슨)　38n2, 41n6, 42n7, 43n10, 123, 124n2, 191n35, 231n1, n2, 235n8
Manson, W.(맨슨)　38n2
Marcion(마르키온)　69
Marshall, I. Howard(마셜)　146n10, 186n26, 214n24, 217n27
Marxsen, Willi(마르크센)　45n14, 105
McEvoy, John A.(매커보이)　248n27
Melanchthon(멜란히톤)　83
Metzger, Bruce M.(메츠거)　170n2
Michaels, J. Ramsay(마이클스)　244n23
Mitton, C. L.(미튼)　226n43
Monselewski, Werner(몽셀레브스키) 69n2, 78n19
Moule, C. F. D.(모울)　44n11, n12, 91n6

Origen(오리게네스)　72-76, 80n23, 221n36
O'Rourke, John J.(오로크)　203n5

Palmer, Humphrey(팔머)　150n16
Payne, Philip Barton(페인)　197n43, 249n30
Peisker, C. H.(파이스커)　38n3
Philo(필론)　68
Preus, John Samuel(프로이스)　76n16
Pseudo-Augustine(위-아우구스티누스)　78

Robinson, J. A. T.(로빈슨)　235n8
Robinson, James M.(로빈슨)　170n3
Robinson, W. H.(로빈슨)　98
Russell, D. S.(러셀)　235n10

Sanders, Jack T.(샌더스)　203, 203n2, n3.
Schürmann, Heinz(쉬르만)　246n25
Sieber, John H.(시버)　170n3
Stein, Robert H.(스타인)　17n1, 60n10, 61n13, 98n13, 101n18, 151n19, 181n22
Steinmetz, David C.(스타인메츠)　98n13
Strack, H. L., and Billerbeck, P.(스트랙-빌러벡)　41n6, 142n4
Sutcliffe, Edmund F.(서트클리페)　44n12

Taylor, Vincent(테일러)　38n2, 43n9

Tertullian(테르툴리아누스)　70-71, 75
TeSelle, Sallie McFague(테셀)　110n26, 113n32
Theodore of Mopsuestia(테오도르)　75
Theophylactus(테오필락투스)　78
Thompson, Francis(톰슨)　227n46
Thompson, Leonard L.(톰슨)　111n28
Tolbert, Mary Ann(톨버트)　110n26
Topel, L. John(토펠)　190n34, 194n40
Trench, R. C.(트렌치)　84-85
Turner, H. E. W.(터너)　235n8, n9

Venerable Bede(베다)　77
Via, Daniel Otto(비아)　110n26
von Rad, Gerhard(폰 라트)　235n10

Wilder, Amos(와일더)　110n26
Wittig, Susan(비티히)　110n27

주제 색인

결론 강조(End stress) 94, 214, 223
구조 분석(Structural analysis) 110
도마복음(Gospel of Thomas) 30n20, 140-142, 143n6, 147n12, 148, 149, 150n18, 154, 164n33, 169-170, 174, 174n13, 195, 254, 255
마샬(mashal) 17-21, 29, 29n16, n17, 42, 63, 90
메시아 비밀(Messianic secret) 43
메시아의 잔치(Messianic banquet) 133-134, 146-147, 149, 151-152, 166, 260
문예비평(Literary Criticism) 116-118
바리새인(Pharisees) 50, 105, 131, 156-157, 191-192, 204-205, 212-216, 222, 256
본보기 비유(example parable) 24, 25-26, 28n15, 29, 32
비교점(Tertium comparationis) 87-93
비웃음(byword) 18, 19n3, 28, 90
비유(parables)
　~의 하나님(God of) 200-228
　그림 부분, 실체 부분("picture" and "reality" parts) 25, 205n9, 212, 224
　다면성(polyvalence of) 111, 114, 249n28
　목록(listing of) 30-34
　목적(purpose of) 36-54
　알레고리 해석(allegorical interpretation of) 67-93, 117
　예술적인 특성(artistry of) 65-66, 210-211, 221
　요점 확정(ascertaining main point) 93
　자료(source of parables) 62-66
　자율적/자기 목적적(autonomous/autotelic) 112, 115, 249
　정의(definition of) 15-28

진정성(authenticity of) 60-62
특성(nature of) 62-66
해석 원리(principles for interpretation) 93, 103, 107, 118
해석사(history of interpretation) 67-118
환경(environment of) 55-59
비유적인 행동(Parabolic action) 247
사마리아인(Samaritans) 127-132
삶의 정황(Sitz im Leben) 98-120
새 언약의 우월성(New covenant, superiority of) 182
성경(Scripture)
　문자적 해석(literal interpretation of) 79-80
　사중 의미(fourfold sense of) 76, 78, 79
　삼중 의미(threefold sense of) 72, 76
　알레고리 해석(allegorical interpretation of) 67-86
속담(taunt) 18-19, 21, 28
수수께끼(riddle) 19-20, 28, 42, 48, 90
실제 말씀(ipsissima verba/vox) 42
실현된 종말론(Realized eschatology) 96, 100-101, 151n19, 158
알레고리(allegory) 18-21, 24, 26-28, 29, 51, 87-93, 153-156, 205
언어사건(Language event) 111, 112, 113, 114, 118
은유(metaphor) 22-23, 26, 88, 90n1, 111-112, 117, 146, 156-158
이방인 선교(Gentiles, mission to) 155-156, 245-247
이야기식 비유(story parable) 20, 24-25, 28n15, 29, 32, 205
이웃 사랑(Love of neighbor) 121-138
인자(Son of man) 231-235
자유주의(Liberalism) 90-92, 118
잠언(proverbs) 20n9, 29

직유(simile)　22-23, 29, 111
칠십인역(LXX)　17, 40, 43
칭의/의롭다 함(Justification by Faith)　222-223, 239-242
파라볼레(*parabolē*)　16-17, 22, 28-31
파루시아의 지연(Delay of Parousia)　108-109, 115n36
편집비평(Redaction Criticism)　105-109, 121
풍자(satire)　18
하나님의 나라(Kingdom of God)
　　결단을 촉구하는(demands of)　61, 113, 168-199
　　미래에 완성됨(future consummation)　62, 109, 229-261
　　현재에 실현됨(present realization)　61, 139-167, 168
하나님의 사랑(Love of God)　103-104, 200-228
하나님의 심판(Judgement of God)　200, 229-261
확대비유(similitude)　23-24, 33, 88, 90

이레서원 추천 도서

▌설교

1. 『청년 설교』• 김상권 • 17,500원
2. 『엑설런트 프리칭』• 크레이그 바르톨로뮤(김광남 역) • 8,000원
3. 『21세기에 다시 본 존 칼빈의 설교와 예배』• 이현웅 • 11,000원
4. 『설교자를 위한 공동서신 강해』• 김병국 • 14,000원
5. 『1인칭 내러티브 설교』• 해돈 로빈슨 외(전광규 역) • 10,000원

▌성경 연구

1. 『중동의 눈으로 본 예수님의 비유』• 케네스 E. 베일리(오광만 역) • 24,000원
2. 『하나님 중심의 성경 해석학』• 번 S. 포이트레스(최승락 역) • 22,000원
3. 『히브리서 산책』• 최승락 • 14,000원
4. 『성경 역사, 지리학, 고고학 아틀라스』• 앤손 F. 레이니 외(강성열 역) • 90,000원
5. 『예수님의 비유』• 최갑종 • 16,000원
6. 『갈라디아서 주석』• 최갑종 • 34,000원
7. 『고린도후서 주석』• 조석민 • 15,000원
8. 『로마서: 이방인의 사도가 전한 복음』• 최종상 • 20,000원
9. 『어떻게 천천히 읽을 것인가』• 제임스 사이어(이나경 역) • 10,000원
10. 『다시 읽는 창세기』• 민경구 • 16,500원

▌신학

1. 『마크 존스의 선행과 상급』• 마크 존스(오현미 역) • 8,500원
2. 『마크 존스의 예수 그리스도』• 마크 존스(오현미 역) • 8,500원
3. 『조지 래드의 종말론 강의』• 조지 래드(이승구 역) • 12,500원
4. 『칭의의 여러 얼굴』• 제임스 패커 외(김형원 역) • 15,000원

5. 『선지자적 반시대성』• 오스 기니스(김형원 역) • 10,000원
6. 『예수님과 안식일 그리고 주일』• 양용의 • 20,000원

■ 채영삼 교수 저서

1. 『긍휼의 목자 예수: 마태복음의 이해』• 20,000원
2. 『지붕 없는 교회: 야고보서의 이해』• 17,000원
3. 『십자가와 선한 양심: 베드로전서의 이해』• 19,000원
4. 『신적 성품과 거짓 가르침: 베드로후서의 이해』• 29,500원
5. 『삶으로 드리는 주기도문』• 10,000원
6. 『삶으로 내리는 뿌리』• 13,000원
7. 『공동서신의 신학: '세상 속의 교회', 그 위기와 해법』• 45,000원
8. 『코이노니아 성경 해석 가이드북』• 6,000원

■ 〈일상을 변화시키는 말씀〉 시리즈

1. 『하나님께 소리치고 싶을 때: 욥기』• 크레이그 바르톨로뮤(송동민 역) • 7,000원
2. 『십자가와 보좌 사이: 요한계시록』• 매튜 에머슨(김광남 역) • 7,000원
3. 『신비를 엿보다: 다니엘』• 바바라 튬 라이(송동민 역) • 7,000원
4. 『무대 뒤에 계신 하나님: 에스더』• 웨인 바크후이젠(송동민 역) • 8,000원
5. 『왕을 버리다: 사사기』• 데이비드 벨드먼(김광남 역) • 8,000원
6. 『기도의 심장: 누가복음』• 크레이그 바르톨로뮤(송동민 역) • 8,000원
7. 『소외된 이들의 하나님: 룻기』• 캐롤린 C. 제임스(이영진 역) • 9,000원

■ 영적 성장

1. 『요한계시록 40일 묵상 여행』• 이필찬 • 12,000원
2. 『365 힐링 묵상』• 류호준 • 14,000원
3. 『복음과 생명』• 서형섭 • 21,000원
4. 『마르바 던의 위로』• 마르바 던(김병국 역) • 14,000원
5. 『고귀한 시간 낭비 '예배'』• 마르바 던(김병국, 전의우 역) • 9,000원
6. 『말씀 앞에 서는 용기: 구약 인물의 실패에서 배우다』• 한주원 • 12,000원

7.『다시 시작하는, 엄마 수업』• 하재성 • 15,000원
8.『우울증, 슬픔과 함께 온 하나님의 선물』• 하재성 • 14,000원
9.『강박적인 그리스도인』• 하재성 • 14,000원
10.『5가지 친밀한 관계』• 래스 패럿 3세 외(서원희 역) • 13,500원
11.『하이 콜링』• 모리스 로버츠(황영철 역) • 13,000원
12.『아름다운 안녕』• 매럴린 매킨타이어(오현미 역) • 12,000원